KB212612

주일 낮, 주일저녁, 수요일, 절기, 성구 묵상기도,
애•경사 및 심방 주제별 대표기도의 결정판

소통과 응답이 있는 파워대표기도

Power Prenyer

박응준 지음

엘맨

소통과 응답이 있는 파워대표기도

Power Prenyer

하나님과의 교제를 위하여

　성경은 우리에게 쉬지 말고 기도하라고 말씀합니다. 이 책은 지금까지 막연하게 '기도'라는 이름으로 우리가 해 왔던 전반적인 모습들을 검토하고, 반성하고, 새로운 방향 전환을 통하여 우리 삶 자체가 기도가 되도록 하기 위한 작은 길을 내려고 만들어졌습니다. 그러나 중요한 것은 우리 각자가 생활해 온 환경과 삶의 모습들이 천차만별이었기에, 지금 시작하고자 하는 하나님과의 교제에 있어 우리가 하나님께 기대하고 요구하는 모습들도 각각 차이가 존재한다는 분명한 사실입니다.

　하나님의 인도하심은 사람에 따라 그 사람이 이해할 수 있는 모습으로 다가가는 것은 사실입니다. 그러나 중요한 것은 우리들이 하나님과의 교제를 통해서 이루고자 하시는 모습이 있다는 것입니다. 그 최종 모습은 누구에게나 동일하다는 것입니다.

　하나님께서 각자에게 맞춰 다가오신다고 해서 하나님을 자기 보기에 좋을 대로, 내 마음이 끌리는 대로, 내게 맞추어서 조정하려는 의도로는 하나님을 느낄 수도 없고, 알 수도 없으며, 그럴 자격도 없습니다.

　그러기에 이제 하나님과의 교제를 새롭게 시작하고자 하는 이 자리에서 과연 하나님께서 우리를 어디로 인도하기를 원하시는가? 그리고 하나님께서 우리에게 음성을 들려주시는 의도는 무엇인가를 분명히 아는 것이 반드시 선행되어야 할 것입니다.

이 책은 제1부에서는 기도의 가르침에 대하여 성경적인 근거를 제시했고, 2부에서부터 제5부까지는 예배 시에 드리는 대표기도 예문을 제시하였으며, 제6부에서는 성구묵상기도를 실었으며, 제9부에서는 기도할 때 잘못 사용하는 용어들을 소개하고 올바른 사용에 대하여 제시하였습니다.

여기에 소개하는 기도 예문을 사용하여 더욱 하나님과 아름다운 교제가 있고, 바른 기도를 드림으로써 우리 성도들이 하나님과의 관계를 회복하고, 은혜 받고 응답받았으면 좋겠습니다. 그리고 하나님의 인도하심을 받는 귀한 도구로 사용되었으면 하는 마음 간절합니다.

이천십년 여름에 저자

차 례

7
차 례

"아버지 하나님과 함께 영원한 대제사장이신 예수 그리스도시여, 우리를 믿음과 사랑 안에서 세우시고, 우리 주 예수 그리스도를 믿는 모든 사람들과 같이 성도의 분깃을 우리에게도 허락하소서. 우리가 모든 성도와 왕과 관헌(官憲)과 그리스도의 십자가의 원수를 위하여 기도하옵나이다. 우리가 기도하옵기는 우리 열매가 풍부하게 하시고, 우리 주 예수 그리스도 안에서 온전케 되기를 비옵나이다. 아멘."

- 폴리갑 -

제 1 부
절기
기도문

(시 20:5) 우리가 너의 승리로 인하여 개가를 부르며
우리 하나님의 이름으로 우리 기를 세우리니
여호와께서 네 모든 기도를 이루시기를 원하노라

새해를 맞이하는 기도-1

예배를 기뻐하시며, 저희들의 찬미를 받으시기 원하시는 하나님, 찬양과 경배를 드립니다. 예배를 귀하게 생각하여 연말의 바쁜 중에도 사랑하는 성도들이 아버지께 나와 영광을 돌립니다. 오늘 드리는 예배를 기쁘게 받으옵소서.

한 해를 회개와 결단으로 새롭게 시작하기를 원하는 심령으로 이 시간 주님 앞에 나왔습니다. 저희들을 긍휼히 여기사 올해의 회개를 다시 반복하지 않는 은혜를 주옵소서. 마음과 정성과 힘을 다하여 주 하나님을 사랑하게 하시고, 충성스러운 종이 되어 잘했다 칭찬 받게 하여 주옵소서.

한 해 동안의 등졌던 인간관계도 사랑으로 회복하게 하시고, 주님의 용서와 같이 저희들도 용서하게 하여 주옵소서. 죄악을 끊게 하시고, 하나님을 신뢰하고 의뢰함으로 복된 삶을 살아갈 수 있도록 은혜를 주옵소서.

하나님이 허락하시는 시간들을 세상의 죄악 가운데 허비하지 않게 하시고, 지혜로운 자들이 되어 세월을 아끼게 하여 주옵소서. 새해에는 더욱 주님께 나아가는 한해가 되게 하시고 기도에 더욱 힘쓰며 말씀을 더욱 마음 판에 새기며 부지런히 순종하는 저희들이 되게 하여 주옵소서.

마음을 새롭게 함으로 변화를 받아 하나님의 선하시고, 기뻐하시고, 온전하신 뜻이 무엇인지를 분별하며 하나님의 빛 된 자녀로 거룩한 삶을 살게 하여 주옵소서. 믿는 자들에게나 믿지 않는 자들에게나 본이 되어 저희로 인하여 주님의 복음이 전파되게 하여 주옵소서.

새 해에는 성도의 가정 가정마다 함께 하시기를 원합니다. 심히 어렵고 힘들어 연약하여져서 넘어지고 흔들리기 쉬우니, 주님의 능력의 오른손으로 강하게 붙들어 주셔서 강하고 든든하게 서 가는 복된 가정들이 되게 하시고, 감사가 넘치며 날마다 성장하는 성도와 가정들이 되게 하여 주옵소서.

또한 새 해를 맞이하여 다짐하는 이 다짐들이 주안에서 일 년 내내 불변하게 하시고 저희의 계획이 주님의 계획과 일치되어 주님이 허락하신 복된 열매를 많이 맺을 수 있게 하옵소서.

예수님의 이름으로 기도 드립니다. 아멘

> 당신의 삶을 하나님께 바치면,
> 하나님은 당신이 할 수 있는 것보다
> 더 위대한 일을 하신다.
> D.L. 무디

새해를 맞이하는 기도-2

영광을 받으시기에 합당하신 아버지 하나님께 찬양을 드립니다. 새로운 한해를 허락하신 하나님께 감사와 찬송과 존귀와 영광을 돌립니다.

예배와 찬양과 기도로 한해를 시작하오니 새롭게 하시고, 형통케 하시며 승리하는 한 해가 되도록 저희들을 축복하여 주옵소서. 허물 많은 저희들을 구원하시고, 오늘 주 앞에 나와 찬양하게 하시며, 주님과 함께 시작하게 하시니 감사합니다. 올 한 해는 예배에 승리하게 하시고, 말씀에 순종하게 하시며, 기도에 응답받는 복된 은혜를 주옵소서.

이웃을 용서 하게 하시고, 우리의 심령으로 새롭게 되어 주와 같이 동행하는 승리를 주옵소서. 허물로 인한 회개 기도보다는 승리에 대한 감사의 기도가 넘치는 복된 한 해가 되게 하옵소서. 은혜를 사모하게 하시고, 사명에 충성하게 하시며, 감사로 열매 맺는 축복을 허락하여 주옵소서.

이 나라 이 민족을 축복하시어 복지 국가가 되게 하시며, 정의사회가 구현되게 하시되, 하나님을 경외하여 민족적으로 회개하고 돌아오는 복음의 역사가 있게 하옵소서. 한국교회를 기억하시고, 민족과 세계를 품고 기도할 때 다시금 이 나라에 복음의 불길이 타오르게 하옵소서. 저희 교회가 살아남으로 이웃이 살게 하시고, 죽어가는 수많은 영혼들을 주님 앞으로 인도하는 구원의 방주가 되게 하옵소서.

저희 교회에 부흥의 불길을 주옵소서. 이 일을 위하여 새로운 직분을 나누어 받았사오니 충성을 다하여 주님께 영광돌리는 한 해가 되게 하옵소서. 저희 교회 성도들을 축복하시어, 직장을 잃은 자들에게는 직업을 주옵소서. 가난한 성도들에게는 물질의 복을 열어 주옵소서. 질병이 있어 고통 받는 성도들이 있나이까? 치료의 하나님을 만나게 하옵소서. 소원이 있어 지금껏 부르짖어 기도한 성도들에게 응답받는 한 해가 되게 하옵소서.

오늘 강단에 세우신 당회장 목사님과 교회를 위하여 수고하시는 교역자들과 동역자들을 위해 기도드립니다. 올해도 입술에 철장 권세를 들려 주셔서 말씀이 선포 될 때마다 하나님의 능력이 함께 하심으로, 하나님의 온전하시고 기뻐하시는 뜻이 전달되며, 그 말씀에 회개하고 결단하는 역사가 일어나게 하옵소서.

첫 해 첫 주일 예배를 기쁘게 흠향 하시기를 원하오며, 새 날에 새 힘을 주시는 예수 그리스도의 이름으로 기도 드립니다. 아멘.

종려주일 기도-1

우리의 큰 기쁨이 되시고, 즐거움이 되셔서 찬양케 하시는 만왕의 왕이신 주를 찬양하나이다. 주님의 고통은 저희의 허물 때문인 것을 이제 깨닫고 감격과 찬양으로 십자가를 바라봅니다. 저희들의 죄를 용서하여 주옵소서.

이 고난 주간에 주님의 고난을 철저히 배우게 하옵소서. 나귀새끼를 타시고 예루살렘에 올라가신 주님의 겸손, 자기의 뜻보다 아버지의 뜻이 이루어지기를 원하시고, 섬김을 받기보다는 섬기며 사신 주님의 생애, 만민의 죄를 담당하고 희생의 제물이 되어 주신 주님의 사랑을 상기하며, 저희들 또한 그렇게 살기를 원하며 다짐하는 저희들이 되게 하여 주옵소서. 이 시간 또한 저희의 믿지 아니하는 이웃을 위해서 기도드립니다.

무엇보다도, 갈 길을 몰라 방황하는 심령들이 자유와 평화를 주시기 위해 오신 주님을 만나게 하시고, 천국의 복음이 임함으로 주님의 복된 소식을 깨닫게 하옵소서. 주님의 교회를 사랑하여 몸을 드려 충성하는 성도들에게 주께서 주시는 기쁨이 충만하게 하옵소서.

저희들도 때때로 호산나를 부르고 주님을 왕으로 섬긴다고 하였으나, 곧 마음이 변하여 주님을 십자가에 못 박은 무리들처럼 알게 모르게 주님을 부인하고 배반하는 것을 일삼고 있나이다. 저희를 강하게 주장하사 하나님의 거룩한 백성으로 살기에 부족함이 없도록 축복하여 주옵소서.

오늘도 하나님의 말씀을 대언하실 목사님에게 성령님이 함께하여 주시며, 말씀으로 말미암아 저희의 심령들이 깨어지는 역사가 일어날 수 있도록 역사하여 주옵소서. 저희로 온전히 말씀에 의지하여 순종할 수 있게 하시고, 하나님의 인도하심에 따라 순종하는 저희들이 되도록 은혜를 더하여 주옵소서.

거룩하신 예수 그리스도의 이름으로 기도 드립니다. 아멘.

> 기도하며 자신의 몫을 다하면
> 주께서 지금은 꿈에 불과한 그것이
> 실체가 되게 하실 것이다.
> 아벨라의 데레사

종려주일 기도-2

영광과 찬송과 예배를 받으시기에 합당하신 하나님 아버지! 찬양과 영광을 주님께 드립니다. 오늘 왕으로 입성하신 예수 그리스도를 기억하며 종려주일예배로 지키어 드리오니 영광 받아 주옵소서. 나귀새끼를 타시고 입성하신 왕 되신 주님을 기억하며, 죄로 말미암아 죽을 수밖에 없는 저희들을 왕 같은 제사장으로 주님을 섬길 수 있는 겸손을 허락하여 주옵소서.

호산나, 호산나, 다윗의 자손이여! 외치며 주님을 찬양하던 무리들이 결국 주님을 십자가에 못 박는 배반자들이 되었듯이, 오늘 저희들도 주님을 찬양하던 입술로 주님을 부인하고 저주하지 않도록 은혜를 더하여 주옵소서.

고난의 십자가를 지시기 위해 예루살렘에 입성하신 것을 생각할 때에 가슴이 아프지만, 그 십자가에서 죽음을 이기시고 승리하셨기에 저희들에게는 죄사함이 있고 영생이 있음을 감사합니다.

아직도 주님을 본 받기에 부족한 저희들을 긍휼히 여기시고, 주님의 십자가 사랑만을 붙잡고 어두운 세상을 십자가의 정신으로 밝히며, 불꽃처럼 살아갈 수 있는 저희들이 되게 하여 주옵소서.

전능하신 하나님 아버지! 저희가 하나님의 뜻으로 세우신 교회를 위하여 기도드립니다. 하나님의 거룩한 성도의 본분을 잘 감당할 수 있는 저희들이 되게 하시고, 저희로 하나님의 말씀에 순종하게 하셔서 하나님의 교회를 세우는 일을 감당할 수 있도록 헌신하게 하여 주옵소서.

오늘도 말씀을 전하시는 목사님 위에 함께 하사 구속의 원리를 깨닫게 하시고, 십자가의 사랑을 깨닫게 하옵소서. 오늘 드리는 예배를 승리케 하심으로 한 주간도 말씀을 붙들고 기도하며 생활예배로 영광 돌리게 하옵소서. 한 주간의 삶이 주 앞에 영광이요 우리에게는 은혜의 시간들이 되게 하옵소서. 가는 곳마다 그리스도의 복음을 증거하는 전도자가 되게 하옵소서.

예수 그리스도의 이름으로 기도 드립니다. 아멘.

숨쉬지 않고 사는 사람이 있다면,
기도하지 않고 존재하는 그리스도인도 있을 것이다.
매튜 핸리

부활주일 기도-1

능력의 주 하나님! 주님의 부활을 믿사오며, 구원에 대한 감사로 예배하오니, 우리 삶의 목적을 새롭게 확인하고 아버지의 뜻에 맞는 인격과 신앙으로 하나님께 영광 돌리게 하옵소서.

저희의 믿음이 더욱 장성하게 하시고, 저희로 하나님을 찬양하는 귀한 영혼들이 되게 하여 주옵소서. 사랑의 길로 인도하시는 하나님께 순종하게 하시고, 하나님의 길에서 떠나지 아니하도록 이끌어 주옵소서. 저희를 하나님의 복 된 길에 온전히 거하게 하여 주옵소서.

오늘 거룩한 부활절을 맞이하여 하나님의 사랑을 세상에 널리 전하게 하시고, 저희로 하나님을 찬양하며 하나님께 영광을 돌리기에 부족함이 없도록 은혜를 더하여 주옵소서. 저희에게 주님을 증거하는 신앙을 갖게 하시고, 하나님의 나라를 위하여 헌신하는 기쁨을 맛볼 수 있는 복을 허락하여 주옵소서.

저희의 연약함으로 범죄하지 않도록 하시고, 저희의 어리석음으로 주님을 부인하는 죄를 저지르지 않도록 하여 주시며, 저희의 부족함으로 하나님의 이름을 경솔히 부르지 않도록 하여 주옵소서. 오직 주 여호와만을 의지하여 하나님 나라의 소망을 가지고 이김을 주시기를 간구하오니, 승리하게 해 주옵소서.

특별히 말씀을 전하실 목사님에게 함께 하사 저희에게 하나님의 동행하심을 깨닫는 귀한 시간이 되게 하여 주옵소서. 예배를 돕는 손길들로 하여금 온전히 충성하게 하시고 복 주셔서 부활의 주님이 전파되는 곳에 저들의 이름도 기억되게 하옵소서.

죽음의 권세를 이기시고 부활하신 예수 그리스도의 이름으로 기도 드립니다. 아멘.

남을 위한 기도는 큰 유익이 있다.
남을 위해 하나님께 심부름하는
대가로 돌아오는 수고비가 있기 때문이다.
사무엘 러더포드

부활주일 기도-2

할렐루야 참 생명이 되신 하나님 아버지 감사합니다! 사망의 권세를 이기시고 부활하심으로 영원한 승리를 주신 주님! 오늘 이 기쁜 부활절에 우리를 위해 죽으시고 부활하신 예수 그리스도가 생명의 자리에 계심을 믿고 주님 전에 나아왔습니다.

이제껏 주님의 부활하심을 의심하여 널리 증거하지 못했던 저희들이었습니다. 믿음이 없이는 주를 기쁘시게 하지 못한다고 하셨는데 믿음 없는 저희들을 용서하시고 주님의 은혜 가운에 새로운 인생 길을 걷게 하여 주옵소서. 부활하신 주님의 뒤를 따라, 죽어도 주를 위하여 살고 살아도 주님을 위하여 사는 믿음이 되게 하옵소서, 소망 중에 고통을 이기며 환난을 극복하며 주님처럼 승리하며 살게 하옵소서.

이 약한 심령에 부활의 신앙을 갖게 하셔서, 옛 행실을 벗고 주님의 구속의 사랑을 이웃에게 전할 수 있는 저희들이 되게 하여 주옵소서. 믿음으로 승리의 삶을 살 수 있도록 도와주옵소서. 우리에게 부활을 믿는 확신을 주시고, 죽었던 대지에 새 생명을 허락하시는 것처럼 우리에게도 새 생명을 허락하여 주옵소서.

두려움에 사로 잡혔던 마리아가 부활하신 예수님을 만나고 기뻐하였던 것같이 이 시간 우리에게도 기쁨과 소망을 주옵소서. 3번씩이나 주님을 부인하던 베드로가 부활하신 예수님을 만나고 성령의 충만함을 받았을 때 사명을 되찾음 같이, 우리들도 성령 충만함을 허락 하셔서 능력 있는 사명자들이 되게 하여 주옵소서.

부활의 처음 열매가 되신 예수님을 만나게 하셔서 우리의 연약한 것을 강건하게 하시고 예수님과 영생 복을 누릴 것을 굳게 믿는 저희들이 되게 하여 주옵소서. 이 시간 우리의 잠자던 영혼이 깨어나게 하시고, 믿음이 충성이 사랑이 식어가는 교회도 부활의 기쁨으로 충만케 하여 주옵소서.

오늘도 부활의 메시지를 들고 단 위에 서시는 목사님을 성령으로 붙드시고, 권세 있는 말씀으로 저희 온 심령을 채울 수 있게 하옵소서.

저희를 위해 사망의 권세를 이기신 예수 그리스도의 이름으로 기도 드립니다. 아멘.

내게 기도의 응답은
단지 신앙이 아니라 일상생활의 실험이다.
스펄전

부활주일 기도-3

만 물을 새롭게 하시는 주님! 죽음을 이기시고 부활하신 주님을 구 주로 믿는 저희들이 이 거룩한 성전에 모여 찬송하며 예배를 드리게 하시니 감사합니다.

주님, 의혹과 암흑의 시대를 살고 있는 사람들도 죄를 인하여 죽을 수밖에 없는 인생임을 깨닫고 부활하신 주님을 만나게 하옵소서. 죄사함 받고 영원한 소망을 주시는 주님을 모시고 소망과 기쁨으로 살게 하옵소서!

거룩하신 하나님! 저희의 연약한 믿음이라도 심히 창대해 질 줄 믿사오니 저희를 긍휼히 여겨 주옵소서. 교회를 찾는 자마다 지금도 살아 계셔서 믿는 자들과 함께 하시는 주님의 임재를 체험케 하시고, 부활의 담대한 신앙으로 불의한 세상에 생명이신 주님을 힘차게 외칠 수 있는 교회가 되게 하여 주옵소서. 저희를 대신하여 십자가를 지신 주님의 사랑을 알게 하시고, 저희로 그 사랑을 실천하게 하여 주옵소서. 믿지 않는 이웃을 돌아보게 하시고, 저희로 하나님의 역사하심에 순종할 수 있는 자들이 되게 하여 주옵소서.

저희의 예배를 기쁘게 받으시기를 기도드립니다. 예배를 통하여 하나님의 선하신 계획이 이루어지게 하시고, 주님의 기쁜 소식을 증거하시기 위해 단 위에 서시는 목사님을 성령께서 친히 붙드시며, 저희 모두가 구원과 소망이 넘치는 시간이 되게 하옵소서. 저희의 연약함도 이 예배를 통하여 강건해 지기를 원하오니 주님 저희의 모든 것들을 친히 주장하여 주옵소서. 하나님의 선하신 계획에 순종할 수 있는 저희가 되게 하여 주옵소서.

찬양으로 주님의 영광을 높이는 성가대와, 예배를 위하여 봉사하는 모든 이들을 주님의 크신 은혜와 복으로 채워 주옵소서. 예배의 시종을 주님께 의탁하오며, 사망 권세를 이기신 예수님의 이름으로 기도 드립니다. 아멘

기도는 우리가 원하는 바를 얻는
쉬운 길이 아니라, 하나님이 원하시는 대로 되는
유일한 길이다.
스튜더트 케네디

부활주일 기도-4

할렐루야 참 생명이 되신 하나님 아버지 감사합니다! 사망의 권세를 이기시고 부활하심으로 영원한 승리를 주신 주님! 오늘 이 기쁜 부활절에 우리를 위해 죽으시고 부활하신 예수 그리스도가 생명의 자리에 계심을 믿고 주님 전에 나아왔습니다.

이제껏 주님의 부활하심을 의심하여 널리 증거하지 못했던 저희들이었습니다. 믿음이 없이는 주를 기쁘시게 하지 못한다고 하셨는데 믿음없는 저희들을 용서하시고 주님의 은혜 가운에 새로운 인생길을 걷게 하여 주옵소서. 부활하신 주님의 뒤를 따라, 죽어도 주를 위하여 살고 살아도 주님을 위하여 사는 믿음이 되게 하옵소서, 소망 중에 고통을 이기며 환난을 극복하며 주님처럼 승리하며 살게 하옵소서.

이 약한 심령에 부활의 신앙을 갖게 하셔서, 옛 행실을 벗고 주님의 구속의 사랑을 이웃에게 전할 수 있는 저희들이 되게 하여 주옵소서. 믿음으로 승리의 삶을 살 수 있도록 도와주옵소서. 우리에게 부활을 믿는 확신을 주시고, 죽었던 대지에 새 생명을 허락하시는 것처럼 우리에게도 새 생명을 허락하여 주옵소서.

두려움에 사로 잡혔던 마리아가 부활하신 예수님을 만나고 기뻐하였던 것같이 이 시간 우리에게도 기쁨과 소망을 주옵소서. 3번씩이나 주님을 부인하던 베드로가 부활하신 예수님을 만나고 성령의 충만함을 받았을 때 사명을 되찾을 수 있도록 성령 충만함을 허락 하셔서 능력 있는 사명자들이 되게 하여 주옵소서.

부활의 처음 열매가 되신 예수님을 만나게 하셔서 우리의 연한 것 도 강건하게 하시고 예수님과 영생 복을 누릴 것을 굳게 믿는 저희들이 되게 하여 주옵소서. 이 시간 우리의 잠자던 영혼이 깨어나게 하시고, 믿음이 충성이 사랑이 식어가는 교회도 부활의 기쁨으로 충만케 하여 주옵소서.

오늘도 부활의 메시지를 들고 단 위에 서시는 목사님을 성령으로 붙드시고, 권세 있는 말씀으로 저희 온 심령을 채울 수 있게 하옵소서.

저희를 위해 사망의 권세를 이기신 예수 그리스도의 이름으로 기도 드립니다. 아멘.

기도는 사람을 깨끗이 하는,
자신에게 들려주는 설교이다.
리비텔

부활주일 기도-5

사랑과 은혜가 풍성하신 거룩하신 하나님! 저희에게 왕으로 오신 주님을 생각할 때마다 하나님을 찬양합니다. 저희 의 찬양과 감사와 경배를 받으시옵소서. 사랑과 능력의 주님을 찬양합니다. 영광을 받으시옵소서.

이제는 죄악과 시기와 불의함이 저희 속에 거하지 못하며, 오직 산 소망과 생명이 있게 하여 주옵소서. 주님의 부활을 인하여 세계 모든 민족이 기뻐하는 것을 볼 때 모든 영광을 하나님께 돌립니다. 죄와 죽음을 이기신 주님께 우리의 믿음을 드립니다. 이 시간 저희 모두가 환희와 소망으로 주님을 찬양하오니 영광이 영원히 아버지께 있나이다.

주님께서 저희와 함께 하심에도 불구하고 저희의 믿음이 너무도 연약하였음을 고백합니다. 저희의 믿음 없었음을 용서하여 주옵소서. 저희가 사소한 일에도 평안을 잃고 두려워하는 마음을 가졌던 것을 고백합니다. 저희의 마음에 담대한 믿음을 허락하셔서 저희들의 심령들이 오직 하나님의 영광을 위하여 세상을 이길 수 있는 믿음을 더하여 주옵소서.

주님! 아직도 마귀는 우는 사자와 같이 삼킬 자를 두루 찾으며 저희들을 위협하고 있습니다. 그러나 이미 예수 그리스도께서 십자가에 서 승리하신 것을 감사합니다. "나는 부활이요 생명이니 나를 믿는 자는 죽어도 살겠고 무릇 살아서 나를 믿는 자는 영원히 죽지 아니하리라"고 말씀하셨사오니, 죽어도 다시 살게 되는 영생의 주님을 영원히 의지하며 사는 저희들이 되게 하여 주옵소서.

저희로 하나님을 위하여 헌신하는 자가 될 수 있는 믿음을 더하여 주옵소서. 저희로 하나님을 찬양하는 저희 삶이 되게 하시고, 저희의 삶 속에서 하나님의 살아 역사하심을 날마다 발견할 수 있는 저희가 될 수 있도록 인도하여 주옵소서.

하나님을 대신하여 말씀을 대언하실 목사님 위에 함께 하시고 입술의 권세를 허락하셔서 증거되는 말씀에 역사가 임하게 하옵소서. 이 예배를 위하여 하나님을 찬양하는 성가대원들에게 특별히 복 주옵소서. 또한 여러 가지 모습으로 봉사하는 손길들에게 복 주옵소서.

예수 그리스도의 이름으로 기도 드립니다. 아멘.

성경은 우리가 항상 설교해야 한다고 말하고 있지 않다.
항상 기도해야 한다고 말하고 있다.
라이스

부활주일 기도-6

민 음의 주요 온전케 하시는 이인 주님을 바라보게 하시는 하나님 아버지 감사합니다!

거룩한 주일 주님의 전에 나아와 살아 계신 하나님께 찬양하며 영광 돌릴 수 있도록 이끌어 주신 은혜를 감사합니다. 주님의 품에 안기기를 소망하는 믿음으로 왔사오니, 지금까지 지은 허물을 용서하여 주시고 받아주시기를 원합니다.

저희들이 부활의 기쁨을 망각하는 어리석음을 범치 않게 하여 주시고, 부활의 증거자로 사명을 감당할 수 있는 믿음을 허락하여 주옵소서. 이 귀한 사명을 잃어버리지 않는 한 주님의 부활에 참예 하는 복된 삶이 지속되게 하여 주실 줄 믿습니다.

또한 저희 교회를 위해서 기도드립니다. 저희 교회도 사망권세를 이기시고 부활하신 주님을 높이고 온전히 주님의 영광을 드러내는 교회가 되기를 원합니다. 주님의 영광 중에 재림하시는 그 날까지 주님의 몸된 교회를 세워나가고 주님을 나타내기에 부족함이 없는 교회가 되게 하시고, 신앙의 수고가 늘 동반됨으로서 순종과 사랑의 욕구를 충족하며 구원의 기쁜 소식을 전파하는데 부족함이 없는 교회가 되게 하여 주옵소서.

사랑의 하나님 아버지 주님의 몸 된 교회를 위하여 헌신하는 손길들이 있습니다. 특별히 주님께서 귀한 직분으로 허락하신 은혜에 감사함으로 감당하기를 원하는 성도들에게 지혜와 힘을 주시고 믿음과 감사를 주셔서 맡은 바 직분을 잘 감당할 수 있도록 인도하여 주옵소서.

　　주님과 교회를 섬기면서 저희들을 항상 푸른 초원으로 인도하기에 온 힘을 쏟고 계신 목사님을 성령의 능력으로 함께 하시고, 진리의 말씀을 베풀기에 부족함이 없도록 지혜와 능력을 허락하여 주옵소서.

　　이 예배의 시종을 주님께서 온전히 주장하시고, 마귀가 틈타지 못하도록 도와주옵소서.

　　예수 그리스도의 이름으로 기도 드립니다. 아멘.

용서를 구하는 기도는 타락을 방지하고,
마음을 통회하게 하고 거룩한 삶을 영위하게 한다.
윌리암 카터

가정의 달 기도

거룩하시고 사랑이 많으신 하나님 아버지. 가정의 달 오월을 맞이하여 주님의 거룩한 성전에 나와 예배드리며 기도하게 하시니 감사합니다. 주님이 만드신 아름다운 세상으로 인하여 더욱 주님을 찬양할 수 있는 오월이 되게 하시고, 푸르름을 더해 가는 자연과 같이 저희의 심령도 주님의 사랑으로 풍성하게 채워 주옵소서.

입술로는 주님의 자녀라고 고백하면서 저희의 삶 속에는 아직도 죄의 습관들이 자리 잡고 있음을 발견합니다. 저희의 삶 속에 주님이 오셔서 죄의 요소들을 제거시켜 주시고, 주님과의 복된 교제가 늘 이어지는 생활이 될 수 있도록 인도하여 주옵소서.

높고 높은 보좌를 뒤로 하시고 낮고 낮은 이 세상에 육신을 입고 오셔서 겸손하게 우리의 죄를 속량하시기 위하여 고난을 받으신 주님! 저희들이 그런 주님의 사랑으로 인하여 감격하며 사는 인생이 되기를 원합니다. 저희로 주님의 평안을 체험하게 하시고, 주님의 평강으로 죄를 이기고, 악의 유혹을 극복하며 교만함과 게으름을 이겨나가게 하여 주옵소서.

주님의 교회는 기도하는 집이라 하셨사오니, 주님의 전에 모여서 늘 기도할 수 있는 저희들이 되게 하시고, 모든 성도가 일치된 기도 속에 성령 충만함을 체험하며, 능력이 나타나고 치료가 나타나는 놀라운 역사가 있게 하여 주옵소서. 말씀을 전하시는 목사님을 성령의 능력으로 붙드시고, 교회와 양떼를 위하여 수고하실 때에 기쁨으로 감당할 수 있도록 도와주옵소서.

이 시간 저희의 신앙의 눈이 떠지고, 주님의 음성을 듣게 하시며, 영적인 기쁨이 충만한 시간이 되게 하여 주실 줄을 믿사옵고, 기도의 본을 보여주신 예수 그리스도의 이름으로 기도 드립니다. 아멘.

기도를 잊지 말라. 기도는 그대에게
생생한 용기를 줄 것이며,
이것이 곧 교육이라는 사실을 알게 될 것이다.
도스토엡스키

어버이 주일 기도

우리의 소원을 이루어 주시는 은혜의 하나님! 이 거룩한 주일에 하나님을 의지하게 하심을 감사합니다. 우리를 성결하게 하사 저희가 하나님의 성호를 찬양할 수 있는 믿음을 더하여 주옵소서. 우리의 마음을 겸손하게 하사 저희에게 은혜를 받게 하여 주옵소서.

저희가 주님의 은혜에 합당치 못한 삶을 살고 있음을 고백합니다. 저희가 주님 앞에 부끄러운 자들임을 고백합니다. 기쁨으로 감사드려야 할 부모님께 근심과 눈물을 드린 것을 용서하여 주옵소서. 육신이 연약하고 부족한 저희들을 불쌍히 여기사 용서하여 주옵소서. 사랑을 실천하는 사람으로 살아갈 수 있도록 복 주옵소서.

저희의 육신을 낳고 길러주신 어버이가 계시지만 효도하며 받드는 일에 인색했던 저희들임을 고백합니다. "네 부모를 공경하라" 명하신 하나님의 법이 저희 입에서만 맴돌 뿐, 가슴에 새겨지지 않았음을 고백하며 저희의 부끄러움을 고백하오니 용서하여 주옵소서.

이제껏 저희를 위하여 모든 것을 희생하신 어버이들에게 평강을 주시고, 늙음에서 오는 외로움과 서러움, 쓸쓸함, 섭섭함 등, 이 모든 것들이 사라지게 하여 주옵소서. 외로운 분들과 허약한 분들과 가난한 분들을 위로하여 주시고, 힘을 더하여 주시며 이 땅에 계시는 동안 끝까지 훌륭한 믿음의 어버이로 모범을 보여줄 수 있게 하여 주옵소서.

이제 우리의 뜻과 마음과 정성을 다하여 예배드리오니 성령으로 우리를 인도하여 주시고 진리로 이끌어 주시기를 원합니다. 주님을 떠나서는 아무 것도 아님을 고백합니다. 구원의 감격이 우리 모두에게 골고루 내려지는 역사가 일어나게 하여 주옵소서. 이 예배를 통하여 저희의 근심이 기쁨이 되게 하여 주옵소서.

예수 그리스도의 이름으로 기도 드립니다. 아멘.

진정으로 기도하는 자는 아무 것도 원하지 않는다.
어린아이가 노래하듯이 고뇌와 감사를 중얼거릴 뿐이다.

헤세

성령강림절의 기도

거룩하신 하나님! 저희의 찬양과 영광과 예배를 받아 주옵소서. 이 시간 저희가 스스로 하나님의 길에서 벗어난 것을 고백하오니 저희의 죄를 용서하여 주옵소서. 하나님의 길에서 벗어나지 않고 온전히 거할 수 있는 복을 허락하여 주옵소서.

은혜의 하나님! 이 시간 저희가 성령 안에서 기도하고 찬송하며 말씀을 사모할 때에 은혜 받게 하시며, 의로운 인격을 갖추고 새 사람으로 새 날을 살아갈 수 있도록 성령님께서 이 시간 오셔서 크신 은총을 내려 주옵소서. 성령의 인도하심 속에서 저희의 신앙이 살찌게 하시고, 주님의 거룩한 뜻을 실현할 수 있는 복된 삶이 되게 하옵소서. 저희의 생각과 계획도 미리 아시는 성령께서 철저하게 이끌어 주시고 주관하여 주시기를 원합니다. 저희들의 전 생활 영역이 성령의 역사와 인도하심을 따라 사는 삶이 되게 하여 주옵소서.

저희의 교회도 성령의 불이 타오르는 능력의 제단이 되게 하여 주옵소서. 아무리 강팍한 심령도 이 제단에 발을 들여놓을 때 성령의 능력으로 거꾸러지는 역사가 있게 하시고, 죄의 자백이 일어나며, 회개의 역사가 있게 하여 주옵소서. 죄의 자백으로 인하여 탄식하는 회개의 역사가 일어나게 하심으로 삶에 지친 저희들의 영혼이 안식을 얻을 수 있도록 복 주옵소서. 병든 심령은 치료받는 역사가 있게 하시고, 믿음 없는 자들은 믿음 위에 굳게 서고 확신에 찬 생활을 하게 하여 주옵소서. 기도하는 자마다 주님의 사랑의 응답을 받을 수 있는 거룩한 교회가 되게 하여 주옵소서.

이 시간 성령께서 친히 예배드리는 저희들 가운데 운행하심을 믿사옵고, 예수 그리스도의 이름으로 기도 드립니다. 아멘

> 불에 피운 향이 인간의 생명을 상쾌하게 하는 것처럼,
> 기도는 인간의 희망을 북돋우어 준다.
>
> 괴테

추수감사절 기도

은혜로우시고 자비하신 하나님 아버지! 지금까지 입을 것, 먹을 것을 주시고, 베풀고 나눌 수 있도록 은혜 주신 것을 감사하오며, 또한 이토록 풍성한 결실을 얻을 수 있도록 복 주신 은혜를 감사하여 주님께 추수감사 주일 예배로 드리옵니다. 이 시간 저희들이 정성을 모아 드리는 이 예배를 받아 주시옵소서.

지난날을 돌이켜 보건대, 하늘의 신령한 은혜와 양식보다 세상의 썩어질 양식을 구하였으며, 주님이 주신 귀한 은사와 복을 주님의 몸 된 교회를 섬기고, 이웃과 나누고 베푸는데 쓰기보다는 저희의 자신의 만족과 쾌락을 위해 더 많이 썼으며, 감사보다 불평이 많았던 것 이 시간 주님의 보혈로 정케 하여 주시고 용서하여 주시옵소서.

복 주시기를 즐겨 하시는 하나님 아버지! 오늘 저희들이 드리는 감사의 예물을 기뻐 받으시기를 원하오며, 더욱 감사의 조건이 늘어가는 귀한 믿음이 되게 하여 주시옵소서. 그리하여 삶 속에서 소중한 열매를 더욱 더 많이 주님 앞에 드리게 하시옵소서.

자비하신 하나님 아버지! 추수감사 주일을 맞이하여 돌아보건 데, 저희 주변에 추수할 영혼들이 많이 있는데 그 동안 영혼의 추수에 대하여 너무나 태만했던 저희들이었습니다. 이제는 더욱 영혼의 추수에 마음을 쏟을 수 있는 저희들 되게 하여 주시옵소서. 한 영혼이라도 더 주님께로 돌아올 수 있도록 생명의 복음을 힘써서 전파하는 저희들 되게 하여 주시옵소서.

궁휼이 풍성하신 하나님 아버지! 뜻하지 않은 재난으로 말미암아 일 년 동안 땀 흘려 지은 농사를 빼앗겨 버린 농민들을 기억하시고 궁휼을 베풀어 주시옵소서. 아픔을 딛고 새로 일어설 수 있는 용기를 더하여 주시고, 주님을 알지 못하는 이들에게는 믿음의 눈으로 만물을 조성하시고 다스리시는 창조주 하나님을 확실히 만나는 계기가 되게 하여 주시옵소서.

오늘도 추수감사 주일을 맞이하여 축복의 말씀을 대언하시는 목사님을 붙들어 주셔서 이 시간 말씀을 듣는 저희들 모두가 남은 삶이 항상 감사가 넘치는 축복의 삶이 될 수 있도록 이끌어 주시옵소서.

예수 그리스도의 이름으로 기도 드립니다. 아멘.

그러므로 내가 첫째로 권하노니
모든 사람을 위하여 간구와 기도와 도고와 감사를 하되
딤전 2:1

맥추 감사주일 기도

때를 따라 은혜의 단비를 내려 주시고 보살펴 주시는 주님의 은혜와 사랑을 감사드립니다. 특별히 오늘은 맥추 감사주일로 지킬 수 있도록 은총을 베푸시니 감사드립니다. 이 시간 형식적으로 감사의 물질만 드리는 것이 아니라, 저희의 온 맘을 다 바쳐 주님을 기쁘시게 하는 은혜의 시간이 되게 하여 주시옵소서.

이 시간 특별히 간구 하옵기는 저희 교회가 복음을 파종하는 일에도 힘쓰며, 기도와 구제에도 힘을 써서 머리가 되시는 주님의 명령에 순종하는 귀한 교회가 될 수 있기를 원합니다. 오직 주님의 영광만을 위하여 주님의 형체를 드러내기에 부족함이 없는 교회가 되게 하옵시고, 생명을 건지는 일에 최선을 다하는 복된 교회가 되게 하시옵소서.

이 시간 주님의 말씀을 선포하시는 목사님을 기억하시고 성령의 능력으로 붙들어 주셔서 힘 있고 권세 있는 말씀만 증거 하게 하시고, 목마른 영혼마다 생수가 되는 은혜의 말씀이 되게 하여 주시옵소서. 찬양으로 영광 돌리는 찬양대를 기억하시고, 입술의 찬양만이 아닌 영혼의 찬양이 될 수 있도록 성령께서 도와주시옵소서.

언제나 함께 하시고, 이끌어 주시는 예수 그리스도의 이름으로 기도드립니다. 아멘.

성탄절에 드리는 기도

저 희를 위하여 이 땅에 오신 주님을 찬양합니다. 주님의 성육신이 없었다면 저희가 사망의 그늘에서 벗어날 수 없었음을 고백합니다. 저희를 긍휼히 여기사 이 땅에 오신 주를 찬양하고 경배합니다.

주님의 사랑하심과 희생에 감사할 줄을 모르고 죄인의 속성을 벗지 못함을 용서하여 주옵소서. 주님의 사랑을 늘 체험하면서도 주님을 욕되게 하는 삶을 살아온 저희를 용서하여 주옵소서. 이 시간 주님의 은혜를 저버린 것을 회개하오니 용서하여 주옵소서. 회개의 합당한 열매가 맺히게 하시고, 주님의 나라를 유업으로 받는 저희들이 되게 하여 주옵소서. 이제는 저희로 하여금 주님의 강권적인 간섭하심에 순종하게 하시기를 원합니다.

사랑의 열매, 봉사의 열매, 섬김의 열매도 가득히 맺히게 하시고 충성의 열매, 헌신의 열매도 가득히 맺히게 하셔서, 주님의 오심을 진정으로 축하할 수 있는 저희들이 되게 하여 주옵소서. 교회 안에서만 주님의 뜻을 본받아 산다고 외치고 다짐하는 주의 백성들이 되지 않게 하시고, 선한 사마리아 사람처럼 고통당하는 이웃에게 진정한 이웃으로 다가갈 수 있는 주님의 귀한 성도가 되게 하여 주옵소서.

이번 성탄절은 하늘의 영광 보좌를 버리시고 죄에 고통 받는 인간들을 구원하시기 위하여 성육신 하신 주님의 사랑이 곳곳에 스며드는 기쁜 성탄절이 되게 하여 주옵소서. 이런 때일수록 사랑을 베푸는 교회가 많아지게 하시고 소망의 문을 열어 주시기를 원합니다. 천국의 소망을 가지고 살아가는 기쁨을 알게 하여 주옵소서. 오늘도 이 자리에 참석하지 못한 성도들이 있습니다. 어디서 무엇을 하든지 주님을 기억하게 하여 주옵소서.

이 시간, 늘 주님의 은혜를 사모하는 저희에게 하늘의 신령한 은혜를 맛보게 하여 주실 것을 믿습니다.

예수 그리스도의 이름으로 기도 드립니다. 아멘.

천사는 베드로를 감옥에서 나오게 하였지만,
천사를 나오게 한 것은 기도였다.
토마스 왓슨

송년예배의 기도-1

한 해의 마지막을 보내며 저희들이 주의 뜰에 거하게 하심을 찬양합니다. 한 해를 복 주셔서 믿음으로 시작하여 믿음으로 마무리하게 하시니, 새해에 주시는 새로운 은혜를 충만히 받게 하여 주옵소서.

주의 은택으로 은사에 관을 씌우시고, 주의 인도하시는 길에는 기름 같은 윤택함으로 복 주옵소서.

주의 사랑하시는 성도들 가정을 기억하시고, 아직도 하나님을 알지 못하는 가족들에게 구원의 빛이 비취게 하옵소서. 온 가정이 임마누엘의 축복으로 하나님의 나라를 이루게 하여 주옵소서.

사업의 터전과 직장을 붙들어 주시고, 건강도 지켜주시고 가정들마다 안전의 은혜를 허락하여 주옵소서.

자녀들마다 감람나무 같게 하시고, 아내들에게 결실을 주옵소서. 가정마다 허락하신 기도 제목들이 이루어지게 하옵소서. 삶의 문제는 해결받게 하옵소서. 올해에도 혹독한 경제난을 지나게 하심을 아시오니, 회복의 은혜를 주셔서 꾸어줄 찌라도 꾸지 않는 은혜를 주옵소서.

저희 교회를 사랑하시고 복 주시는 하나님! 주의 목장에 양떼가 더하게 하시고, 초장에 푸른 꼴들로 덮이게 하여 주옵소서. 교회의 머리가 되시는 주님의 인도를 받게 하시고, 날마다 부흥되는 역사가 있게 하옵소서.

새해에는 더욱 분발하여 전도할 수 있도록 하시고, 주의 복음으로 세상을 변화시키는데 큰 역할을 감당하는 저희 교회와 성도들이 되게 하여 주옵소서.

경배로 시작하여 충성으로 열매 맺는 교회가 되기를 원합니다. 새해에는 인격과 믿음에 큰 성장을 주옵소서. 하나님의 가장 편리한 축복의 도구가 되게 하옵소서.

예수 그리스도의 이름으로 기도 드립니다. 아멘.

기도의 능력을 악마보다 더 확실하게 믿는 자는
아무도 없다. 악마는 기도하는 것이 아니라
기도로부터 고통을 당한다.
- 가이 H 킹 -

송년예배의 기도-2

은혜와 긍휼이 충만하신 하나님! 주께서 저희들을 택하여 주시고, 주의 뜰에 거하게 하시니 감사하고 감사합니다. 우리가 주의 집, 곧 성전의 아름다움으로 만족케 하옵소서. 저희가 받은 복이 많음을 알면서도 주님을 찬양할 제목을 잃어버리고, 불평과 슬픔 속에서 살아가는 저희들에게 이 예배를 통하여 확신과 감사가 넘치며 찬양이 솟아나게 하옵소서.

주님께 찬양 드리기에 인색해 하며 교만하게 살아온 지난날을 고백합니다. 주님, 용서하여 주옵소서. 저희의 마음이 주님을 기뻐하기보다는 세상의 명예와 재물을 더 사랑했음을 고백합니다. 주님께서 임하시는 그날, 저희가 찬양하는 입과 기뻐하는 마음으로 맞이하게 하여 주옵소서.

은혜의 주 하나님! 연말연시를 맞아 여러 가지 모임들에 많이 참석을 합니다. 어떤 모임에서도 주님의 이름을 망각하지 말게 하시고, 주님의 이름을 더럽히는 일을 하지 않도록 저희에게 지혜를 허락하여 주옵소서. 주님의 자녀 된 본분을 지키게 하심으로 저희의 삶이 늘 주님께 드리는 귀한 예배가 되게 하여 주옵소서. 주님이 오신 성탄절을 하나의 절기로 지내게 하지 마시고, 주님이 저희를 위하여 고난 받으시고 죽으시기 위하여 오심을 깨닫게 하시고, 더욱 경건한 마음으로 주님의 뜻을 기리게 하여 주옵소서.

또한 이 세상의 주님을 모르는 영혼들도 향락에 휘청거리는 성탄절이 되지 않게 하시고, 왜 주님이 이 땅에 오셔야만 했는지 진정으로 깨닫게 하셔서 주님을 영접하여 새 삶을 찾을 수 있는 귀한 계기를 허락하여 주옵소서. 주님의 평화가 그들의 마음속에도 임하여 주시기를 원합니다. 그리하여 이 땅에 주님의 나라가 속히 임하도록 축복하여 주옵소서.

예수님의 이름으로 기도 드립니다. 아멘.

> 악마의 한 가지 관심은 그리스도인들이
> 기도를 하지 못하게 하는 것이다.
> 악마는 기도 없는 성경공부, 기도 없는 봉사, 기도 없는
> 종교의식은 결코 두려워하지 않는다.
> 사무엘 차드윅

명절에 드리는 기도

우리를 흑암에서 건지셔서 빛과 생명으로 옮기신 주여! 지난 한 주간도 주님의 사랑과 은혜와 보호 속에 살게 하시고, 다시금 이 시간 주님의 거룩하신 전에 나와 기도하게 하시니 감사합니다. 오늘도 주님의 사랑 속에 부름 받아 모였사오니, 저희들의 감사와 찬양을 받아 주옵소서.

수고하고 무거운 짐 진 자들이 주 앞에 짐을 내려놓으므로 쉼을 얻는 시간이 되게 하옵소서. 저희가 세상에 살면서 걱정과 두려움이 많이 있습니다. 육신의 피로로 감당키 어려울 때가 있었습니다. 때론 괴로움 속에서 주님을 원망할 때도 있었습니다. 이웃이 짜증스러울 때도 있었습니다. 경건 된 생활이 아니라 방탕하고 나태할 때도 너무 많았습니다. 주님 크신 사랑으로 저희 영혼을 격려해 주시고, 새로운 힘으로 삶의 멍에를 기꺼이 짊어지게 하여 주옵소서. 진실한 마음으로 강한 믿음으로 살아가게 하여 주옵소서.

특별히 이번 주에는 민족의 명절로서 많은 성도들이 고향을 찾아 떠났습니다. 오고 가는 발걸음을 지켜 주시고, 주님의 계명을 어기는 불신앙을 극복하게 하옵소서. 우상에게 절하거나 동조하는 일이 없게 하시고,

믿음을 굳게 지킬 수 있도록 도와주옵소서. 행여 불미스러운 일이 생기지 않도록 불꽃같은 주님의 눈으로 보살펴 주옵소서. 온 가족의 대화에 말없이 듣고 계시는 주님을 생각하며 대화를 나눌 수 있게 하시고, 거친 대화와 다툼이 오고가지 않도록 함께 하여 주옵소서.

이 시간, 주의 말씀을 전하기 위하여 단 위에 서신 목사님을 붙들어 주옵소서. 오직 윤택한 목양을 위하여, 푸른 초장과 쉴 만한 물가를 찾으시는 수고로움을 보시고 양들을 선한 길, 복된 길로 인도하기에 부족함이 없도록 붙들어 주옵소서. 능력 있는 말씀으로 삶을 변화시키는 역사를 이루어 주옵소서.

우리의 믿음을 강건케 하시는 예수 그리스도의 이름으로 기도 드립니다. 아멘.

늘어 갈수록 기도를 더 많이 하라.
그러해야 신령한 일에 냉냉해 지지 않는다.
죠지 뮬러

설날에 드리는 기도

사 랑이 풍성하신 하나님! 저희들을 사랑하시어 좋지 않은 날씨 가운데도 예배로 불러주심을 감사합니다. 주님의 거룩한 성회를 기억하고 저희의 마음을 주장하시어 주님께로 불러 주신 은혜에 감사합니다. 저희가 주님을 알기 전부터 저희를 알고 저희를 구원하기 위하여 예수님의 보혈로 저희를 구원하신 은혜에 참으로 감사합니다.

사랑의 하나님! 이제 조금 있으면 민족의 명절인 설날이 다가옵니다. 우리의 이웃을 돌아볼 수 있는 저희가 될 수 있도록 도와주옵소서. 모든 은사중의 으뜸인 사랑의 은사를 받게 도와주옵소서. 주님 저희에게 세상의 빛이 되라 하셨으니, 저희에게 빛의 소명을 감당할 수 있도록 축복하여 주옵소서. 사랑이 없는 곳에 사랑을, 섞어져 가는 곳에 소금의 역할을 감당 할 수 있는 성도들이 될 수 있도록 축복하여 주옵소서. 믿지 않는 이 나라의 많은 이웃을 향하여 기도하게 하시며, 그들을 위하여 봉사의 손길을 쉬지 않도록 축복하여 주옵소서. 하나님의 성호를 찬양하며 주님 앞에 모인 저희에게 서로 협력하며 선을 이루도록 축복하여 주옵소서.

또한 하나님께 간절히 간구 하옵기는, 저희 교회를 위하여 기도드립니다. 각 기관 기관마다 하나님께서 친히 역사하심으로 저희의 모든 것들이 주님의 몸 된 교회를 위하여 지체의 역할을 감당할 수 있는 믿음을 허락하여 주옵소서. 저희를 향한 주님의 뜻을 찾게 하심으로, 그 안에서 저희가 충성을 다하도록 축복해 주옵소서. 늘 저희들을 사랑으로 돌보시는 하나님 아버지, 저희의 심령이 세상 죄악으로 인하여 완악하여졌습니다. 주님의 피 흘리심을 이 시간에도 기억하게 하셔서 저희의 완악한 심령을 주님의 말씀으로 녹여 주시고, 주님의 말씀을 대언하실 목사님 위에 크신 은혜와 능력으로 함께 하사 저희 심령을 치유하여 주옵소서.

하나님 아버지! 엘리야에게 주셨던 갑절의 능력을 더하여 주옵소서. 저희에게 주님이 주시는 한없는 축복으로 인하여 날마다 승리케 하시며, 저희의 연약함과 부족함을 주님의 강하심과 부요하심으로 채워주실 줄로 믿습니다. 저희의 예배를 기쁘게 받아 주옵소서.

날마다 저희를 인도하시는 예수님의 이름으로 기도 드립니다. 아멘.

우리의 기도는 지칠 줄 모르는 힘과
거부될 수 없는 인내와 꺾이지 않는 용기로
강하게 구해야 한다.
이 엠 바운즈

"너희가 내 이름으로 무엇을 구하든지 내가 시행하리니 이
는 아버지로 하여금 아들을 인하여 영광을 얻으시게 하려 함이
라 내 이름으로 무엇이든지 내게 구하면 내가 시행하리라

(요한복음 14:13-14)

제 2 부
주일 낮
예배 기도

너희가 내 안에 거하고
내 말이 너희 안에 거하면
무엇이든지 원하는 대로 구하라
그리하면 이루리라(요한복음 15:7)

주일 낮 예배 기도

1

할렐루야! 사랑과 은혜가 충만하신 하나님 아버지! 은혜를 감사합니다. 하나님께서 바로 지금 이 시간 저희를 위하여 여기에 계심을 믿사오며, 저희를 위하여 어제도 계셨고 오늘도 그리고 영원히 여기에 계심을 믿고 감사드립니다.

새해의 첫 주일을 맞이하여 지나온 날들을 되돌아 볼 때에 여전히 이 곳에 저희와 함께 하시는 사랑의 하나님이 말없이 동행하시며 저희를 지켜주시고 계셨음을 고백하나이다. 우리의 마음에 죄의 더러운 습관을 버리도록 인도하시고 새해와 더불어 새롭게 하시는 성령님께서 저희를 온전히 다스릴 수 있도록 저희의 심령을 주장하여 주옵소서.

저희를 눈동자처럼 날마다 보호하시는 하나님의 역사에 감사하오며, 우리의 삶이 오직 하나님의 영광을 위한 삶이 되도록 성령님의 도우심과 복 주심이 함께 하옵소서. 오직 하나님의 복된 자녀로써 예수 그리스도를 믿지 않는 이웃에게 전도할 수 있는 한 해가 되게 하시고, 하나님이 저희를 친히 죄에서 해방시키신 주님의 사랑을 온 누리에 전하도록 저희에게 사도의 일을 허락하시며, 그것을 감당 할 수 있도록 새 힘을 허락하여 주옵소서.

우리를 인도하시는 주님의 길이 진리와 생명의 길임을 고백하고 확신하오니 주님 저희에게 주신 사명을 잘 감당할 수 있도록 새롭게 성장하고 승리하는 삶으로 인도하여 주옵소서. 이 나라와 민족을 위하여 주님의 복음 전하는 증인이 될 수 있도록 저희에게 복 주옵소서.

교회의 주인이 되시는 주님. 올해는 저희 교회가 말씀을 사모하고 기도에 힘씀으로 하나님을 경외하는데 부족함이 없는 교회가 되게 하시고, 저희의 모든 것들로 전도에 열심을 내어 부흥하게 하시고 주님 안에서 은혜로운 성도의 교제를 나눌 수 있도록 도와주옵소서. 저희 교회로 성령님의 역사하심을 온전히 순종함으로 세상의 빛을 비취는 등대가 될 수 있도록 복을 주시고, 주의 복음을 세계만방에 전파하여 주님께 영광 돌리게 하옵소서.

지금도 살아 계셔서 역사하시는 예수그리스도 이름으로 기도하옵나이다. 아멘.

감사하는 삶

생각을 하면 하나님께 감사할 일이 많이 있음을 알게 된다. 최악의 상황에서도 감사할 줄 알아야 진짜 감사가 무엇인지 아는 것이다.

주일 낮 예배 기도

2

전지 전능하신 하나님 아버지! 오늘도 감사와 영광과 찬송을 세세 무궁토록 받으옵소서. 주의 은혜에 감격하여 예배의 자리에 나왔사오니 은혜로 충만해지는 시간이 되게 하여 주옵소서.

연약함에도 세상에 미혹되지 아니하고 주님을 사모하여 주님의 전으로 나왔사오니, 우리의 발걸음이 복되게 하옵소서. 우리가 세상에서 주님의 군사로 승리하게 하심을 감사합니다. 주님의 광대하심과 주님의 크신 사랑과 은혜에 영광과 찬송을 올려드리오니 홀로 영광 받아 주옵소서.

저희의 연약함을 아시고 성령님을 허락하신 하나님 감사합니다. 한결같은 성령님의 충만함으로 범죄하지 않도록 인도하여 주옵소서. 성령님의 인도하심이 항상 저희에게 역사하사 저희들이 교만하지 않고 낮아지게 하시고, 저희의 어리석음 가운데 지혜롭게 하시고, 저희의 믿음 없음이 더욱 강건한 믿음으로 성장하게 하여 주옵소서.

저희를 위하여 피 흘리심으로 구속하신 그리스도를 기억하며 하나님 나라의 영광을 위하여 믿지 않는 우리의 이웃을 전도하게 하시고, 주님의 영광을 위하여 우리의 삶의 자세가 새롭게 변화되게 하시고, 우리의 마음이 온전히 하나님만을 바라볼 수 있도록 성령님께서 함께 동행하여 주옵소서.

주님의 나라를 사모하며 주님의 일에 봉사하는 손길이 있습니다. 주님께서 새로운 힘과 능력을 허락하심으로 봉사할 때마다 아름다운 봉사의 열매들이 맺히도록 은혜 더하여 주옵소서.

오늘도 주님의 말씀을 선포하시는 목사님 위에 함께 하사 성령의 권능으로 붙들어 주시고, 주님의 권세와 주권이 선포되는 귀한 시간이 될 수 있도록 성령님 저희를 붙들어 주옵소서. 주님을 찬송하는 저희들에게 기쁨이 충만하게 하시고 은혜의 단비를 체험하는 귀한 시간이 될 수 있도록 도와주옵소서. 저희의 심령을 기경하게 하시어 옥토가 되게 하사 30배, 60배, 100배의 결실을 맺는 귀한 시간이 되게 하옵소서.

승리하는 예배로 인도하여 주실 줄로 믿사오며, 예수 그리스도의 이름으로 기도 드립니다. 아멘.

죄에서 떠난 삶

하나님에게서 떠난 것 자체가 이미 죄이다. 죄는
인간을 타락시키며 마침내 파멸에 이르게 하는 것이다.
우리는 죄에서 떠나야 한다.

주일 낮 예배 기도

3

우 주 만물을 창조하시고 좋아하시고 기뻐하신 하나님 아버지! 오늘도 저희가 찬송과 영광과 존귀를 올려드립니다. 저희의 입술을 주장하사 마땅히 하나님께 구해야 할 것을 구할 수 있도록 은혜를 더하여 주옵소서.

죄로 말미암아 죽을 수밖에 없던 저희에게 오늘도 구속의 은혜를 베풀어 주심을 감사합니다. 주님 안에서 우리의 삶이 주님의 자녀로 새롭게 거듭나는 그래서 주님께 더욱 필요한 존재가 되기를 원합니다. 저희를 광야에 버려두지 마시고 주님의 각별한 은혜로 보호받기를 원하여 오늘도 주님 앞에 성회로 모였사오니 구름기둥과 불기둥의 인도하심이 우리와 함께 하시기를 기도드립니다.

주의 사랑을 확인함으로 더욱 큰 사랑으로 이웃을 사랑하게 하시고, 성도의 사랑을 나누게 하시며, 저희가 주님 앞에 사랑받기에 합당하게 하시고, 저희가 세상에서 승리하게 하시고, 저희의 마음에 평안을 주옵소서. 저희의 무지한 인생을 주님께서 천사가 흠모하는 귀한 인생으로 바꾸어 주심을 감사드립니다.

저희의 마음을 열매 맺는 옥토의 마음이 되게 하심으로 말씀을 들을 때에 회개의 역사가 저희 가운데 임하시며, 말씀을 받을 때에 기뻐 감격하게 하여 주옵소서. 돌 같은 심령을 녹여주심으로 순종의 기쁨으로 회개에 합당한 열매를 맺는 귀한 시간이 되게 하여 주옵소서.

주님과 더욱 깊은 교제 속에 살아 갈 수 있도록 도와주옵소서. 믿음과 사랑과 평화가 넘치는 생활이 되게 하옵소서. 말씀에 순종함으로 저희의 삶에 은혜가 넘쳐나게 하시고 이웃을 돌아보는 삶을 살게 하시고, 고통 중에 있는 사람에게 주님처럼 친구가 되어줄 수 있도록 복을 주옵소서. 주님 앞에 예배를 드리기에 허물이 많음을 고백하오니, 상한 심령으로 드리는 예배를 받아주옵소서.

오늘도 주님의 말씀을 대언하시는 목사님을 성령의 권능으로 붙들어 주시고 주님의 역사가 펼쳐질 수 있는 귀한 은혜의 시간이 되게 하여 주옵소서. 예배를 위하여 수고하는 손길들을 기억하시고 저들의 손길을 통하여 구원받는 숫자가 날마다 더하여 질 수 있도록 은혜를 주옵소서.

예수님의 이름으로 기도 드립니다. 아멘.

죄악을 이기는 삶

죄에 대한 승리가 최고의 승리이다.
오직 하나님의 능력으로 죄와 싸워 이길 수 있다..

주일 낮 예배 기도

4

산 자의 하나님이 되셔서 오늘도 역사하시는 풍성하신 하나님! 오늘도 저희를 거룩한 예배로 불러주신 은혜에 감사합니다. 오늘도 주님을 믿는 자를 자녀로 삼으시고 아버지가 되어주신 하나님. 여기에 임재하셔서 저희에게 복을 허락해 주옵소서.

이 시간도 성령님의 우리 가운데 역사하셔서 저희에게 날마다 새로운 성령의 열매가 맺히게 하여 주옵소서. 거룩한 하나님의 성호를 찬양하게 하시고, 저희를 거룩하게 구별하여 주님의 백성으로 삼아 주시니 감사합니다.

저희의 예배를 기쁘게 받으시기를 원하오니 주님 저희에게 성령 충만함으로 허락하여 주옵소서. 그리하여 진정한 참 회개를 하게 하옵소서. 저희가 한 주일 동안에도 주님의 뜻에 순종하지 못했음을 고백합니다. 저희의 연약함으로 인하여 주님의 이름을 가렸습니다. 무엇보다도 주님의 피 흘리심으로 저희를 죄에서 구원하셨건만 아직도 세상의 연락으로 인하여 이곳에 있지 아니하는 많은 심령들을 위하여 한번의 권면도 못한 저희의 죄를 사하여 주옵소서.

저희가 어찌 주님의 희생을 모른다 합니까? 저희가 어찌 저희의 이웃을 모른다 합니까? 주님 저희에게 더욱더 큰 믿음으로 그들에게 구원의 주가 되시는 예수님을 증거 할 수 있도록 저희에게 은혜 더하여 주옵소서. 오늘 이 시간 예배를 통하여 하나님의 나라와 의를 위하여 쓰임 받는 결단의 사람들이 되도록 인도하여 주옵소서. 저희가 어디에 있든지 우리를 도우시는 하나님으로 인해 저희의 연약한 믿음이 담대해지고, 저희의 부족한 언행이 온전해지기를 원합니다.

하나님 아버지! 저희 안에서 역사하시는 성령을 인정하게 하시고, 저희로 순종의 사람이 되게 하여 주옵소서. 교회의 각 기관 기관들이 오직 하나님의 영광을 위하여 헌신하게 하시며 그들의 헌신으로 복을 주시되 하나님께 봉사하는 기쁨을 맛보는 귀한 복을 허락하여 주옵소서.

또한 저희 지체들이 서로 사랑하며 성도의 귀한 교제를 나누게 하여 주옵소서. 특별히 오늘도 저희에게 주님의 말씀을 대언하시려고 단 위에 서신 목사님을 기억하시고 성령과 말씀으로 충만케 하여 주옵소서.

오늘도 우리를 도우시는 예수 그리스도의 이름으로 기도 드립니다. 아멘.

믿음의 생활

믿음은 자신을 불신하고 하나님을 신뢰하는 것이다. 신념이 아니라 신앙으로 사는 것이 믿음의 생활이다.

주일 낮 예배 기도

5

사랑과 은혜가 풍성하신 하나님 아버지 축복과 사랑을 감사합니다. 오늘도 하나님께서 영광과 찬송과 저희의 예배를 받아주옵소서. 저희의 마음을 다하여 갈급한 심령으로 모였사오니 우리에게 은혜를 베푸셔서 충만한 은혜의 시간이 되게 하여 주옵소서.

거룩한 자녀의 권세를 가지고도 힘없고 연약하게 살아온 한 주간의 삶을 용서하여 주시고, 이 시간 저희의 심령과 영혼의 양식을 말씀으로 채우셔서, 마음으로 하나님을 사랑하고 힘을 다하여 주를 섬기는 복된 시간이 되게 하여 주옵소서. 우리의 육신만 왔다가 가는 시간이 아니라, 우리의 영혼에 양식을 채워가는 예배가 되게 하시고, 삶을 고치지 않으면서 태연히 예배만 드리는 사마리아인의 그릇된 예배가 되지 않도록 은혜로 붙들어 주옵소서.

물질은 드려도 자신을 드리지 않는 형식적인 사람이 되지 않기를 기도드립니다. 봉사를 드려도 몸을 드리지 않는 사람이 되지 않기를 기도드립니다.

예배의 주인이 되시는 전능하신 하나님 아버지! 마음과 영이 하나 되어 주 앞에 드리는 이 시간이 되게 하옵소서. 신령과 진정으로 드려지는 예배가 되게 하여 주옵소서. 저희의 부족함을 아시면서도 주님을 간절히 찾는 자를 거절치 않으시는 주님의 사랑을 생각하며, 오늘도 꿀 송이보다 더 단 주의 말씀을 사모하게 하옵소서.

주님의 말씀으로 인하여 저희의 믿음이 더욱 자라나게 하시고, 저희들의 메마른 심령을 말씀으로 살아나게 하옵소서. 오늘도 주 앞에 헌신을 드리고자 열심을 다 하는 심령들이 있습니다. 저들의 수고를 주께서 기억하시고, 심는 대로 거두는 축복이 항상 있게 하옵소서.

이 시간 육신의 병으로 고통 받는 자 있습니까? 고통과 상처받은 자 있습니까? 주님의 말씀을 듣는 순간 육신의 병이 치료되게 하시고, 상처받은 영혼이 위로와 쉼을 얻을 수 있도록 인도하여 주옵소서. 오늘도 말씀을 전하시는 하나님의 종 목사님께 영혼의 건강함과 육신의 건강함을 허락하시고 입술의 권세를 허락하셔서 우리의 심령이 어찌할꼬 회개하는 귀한 시간 되게 하옵소서.

우리의 예배를 받아주시는 예수그리스도의 이름으로 기도드립니다. 아멘.

주일 낮 예배 기도

6

찬 양을 받으시기에 합당하신 하나님 아버지! 새해의 첫 달을 하나 님 아버지 은혜 가운데 보내게 하심을 감사합니다. 하나님의 백 성들을 지키시되 눈동자처럼 지키시고, 졸지도 주무시지도 아니하시며 주의 날개 그늘 아래 품어 주셨다가 오늘도 저희를 불러주셔서 감사합 니다. 저희를 오래 참으심으로 구원하셔서 하나님의 자녀가 되게 하시 고, 하나님의 나라를 유업으로 받게 하심을 감사드립니다. 주님의 구속 하시고 속량하신 은혜에 감격하여 드리는 저희의 예배를 기쁘게 받아 주옵소서.

믿음의 주요 또 온전케 하시는 주께서 저희에게 믿음을 더하여 주셔 서 하나님을 경외하게 하시고 하나님을 온전히 기쁘시게 할 수 있는 복 된 삶이 되게 하옵소서. 하나님 저희의 예배를 믿음 있는 아벨의 제사처 럼 기쁘게 받아 주시고, 이삭을 드린 아브라함의 믿음처럼 하나님을 경 외함으로 드리는 예배가 되게 하여 주옵소서.

구원함을 얻은 저희들이 세상과 구별되어 성결하게 하시고, 세상 속에 빛의 역할을 감당하여 선교의 사명을 감당하되, 하나님의 부르심의 소명 을 따라 충성함으로 감당할 수 있는 믿음을 더하여 주옵소서. 저희에게 믿음의 열매를 허락하셔서 이웃들에게 복음을 증거 할 수 있도록 인도하셔서 구원받는 사람들이 날마다 더하여지게 하여 주옵소서.

예배를 위하여 헌신하는 손길들이 있습니다. 주님 저들의 손길을 더욱 풍성하게 하심으로 하나님의 영광이 더욱 더 높이 드러나게 하시고 저희의 심령이 온전한 충성으로 결단 할 수 있도록 믿음을 더하여 주시되 하나님을 경외하며 예배를 드림으로 인하여 형통한 복을 허락하여 주옵소서.

특별히 이 시간 말씀을 듣고 단 위에 서신 목사님을 기억하시고 대언하시는 말씀으로 인하여 성령의 불길이 저희에게 임하게 하시기를 원합니다. 저희의 심령이 쪼개지는 역사가 일어나게 하옵소서. 사랑하는 주의 성도들이 말씀을 통하여 삶의 문제를 해결 받고, 은혜 받음으로 기쁨을 얻고, 하나님의 기뻐하시는 뜻을 깨닫는 시간이 되게 하옵소서. 성령님의 충만하신 은혜가 예배하는 모든 이들에게 함께 하옵소서.

예수님의 이름으로 기도 드립니다. 아멘.

성숙한 신앙

육체가 성장하듯이 영도 성장해야 한다.
영적성숙의 목표는 작은 그리스도가 되는 것이다.

주일 낮 예배 기도

7

만 왕의 왕이시며, 만유의 주가 되신 우리 주 하나님 아버지 감사
합니다. 한 주간 동안도 세상에서 승리케 하시다가 하나님 아버
지께 영광을 돌릴 수 있도록 저희를 다시금 이곳에 모이게 하심을 감사
합니다. 오직 의인은 믿음으로 말미암아 살리라는 말씀을 하셨사오니,
오는 한 주간도 믿음으로 승리하는 삶이 될 수 있도록 도와주옵소서.

오늘 모인 저희들에게 복을 주시되 혹 세상에서 상하고 찢기워진 심
령은 위로를 받게 하시고, 환경의 어려움으로 낙심한 성도들에게는 새
힘을 허락하여 주셔서 주님이 세상을 이긴 것 같이, 저희들도 세상을 이
기게 하옵소서. 우리의 삶 속에 생각하는 것과 말하는 것과 행동하는 것
으로 하나님의 영광을 가리지 않게 하시고, 범사에 하나님을 높이 드러
내는 복된 삶이 되게 하옵소서.

이웃을 판단하기보다 사랑으로 용납하게 하셔서 그리스도의 속죄의
피를 헛되게 하지 않도록 축복하옵소서. 이웃을 향해 저주와 불평과 원
망이 있었다면 이 시간 회개하오니 용서하여 주옵소서.

세상을 향하여 빛이 되며, 소금이 되게 하시고 그들의 삶에 유익과 도

움이 될 수 있는 나눔의 삶이 되게 하옵소서. 경건의 모양은 있으나 능력이 부족하오니 성령으로 충만케 하시어 삶의 능력이 나타나게 인도하여 주옵소서. 저희의 삶 속에서 하나님 나라 확장에 쓰임 받게 하옵소서.

오늘 예배를 통하여 증거 되는 주의 말씀을 들을 때 하나님의 뜻을 발견케 하시고, 하나님의 말씀에 순종할 수 있는 저희 성도들이 되게 하옵소서. 저희가 섬기는 귀한 교회가 날마다 부흥하게 하시고, 하나님의 은혜 가운데 은혜와 진리가 충만한 교회가 되게 하시며, 하나님을 사랑하고 영광을 돌리고, 이웃을 사랑하여 덕을 끼치는 복된 교회가 되게 하여 주옵소서.

저희 모두가 예수를 닮아가게 하시고, 한 주간도 말씀생활과 기도생활로 승리하게 하여 주옵소서. 날마다 찬송과 평화가 넘치게 하여 주옵소서. 감사가 충만케 하옵소서. 은혜가 충만케 하옵소서. 우리의 삶에 하나님의 나라가 충만히 임하도록 복 내려 주옵소서.

오늘 드리는 예배도 승리할 줄 믿사오며, 예수그리스도의 이름으로 기도 드립니다. 아멘.

회개하는 삶

회개는 자신이 가는 길을
근본적으로 돌이키는 것을 의미한다.
그리고 하나님 중심의 삶을 살아가는 것이다.

주일 낮 예배 기도

8

영광과 찬송을 세세 무궁토록 받으실 하나님 아버지! 오늘 귀한 주님의 날을 우리에게 허락해 주셔서 신령과 진정으로 주님께 영광 돌릴 수 있도록 하시니 감사드립니다. 보혜사 성령님을 통하여 날마다 저희를 인도하시고 보호하시는 하나님의 은혜와 사랑하심에 감사와 찬양과 영광을 돌립니다.

저희 안에 내주 하시는 성령의 인도하심을 따라 오늘도 주님 앞에 모였사오니 거저 왔다가 거저 가는 성도들이 하나도 없게 하시고, 예배 중에 함께 하시는 하나님의 사랑을 나누며, 이날에 내리는 하늘의 만나로써 힘 있는 신앙생활을 감당하게 하옵소서.

부족한 가운데 나왔사오나 하나님의 능력으로 채워 주셔서 승리자의 반열에 서게 하여 주옵소서. 의심 많은 도마처럼 하나님의 동행하심을 잊어버리고 순간 순간 의심하는 저희들을 불쌍히 여기시고, 반석 같은 믿음의 사람들이 되게 하옵소서.

저희의 삶이 예수그리스도를 닮아 가기를 원하오니 성품과 인격이 날마다 새로워지게 하옵소서. 욕심에 이끌리는 생활이 되지 않게 하시고, 성실함으로 하나님의 말씀을 실천하는 성숙된 믿음이 되게 하여 주옵소서. 주님이 주신 사랑으로 이웃과 굶는 이들을 돌아보게 하시고 도움이 필요한 자들에게 도울 수 있는 복된 성도들이 되게 하옵소서.

오늘도 주님의 말씀이 그리워서 나왔습니다. 증거 되는 말씀에 우리의 영혼이 소생하게 하셔서 변화 받게 하시고, 말씀을 붙들고 날마다 승리할 수 있도록 복 내려 주옵소서. 주님만을 의지하게 하시고, 주님만을 순종하게 하심으로 영광을 돌리게 하옵소서.

하나님, 우리의 삶을 주장 하셔서 악한 사단 마귀가 틈타지 못하게 하시고, 하나님의 공급하시는 힘으로 세상을 이기게 하옵소서. 항상 기뻐하게 하시고, 쉬지 말고 기도하게 하시며, 범사에 감사하게 하셔서 그리스도 예수의 뜻대로 살아가는 믿음의 사람들이 되게 하옵소서.

저희가 드리는 예배를 기쁘게 받아 주시고 저희의 찬양을 기쁘게 흠향하여 주옵소서. 저희의 예배를 돕는 모든 손길들을 복 주시고, 그 봉사로 인해 더욱 하나님께로 다가가는 은혜를 더하여 주옵소서. 말씀을 전하시는 목사님께도 주님께서 함께 하사 저희에게 영육이 강건해지는 귀한 말씀이 되도록 복 주옵소서.

저희를 위해 십자가에 달리신 예수그리스도의 이름으로 기도 드립니다. 아멘.

주일 낮 예배 기도

9

<big>**만**</big> 복의 근원이 되신 주님의 은혜와 사랑을 감사합니다. 날마다 저
희와 함께 하시며 험난한 세상길에서 실족하지 않도록 은혜 가
운데 살아가도록 도우셔서, 오늘 이와 같이 가장귀한 예배의 자리에 모
이게 하심을 감사드립니다. 저희의 심령이 오직 주님만을 향하여 온전한
예배를 드릴 수 있도록 저희를 지켜 주옵소서.

지난 한 주간도 돌아보건대 저희의 주홍 같은 죄들이 많사오니 오직
주님의 보혈로 씻어주시고 깨끗케 하여 주옵소서. 저희는 아직도 죄의
속성에서 벗어나지 못하고 주님의 이름을 더럽히는 추악한 일을 서슴치
않았음을 고백합니다. 주님의 보혈을 의지하여 주님을 향한 저희의 믿음
을 지키게 하시며 저희의 가슴이 오직 성령의 불길로 가득 차게 하여
주옵소서.

주의 보혈인 피로 값 주고 사신 하나님의 교회를 위하여 기도하오니
세상의 빛과 소금의 역할을 감당하게 하시며 그리스도의 향기를 풍기며,
예수그리스도의 향기가 되게 도와주옵소서. 이 지역 사회에 없어서는 안
되는 구원의 방주가 되게 하시고 수없이 많은 상처받은 심령들이 와서

쉼을 얻으며 교만한 자들은 무릎을 꿇으며 갈 길을 잃은 자들은 믿음의 주가 되시는 예수를 바라보게 하여 부지런히 주님을 섬기게 하옵소서.

저희 교회 성도들 중에 하나도 자기를 위해 사는 자가 없고 주를 위해 사는 성도들이 되게 하시며, 주님가신 그 길을 묵묵히 따라 살아가게 하옵소서. 죄의 옷을 벗고 주님이 주시는 세마포로 단장하게 하시며 주님이 주시는 영광의 자리에 서게 하여 주옵소서.

솔로몬의 예배를 기쁘게 받으시고 복 주신 하나님! 오늘 드리는 저희의 예배가 열납 되기를 소원합니다. 예배 중에 임하시는 하나님의 복을 충만히 받는 복된 시간이 되게 하여 주옵소서. 저희의 감사를 받으시고, 찬양을 받으시며 기도에 응답하여 주옵소서.

저희 교회 성도들 가운데 육신의 질병과 영혼의 질병으로 고통하는 이들이 있나이다. 위로의 주님께서 눈물을 씻기시며 성령의 크신 감화로 안위하여 주옵소서. 성도된 저희를 세상과 구별되게 하시며, 주님의 군사가 되어 사단의 세력을 멸하게 도와주옵소서.

성가대의 찬양을 받으시며 예배하는 저희들의 중심이 하나가 되어 하나님이 받아 주시기를 바라오며, 예수그리스도의 이름으로 간절히 기도 드립니다. 아멘

주일 낮 예배 기도

10

영원히 살아 계셔서 함께 하시는 하나님 아버지! 상한 심령을 치유하시며 낙심한 영혼에게 새 힘을 주시는 은혜로우신 하나님 참으로 감사합니다. 오늘도 주의 제단에 모여 산 제물로 드리는 저희의 예배를 기쁘게 받아 주옵소서.

신령과 진정으로 드리는 예배하는 자들을 오늘도 찾으시며 기뻐하시는 하나님, 저희의 예배를 받아 주시고 인도하여 주옵소서. 마음은 원이지만 여러 가지 일들로 인해 예배에 참석지 못한 성도들이 있사오니 그들이 어디서 무엇을 하든지 이 자리를 기억하게 하시고 이 복된 자리에 늘 동참할 수 있는 은총을 허락하옵소서.

오늘도 많은 삶의 문제를 가지고 나온 성도들을 보시고, 찬양 중에 기도 중에 주의 말씀을 듣는 중에 해결 받게 하여 주옵소서. 시냇가에 심겨진 나무가 부족함이 없듯이 저희의 삶에 풍성함을 더하시고 지나친 욕심 때문에 주님의 말씀을 따르지 못하는 저희들이 되지 않도록 도와 주옵소서!

불의한 길에 섬으로 책망 받는 어리석음을 범하지 않도록 은총을 주옵소서. 주님의 자녀로서 불러주심에 감사합니다. 늘 주님 부르심에 합당한 삶을 살아갈 수 있도록 도와주옵소서. 연단이 속히 끝나고 하나님의 복을 받기에 부족함이 없도록 인도하여 주옵소서.

이 땅에 주님의 피 값으로 사신 많은 교회들이 있나이다. 한국교회를 붙들어 주옵소서. 모든 교회들이 맡은바 사명을 다하여 세상에서 감당해야 될 역할을 충분히 감당하게 하옵소서. 저희 교회도 함께 하셔서 성령의 역사로 살아 움직이며 생명력이 넘치는 교회가 되게 하여 주옵소서. 영혼을 구원하는 일에 힘을 얻게 하여 주시며 불의에 대해서는 단호하게 하옵소서.

또한 이 나라의 위정자들을 기억하시고 그들로 하여금 의와 진리를 깨닫게 하시며, 지혜와 분별력을 주셔서 바른 정치를 할 수 있도록 하옵소서. 또한 단 위에 주님의 말씀을 들고 서신 목사님을 위해서 기도드립니다. 주님의 진리의 말씀을 베풀기에 부족함이 없도록 목사님을 강건케 해 주시고, 예배를 위하여 수고하는 예배위원들 위에 복 주옵소서.

저희들의 예배를 기뻐 받으시는 예수그리스도의 이름으로 기도 드립니다. 아멘.

주일 낮 예배 기도

11

찬양과 영광 가운데 거하시는 삼위일체 하나님 아버지! 크신 은혜와 축복을 생각할 때 하늘을 두루마리 삼고 바다를 먹물 삼아도 다 기록할 수 없음을 고백합니다. 존귀와 찬양과 영광을 아버지께 돌립니다. 약속하신 대로 독생자 외아들 예수그리스도를 십자가에 내어 주심으로 저희들을 구속하시고, 성령을 보내심으로 날마다 은혜 가운데 살 수 있도록 은총을 허락하시니 감사합니다.

우리의 죄와 허물가운데서도 저희를 포기하지 아니하시고 오래 참으심으로 구원하셔서 오늘도 주 앞에 나왔사오니 주님만을 바라보는 복된 시간이 되게 하옵소서. 오늘 예배를 승리케 하셔서 충만한 은혜를 받게 하시고, 우리의 삶 속에서 잘못된 것들은 버리게 하시고 끊을 것은 끊을 수 있는 결단이 있게 하옵소서.

자신의 연약함과 나약함을 합리화 시키지 않게 하시고, 세상의 기준을 벗고 예수 그리스도를 푯대로 닮아가는 믿음을 주옵소서. 날마다 하나님의 말씀에 순종하게 하시고, 하나님을 시험하지 않도록 축복하시고, 세월을 아껴 하나님의 기뻐하시고 온전하신 뜻이 무엇인지 깨달아 실천할 수 있는 살아있는 믿음을 주옵소서.

작은 일에도 충성하게 하시고, 때를 얻든지 못 얻든지 주의 복음을 전하라 하신 주님의 말씀을 따라 전도하게 하시며, 맡겨진 사명에 최선을 다하는 은혜를 주옵소서. 주님의 나라가 확장됨을 기뻐하게 하시고 하나님의 의가 이루어지는 것에 감사할 수 있게 하옵소서.

믿는 자의 본이 되게 하시며, 세상에서도 빛이 되게 하옵소서. 저희 교회가 부흥케 하옵시며, 말씀으로 충만케 하시고, 기도로 하늘 문을 열며, 헌신으로 주님께 인정받게 하여 주옵소서. 저희 교회의 각 기관들이 활성화되어 부흥케 하시고 성결운동으로 세상에 본이 되게 하여 주시기를 원합니다.

영혼 구원을 위해 세우신 주의 교회를 기억하시고, 오늘도 드려지는 예배에 승리하게 하옵소서. 주의 성도들이 늘 신앙으로 뜨겁게 하셔서 직장과 사업에 열매가 있게 하시며, 주님을 위한 헌신이 끊이지 않는 복을 주옵소서. 단 위에 세우신 목사님을 붙들어 주셔서 오늘도 주의 말씀이 증거 될 때 저희들의 삶이 변화되게 하시고 승리하는 예배가 되게 하여 주옵소서.

예수님의 이름으로 기도 드립니다. 아멘.

주일 낮 예배 기도

12

나는 알파와 오메가라 하신 사랑의 하나님 아버지 감사합니다. 저희에게 구속의 은혜를 허락하셔서 하나님의 자녀가 되는 권세를 주심에 감사합니다. 영원한 생명을 주심을 감사합니다. 멸망치 않고 심판에 이르지 아니함을 감사드리오며, 모든 영광을 주님께 돌립니다.

오늘도 구원의 감격으로 주 앞에 나와 예배를 드리오니 기쁨 중에 흠향하시고, 찬양하며 간구하는 기도에 응답하여 주옵소서. 이 날은 주님이 정하신 거룩한 날이오매 경외함으로 드리는 예배를 복 내려 주옵소서. 주일 예배에 승리함으로 생활 속에서 드려지는 예배도 날마다 승리케 하셔서 각자에게 허락하신 삶의 현장에서 하나님의 영광을 드러내게 하여 주옵소서.

직장과 사업의 터전위에 하나님의 인도와 축복이 있게 하셔서 형통한 은혜를 주옵소서. 여호와를 가까이 함은 네게 복이라고 했사오니 하나님과 함께 하는 삶이 되게 하옵소서. 저희 민족을 사랑하셔서 민족적으로 하나님께 돌이켜 회개의 역사를 이루어 주옵소서.

우리나라의 교회들이 바로 서게 하시고, 세상을 향한 교회의 사명을 감당할 수 있는 은혜를 주시며, 십자가를 내려놓지 않고 세상의 고통을 함께 지고 갈 수 있는 교회들이 되게 하옵소서.

저희 교회를 오늘까지 지켜 주심을 감사드립니다. 목회자들과 장로님들을 비롯한 제직들을 기억하셔서 하나님의 동역자가 되게 하옵소서. 연합하여 선을 이루는 복을 주옵소서. 죽어 가는 영혼들을 충분히 담기에 부족함이 없는 교회가 되게 하옵소서. 실망한 영혼들에게 소망을 주는 교회로, 꿈이 없는 사람들에게 비전을 주는 축복된 교회가 되게 하여 주옵소서.

오늘도 말씀을 증거 하시는 목사님과 예배를 섬기는 모든 분들 위에 제사장의 은혜가 임하게 하시고, 예배에 동참하는 모든 성도들이 하나가 되어 은혜를 받을 수 있도록 도와주옵소서. 늘 우리와 함께 하시는 성령님의 역사하심이 오늘도 예배드리는 모든 이들에게 역사 하시어 참된 삶이 우리 안에 이루어지게 하옵소서.

예수그리스도 이름으로 기도 드립니다. 아멘.

오래 참는 사람

인간은 참지 못하여 손해를 보는 일이 많다.
하나님의 성령으로 오래 참음을 배워야 한다. 인간으로서는
참을 수 있는 한계가 있기 때문이다.

소통과 응답이 있는 파워 대표기도

주일 낮 예배 기도

13

저 희의 삶에 소망이 되시며, 교회의 머리가 되신 지금도 살아 계셔서 역사하시는 하나님께 찬양과 경배를 드립니다. 시험 당할 즈음에 또한 피할 길을 주시고, 시련을 만날 때마다 오래 참음을 주셔서 저희들의 신앙이 날마다 성장할 수 있도록 하심을 감사드립니다. 범사에 감사하고 쉬지 않고 기도하는 믿음의 성도들이 되게 하옵소서.

한 주간의 삶도 주의 은혜로 살아 갈 수 있도록 도와주신 은혜를 감사합니다. 하나님의 보호하심 속에 살아가면서 지은 죄악 된 모습을 주 앞에 내려놓사오니 용서하여 주옵소서. 사유하심이 주께 있음을 고백합니다. 저희들의 죄가 비록 주홍 같을 지라도 흰눈처럼 깨끗하게 하신다 말씀하셨으니 용서의 은혜를 허락하여 주옵소서.

주님 저희에게 주님의 보혈의 사랑을 항상 기억하게 하셔서 주님의 영광을 가리지 않도록 은혜를 더하여 주옵소서. 저희의 삶이 예배가 되기를 원합니다. 저희의 삶이 감사와 찬양의 제사가 되기를 원합니다.

생활의 모든 부분에서 하나님이 함께 하시는 것을 알게 하시고, 주께서 명하신 대로 주님의 증인이 될 수 있는 능력을 허락하여 주옵소서.

주님을 믿지 않는 이웃을 위하여 저희의 입술을 열어 주시고, 믿지 않는 그들을 위하여 저희의 발길을 주장하여 주옵소서. 그리하여 주님을 바로 전하게 하옵소서.

주 하나님! 저희에게 성도의 은혜를 허락하셨으니 저희에게 주님이 주시는 영광에 동참 할 수 있도록 우리의 삶을 변화 시켜 주옵소서. 분단의 슬픔으로 가득 찬 이 땅에 긍휼을 베푸사 저희에게 주님의 사랑을 실천하게 하여 주옵소서. 주님의 자비와 긍휼을 넘치게 하여 주옵소서.

또한 특별히 이 거룩한 예배에 선포되는 하나님의 말씀이 있습니다. 말씀에 굴복하게 하시고, 아멘으로 화답하게 하셔서 순종적인 그리스도인들이 될 수 있도록 은혜를 주옵소서.

하나님이 저희의 사업과 직장, 가정과 이웃을 기억해 주셔서. 여호와를 앙망함으로 새로운 힘을 공급받아 힘 있고 소망이 넘치는 한 주간이 되게 하옵소서. 오늘 드리는 예배가 감동이 있게 하시고 영감이 넘치게 하시며, 은혜가 충만케 하옵소서 온전한 예배가 되게 하옵소서.

예수님의 이름으로 기도 드립니다. 아멘.

주일 낮 예배 기도

14

은혜가 풍성하신 여호와 하나님 아버지여! 주께서 저희를 위하여 베풀어 주신 은혜와 사랑에 감사하여 주의 존전에 나아와 감사와 찬양을 드리오니 감사합니다. 우리의 경배와 찬양, 감사와 기도를 열납하여 주시고 하나님의 사랑을 더욱 베풀어 주옵소서.

우리의 죄악을 주님 앞에 내려놓고 예배하는 저희를 불쌍히 여기사 긍휼을 베풀어 주옵소서. 저희의 욕심으로 인하여 감사하지 못한 저희를 용서하여 주옵소서. 저희의 입술을 열어 찬양하지 못한 것을 용서하여 주옵소서.

저희의 더러운 죄로 인하여 주님의 영광이 가려진 것을 용서하여 주옵소서. 저희에게 더러운 죄를 벗게 하여 주시고, 정결함 맘을 허락하시고 정직한 영을 허락하셔서 저희로 하나님의 영광에 참여하게 하시며, 하나님의 영광을 드러내게 하여 주옵소서.

사랑 많으신 하나님 아버지, 이 나라 이 민족을 위해서 기도하오니 저희에게 주님의 사랑을 인하여 이 나라가 복음화 되게 하여 주옵소서. 이

나라의 위정자들을 돌아보셔서 저들로 서민들의 민생고를 알게 하시어 먼저 그들의 후생복리를 돌아 볼 수 있도록 함께 하여 주옵소서. 또한 저희로 어려운 이웃들을 돌아보게 하시고 그들에게 주님의 사랑을 실천할 수 있는 마음을 허락하여 주옵소서.

또한 저희의 예배를 위하여 기도하오니 주님! 저희의 예배를 기쁘게 받아 주옵시고 예배를 친히 주관하시고 저희에게 은혜의 단비를 허락하여 주옵소서.

저희에게 말씀하시기를 원하시는 하나님 아버지! 저희를 위하여 단 위에 세워주신 목사님 위에 함께 하사 저희에게 주님의 말씀을 대언하실 때에 크신 은혜로 더하여 주옵소서. 저희의 어리석고 둔한 지각을 열어 주시어, 그 말씀으로 인하여 세상을 이기게 하길 원하오며, 하나님의 뜻을 날마다 나타내게 하옵소서.

사랑하시는 자녀들이 맡은 직분에서 청지기의 사명을 다 할 수 있도록 주님의 은총 가운데 머물러 살기를 원하오며, 예배의 시종을 주님께 의탁하오며 저희를 죄에서 구원하신 예수그리스도의 이름으로 기도 드립니다. 아멘.

주일 낮 예배 기도

15

우리의 영혼이 여호와를 찬송하게 하시니 감사합니다. 저희에게 지난 한 주간의 평안을 허락하심을 감사합니다. 날마다 저희에게 하나님의 나라가 이루어 가게 하심을 또한 감사합니다. 거룩하신 하나님을 만나기 위하여 주님의 전을 찾아 나아오게 하심을 감사하오니 존귀와 영광을 받으옵소서.

저희의 예배를 통하여 하나님께 영광을 돌리게 하시며 저희의 감사를 통하여 하나님의 축복의 역사가 저희 안에 일어 날 수 있도록 함께 하여 주옵소서. 주님 저희로 하나님의 나라를 위하여 헌신할 수 있는 복을 허락하여 주시고 죽도록 충성하라 그리하면 주님께서 생명의 면류관을 주신다 말씀 하셨사오니, 그것을 인하여 저희에게 크신 은혜로 함께 하여 주옵소서.

저희의 발길이 닿는 곳마다 하나님의 나라가 확장되게 하시고, 저희의 입술로 인하여 주님이 증거 될 수 있도록 함께 하여 주옵소서. 저희에게 주님의 증인이 될 수 있도록 권세와 권능을 허락하사 저희로 세상에서 주님의 증인이 될 수 있는 복을 허락하여 주옵소서.

하나님의 백성으로 거룩하게 살아 갈 수 있는 귀한 복을 더하여 주옵소서. 주의 피로 값 주고 사신 교회를 위하여 기도드립니다. 또한 저희 교회를 위하여 기도드립니다. 저희 교회가 주님의 몸으로 합당하도록 은혜를 더하여 주옵소서. 세상에서 구원의 방주 역할을 온전히 감당할 수 있게 하셔서 꺼져 가는 성령의 불길이 다시금 살아있는 교회가 되게 하여 주옵소서.

주님의 삶을 본받고 따르는 교회가 되어 세상을 변화시키는 소금의 역할을 감당하게 하옵소서. 믿음과 사랑과 소망으로 가득 차서 하나님을 경외하고 이웃을 사랑하게 하여 주옵소서. 성도의 삶으로 인도하시어 저희로 세상을 이길 수 있는 힘을 허락하여 주옵소서.

성도를 사랑하시되 끝까지 사랑하시는 주님! 이 자리에 모이지 않는 지체들을 위하여 기도드립니다. 세상의 질병으로 있거든 주님이 고통에서 해방되게 하시고, 그들이 고난 중에 있거든 주님이 함께 하사 평안하게 하시고, 그들이 주님의 공의에 거하지 않아 이 자리를 잊고 있거든 주님 그들을 긍휼히 여기사 마음을 돌이켜 주님만 바라 볼 수 있도록 함께 하여 주옵소서.

예수님의 이름으로 기도 드립니다. 아멘.

주일 낮 예배 기도

16

우리의 능력과 찬송이시요 구원이신 살아계신 하나님 아버지! 우리가 할 수 없는 중에도 모든 것을 이루시는 능력의 주 하나님! 그 하나님이 우리의 아버지가 되시니 참으로 감사합니다. 아버지의 자녀 된 저희들을 사랑하셔서 세상과 사단의 올무에 묶여 있지 않게 하시고, 오늘도 아버지 앞에 찾아 나와 예배드리게 하심을 감사합니다. 저희의 영과 육이 온전히 하나님을 찬양하고 하나님을 경배하기를 원하오니 하나님 저희를 깨끗케 하여 주옵소서.

저희의 악한 죄와 못된 습관들을 주님의 보혈로 씻기사 하나님께 영광 드리기에 부족함이 없는 저희가 될 수 있도록 용서하여 주옵소서. 저희의 모든 것들이 주님의 것임을 고백합니다. 저희를 받으시옵소서.

거룩하신 하나님! 세상과 구별되기를 원하여 몸부림 쳤으나 또 다시 허물을 가지고 주 앞에 올 수밖에 없었사오니 하나님의 능력으로 거룩하게 하옵소서. 하나님의 자녀답게 살아가는 것이 하나님의 영광을 나타내는 것 인줄 알면서도 세상과 구별되지 못한 저희를 용서 하옵소서.

거룩하신 하나님의 자녀 된 우리가 세상과 타협하지 않을 복을 허락하여 주시고, 저희에게 하나님의 영광을 위하여 세상을 이길 수 있는 힘을 허락하여 주옵소서. 하나님의 나라를 위하여 우리에게 예비 된 것을 내어 놓을 수 있는 저희가 될 수 있도록 하여 주옵소서.

교회를 통하여 역사하시는 주님께 간구합니다. 저희 교회로 주님의 거룩한 지체가 되게 하시어 믿지 않는 이웃을 위하여 기도하고 그들을 위하여 봉사 할 수 있는 저희가 될 수 있도록 은혜를 더하여 주시고, 주님의 사랑을 나누어 줄 수 있도록 하여 주옵소서. 이웃의 고통을 보며 저희를 위한 주님의 고난을 기억하게 하여 주옵소서. 오늘도 우리에게 말씀하옵소서. 우리가 듣겠나이다. 저희의 삶 속에서 그리스도의 향기와 이름이 나타나기를 원하옵나이다.

이 시간 말씀을 우리에게 전해주실 목사님께 성령의 충만함을 허락하셔서 살아있는 성령의 말씀 참된 진리를 전하시기에 조금도 부족함이 없는 하나님의 종이 되게 하시고 승리하게 하옵소서. 저희로 하여금 소망과 기쁨이 있게 하옵소서.

저희들을 위해 고난 받으시기 까지 저희를 사랑하신 예수님의 이름으로 기도 드립니다. 아멘.

주일 낮 예배 기도

17

전 능하시며 사랑이 많으신 하나님 아버지! 세상에서 지치고 상한 심령이 주님 앞에 나왔습니다. 저희에게 하나님의 사랑과 인도 하심을 늘 깨닫게 하셔서 감사로 오늘도 마땅히 영광 받으실 하나님께 나와 예배를 통하여 감사와 찬양과 기도와 헌신을 드리게 하옵소서, 산 제물이 되게 하셔서 저희들이 온전히 드려지게 하옵소서.

예배의 주가 되는 주님께서 홀로 영광 받으시옵소서. 하나님의 은혜와 사랑을 생각할 때 주님 뜻대로 살아가지 못하고 우리의 마음대로 살았음을 고백합니다. 용서하여 주옵소서. 그 크신 하나님의 사랑으로 구원 받은 백성들이 오니, 어두움의 세력들 가운데 유혹 당하지 않게 하시고, 저희를 죄악으로부터 지켜 주옵소서.

오늘도 주님 앞에 가지고 나온 모든 허물들을 용서하시고, 목자 되시는 주님의 인도하심 따라 푸른 초장으로 인도되게 하옵소서. 피곤하고 지친 영혼을 주의 넓으신 품에 안기게 하옵소서. 수고하고 무거운 짐 진 자들아 다 내게로 오라 하셨기에 저희가 왔습니다. 모든 짐들을 주님 앞에 내려놓게 하시고, 쉽게 하여 주옵소서. 저희가 주님을 의지함으로 세상을 이기게 하시고 하나님의 공의로우심으로 선을 심고 의를 거두게 하옵소서.

나라와 민족을 주심에 감사하여 드리는 기도를 들으시고 남북이 하나되며 그리스도의 사랑으로 통일되게 하옵소서. 한국교회를 축복하심을 믿습니다. 우리 민족에게 주신 교회들이 부흥할 수 있도록 은혜를 주옵소서.

저희 교회의 머리가 되시는 주여, 주와 연합하여 선을 이루게 하시고 각 지체 지체가 하나가 되어 헌신하고 충성하기를 소원합니다. 저희들의 열심을 통하여 저희 교회가 날마다 부흥되게 하시고, 저희들의 전도가 열매가 되어 구원받은 사람들이 날마다 늘어나게 하여주옵소서.

말씀을 들을 때 성령의 감동하심과 감화하심을 주시고, 기도할 때 성령이 도우셔서 늘 살아있는 믿음이 되게 하옵소서. 주님의 충만하신 은혜가 모인 무리 가운데 함께 하여 주옵소서,

예수님의 이름으로 기도 드립니다. 아멘.

자족의 삶

세상에서 만족이란 거의 없다. 인간의 욕심이 한없기 때문이다. 자족함을 배우면 세상에서 가장 만족한 삶을 살 수 있을 것이다.

주일 낮 예배 기도

18

상 한 갈대도 꺾지 않으시고 꺼져가는 심지도 끄지 않으시는 자비로우신 하나님 아버지! 오늘도 거룩한 성회로 모여 하나님의 인자하심을 찬양하며 감사할 수 있는 복을 허락하시니 감사합니다. 저희들을 광야 같은 세상에서 눈동자와 같이 지켜주심을 감사합니다.

오늘 정하여 드리는 예배를 기쁘게 받아 주옵소서. 응답이 있는 예배가 되게 하옵소서. 치유가 있는 예배가 되게 하옵소서. 해결함을 받는 예배가 되게 하옵소서. 주와 친밀하여 지며 성도의 교제가 넘치는 복된 예배가 되게 하옵소서.

성령의 감동과 감화가 충만한 예배가 되게 하옵소서. 풍성한 열매가 있는 살아있는 예배되게 하시고, 말씀이 충만한 예배가 되게 하옵소서. 솔로몬이 일 천 번제로 하나님의 은혜를 입은 것 같이 오늘 드리는 예배가 우리의 삶 속에 응답 받는 복된 예배 되게 하옵소서.

예배를 통하여 용서가 있게 하시고, 화해가 있게 하시고, 관용이 있게 하시고, 헌신이 있게 하여 주옵소서. 저희들의 신앙생활에 십자가를 내려놓지 않게 하시고 감사함으로 주님 가신 길을 따라가게 하여 주옵소서. 죄악 된 모습을 고쳐 주옵소서. 하나님이 성품을 닮게 하옵소서. 주의 뜻을 실천하게 하옵소서. 그리스도의 보혈이 충만케 하옵소서.

한 주간도 예배로 시작하오니 승리하게 하시고 생활 속에서 하나님의 거룩함을 드러내게 하옵소서. 예배를 통하여 부르짖는 저희들의 기도에 하나님 응답하시고, 애통하는 저희들에게 가까이 오시옵소서. 하나님의 계획과 섭리를 깨닫게 하셔서 주신 사명을 감당하게 하시고, 권세와 능력 있는 성도들이 되어서 어두움의 세력을 물리치고, 저주의 세력 앞에 예수의 이름으로 승리하게 하옵소서.

성령으로 충만케 하셔서 하나님이 요구하시는 믿음의 열매와 성령의 열매들로 날마다 맺히게 하옵소서. 이 세대를 본받지 않게 하시고, 하나님의 기뻐하시고 선하신 뜻이 무엇인지 분별하게 하여 주옵소서. 범사에 때를 얻든지 못 얻든지 힘써 복음을 전하게 하시고 말씀으로 세상을 이기게 하옵소서.

복된 말씀을 전하시는 목사님께 성령의 위로하심이 함께 하옵소서. 그리스도의 향기를 풍기는 생활이 되게 하옵소서.

예수님의 이름으로 기도 드립니다. 아멘.

주일 낮 예배 기도

19

자비와 긍휼이 풍성하신 우리 주 하나님 아버지! 죽을 수밖에 없는 죄인들을 구원하셔서 하나님의 자녀가 되게 하시고, 자녀의 권세를 주심으로 기도하고, 찬양하며, 예배하고 전도하게 하심을 감사를 드립니다. 저희의 신앙 고백이 주님을 영접하지 못한 이웃을 하나님께로 인도하는 능력이 되게 하옵소서.

저희에게 열매가 있게 하시려고 은혜를 주시고, 은사를 나누어 주심으로 아버지의 역사하심에 동참하게 하시니 감사합니다. 저희들을 통하여 선한 열매가 맺히게 하여 주옵소서. 허물 많은 저희들을 물리치지 않으시고, 오늘도 하나님의 앞에 나와 용서받게 하시고 은혜 받게 하시니 감사합니다. 저희들이 변화 받아 민족과 교회와 가정을 변화시키기에 부족함이 없도록 하옵소서.

오늘 드리는 예배를 받아 주옵소서. 성가대의 찬양에 능력이 있게 하시고, 저희의 드리는 찬양이 하늘 문을 열게 하옵소서. 오래 참으심으로 우리를 구원하셨습니다. 저희도 오래 참음으로 전도의 열매를 맺도록 인도하여 주옵소서.

오늘 예배를 인도하시며 말씀을 증거하시는 목사님과 함께 하시며, 목사님의 목양의 사역이 승리할 수 있도록 축복하시고, 늘 양떼들을 푸른 풀밭 잔잔한 물가로 인도하는 목자 되게 하옵소서.

가정과 삶의 터전 위에 하나님의 복이 함께 하여 주옵소서. 증거되는 말씀마다 능력이 있게 하셔서, 우리의 심령 골수를 쪼개어 부족함이 없도록 붙들어 주옵소서. 그리스도의 인격을 사모하게 하셔서 영적으로 인격적으로 그리스도의 장성한 분량까지 이르도록 하옵소서.

성도들의 질고를 아시는 아버지께서 예배에 은혜를 주셔서 위로가 넘치게 하시고, 하나님의 능력으로 치료받는 기적을 주옵소서. 한 주간도 믿음으로 지켜 보호하여 주옵소서.

오늘도 주의 이름을 부르는 자들에게 구원을 베푸시는 예수 그리스도의 이름으로 기도드립니다. 아멘.

깨달음이 있는 삶

아무리 많이 배우고 들어도 깨달음이 없으면
아무런 유익이 없다.
깨달음이 없으면 어리석음에 머물러 있을 따름이다.

주일 낮 예배 기도

20

나의 힘이 되시고, 방패가 되시며, 믿는 자들의 피난처가 되시는 하나님 아버지! 은혜와 사랑을 감사하며 감사와 찬양과 영광과 존귀를 올려드립니다. 우리의 삶에서 결단한 것들을 가지고 아버지 앞에 예배로 드리오니 흠향하여 주옵소서.

우리가 하나님을 택한 것이 아니라 아버지께서 우리를 택하시고 부르시고 세워 주셨나이다. 그 부르심에 합당한 열매 맺는 자들이 되게 하옵소서. 우리는 참으로 아버지의 것이오니 세상과 구별된 삶으로 승리케 하옵소서.

죄인 된 저희들을 버리지 않으시고 세상죄악 속에서 사는 우리를 부르시고, 가난 중에 부르시며, 실패 가운데 불러주셔서 귀족가운데 앉히시고, 부요와 은혜를 주시며, 성공적인 삶으로 인도하심을 믿습니다. 비록 지금은 단련 중에 있다 할지라도 믿음의 사람 욥과 같이 인내하여 축복의 결말을 보게 하여 주옵소서.

하나님의 영광을 가렸던 모든 것들을 회개하오니 용서하여 주옵소서
주님의 보혈의 능력으로 지난 죄는 사함 받고 깨끗한 마음 온유한 마음
으로 성도다운 삶을 살게 하옵소서.

이 나라 이 민족 위에 필요한 이웃이 되게 하시고, 사회에 없어서는
안 될 빛의 사명들을 감당하는 성도들이 되게 하옵소서. 세상과 짝하여
세상 유혹에 넘어가지 않게 하시고, 살아있는 물고기처럼 시대의 세파에
오히려 거슬러 올라 갈 수 있는 은혜를 주옵소서. 말씀을 알면서도 지킬
수 있는 힘과 의지가 부족하오니 성령의 능력으로 채워주셔서 감당할
수 있는 은혜를 허락하여 주옵소서.

이 땅에 세워진 교회들을 위해서 기도하오니 주님의 지체된 저희가
하나님께서 명하신 본분을 감당할 수 있는 복을 허락하여 주시고, 저희
로 하나님께 칭찬 받는 귀한 청지기가 되게 하여 주옵소서.

예배드리는 각 심령마다 성령님 임하셔서 풍성한 은혜를 내려 주시고,
갈급하여 애타는 영혼들에게 촉촉한 성령의 단비를 내려주셔서 가정과
직장과 사회생활 가운데 그리스도의 빛을 나타내게 하옵소서.

예배를 통하여 주님 홀로 영광 받으시기를 원하오며, 예수 그리스도의
이름으로 기도 드립니다. 아멘.

주일 낮 예배 기도

21

할렐루야! 우리의 찬양과 경배를 받으시기에 합당하신 전능의 하나님 아버지 감사를 드립니다. 우리의 입술로만 주님을 찬양하는 자가 아니라 믿음으로 아버지께 감사하며 찬양하는 자들이 되게 하여 주옵소서.

이 시간에도 저희에게 지혜를 허락하셔서 말씀을 깨닫게 하시고 드려지는 기도가 하나님께서 응답 하시는 참된 기도가 되게 하여 주셔서 오늘 드리는 예배를 통하여 하나님의 성품이 충만케 하옵소서. 은혜를 풍족히 받아 하나님의 선하신 뜻대로 그리스도를 닮아가게 하여 주옵소서. 주안에서 믿음과 인격이 날마다 성장하도록 도와주옵소서.

오른손에 일곱 별을 붙잡고 일곱 금 촛대 사이를 운행하시며 주님의 교회와 성도들을 감찰하시는 주 앞에 간구합니다. 뜻과 섭리가 계셔서 이곳에 교회를 세우시고, 온 성도와 주의 종으로 더불어 섬기게 하시고 헌신하게 하시니 감사합니다. 저희 교회를 통하여 시작하게 하신 이웃의 전도사역과, 선교와 구제가 중단되지 않도록 인도하여 주옵소서.

교회가 연중 부흥하게 하시고, 기관마다 활성화가 됨으로 더 효율적으로 주의 사명을 감당하게 하옵소서.

비진리와 이단이 만연한 이때에 하나님의 말씀으로 무장하게 하셔서 세상과 타협하지 않도록 지켜 주시고, 오히려 세상 가운데 빛과 소금의 역할을 능히 감당하는 능력 있는 그리스도인이 되도록 복 주옵소서.

저희 교회 목회자들을 위하여 간구합니다. 영력과 지력과 체력을 더하시며 가정마다 레위인의 분깃을 허락하시어 궁핍함을 당하지 않게 하시고 목양의 사역에 전념할 수 있도록 은혜와 평강을 더하여 주옵소서. 특별히 말씀의 능력을 더하여 주셔서 베드로의 설교를 통하여 수 천 명이 회개하고 돌이킨 것 같이, 바울의 설교로 세계복음화가 감당된 것 같이 역사하는 말씀을 주옵소서.

오늘도 말씀 속에 복종케 하시고, 주시는 은혜에 순종케 하셔서 행함으로 열매를 맺는 믿음의 사람들이 되게 하옵소서.

예수님의 이름으로 기도 드립니다. 아멘.

하나님과 동행하는 삶

하나님과 동행하면 세상에서 무서울 것이 없다.
내가 하나님을 떠난 것이지, 하나님은 나와 늘
함께 동행하고 계심을 기억해야 한다.

주일 낮 예배 기도

22

만왕의 왕이시며 만유의 주가 되신 우리 주 여호와 하나님 아버지! 한 주간도 우리를 환난과 세상 풍파 가운데서 지켜주심으로 안전하게 하시고, 건강주시고 생명주시고 믿음을 주셔서 오늘도 예배하는 자리에 나올 수 있었음을 고백 드립니다. 저희의 죄악으로 인하여 멸하지 아니하시고 긍휼을 베푸시고 용서하신 은혜에 감사합니다.

저희가 하나님을 알기 오래전부터 저희를 아시고 저희의 모든 필요에 공급하시는 하나님! 참으로 감사합니다. 저희로 하나님의 전에 감사와 찬양이 끊이지 아니하도록 복 주옵소서. 지난 한 주간도 눈동자처럼 보호하신 하나님의 은혜를 아오니 감사와 찬양을 주께 돌립니다.

긍휼이 많으신 아버지! 저희에게 성도의 삶을 요구하시는 하나님 아버지! 아브라함과 이삭의 하나님 나의 주가 되시는 하나님 세상을 바라보는 눈이 선한 눈이 되게 하시고, 감사의 입술이 되게 하시며, 복된 귀가 되게 하셔서 성결한 삶을 이 땅에서도 살아갈 수 있도록 도와주옵소서.

내가 거룩하니 너희도 거룩하라고 말씀하신 하나님께 순종할 수 있는 삶이 되기를 원합니다. 혹 입술로 이웃의 허물하는 죄를 지었다면 용서하여 주옵소서. 너희가 판단하는 대로 너희도 받으리라 하신 하나님 우리의 죄악 됨을 용서하여 주옵소서. 은혜의 말씀을 부담스러워 했다면 용서하여 주옵소서. 안목의 정욕으로 마음을 더럽힌 모든 것들을 회개하오니 용서하여 주옵소서.

저희 교회를 위해서 기도드립니다. 저희 모든 성도들이 오직 하나님만을 섬기고 오직 하나님만을 위해 봉사하며 하나님의 영광을 위하여 교제를 나눌 수 있는 저희가 되게 하여 주시고 저희를 주님의 몸 된 교회의 지체되기에 부끄럽지 않은 삶으로 인도하여 주옵소서. 세상을 이기게 하시고, 세상에서 주님의 증인되는 복을 허락하여 주옵소서.

이웃을 위하여 기도하고 봉사하게 하시고 그들의 필요에 도움의 손길이 될 수 있는 복을 허락하여 주옵소서. 적은 소자에게 냉수 한 그릇 대접한 것도 반드시 상을 잃지 않겠다고 하신 하나님 아버지. 저희에게 하나님이 공급하시는 힘으로 이웃을 위하여 헌신할 수 있는 믿음을 더하여 주옵소서.

또한 예배를 위하여 봉사하는 많은 손길들을 축복하시고 말씀을 들고 단 위에 서신 목사님 위에도 함께 하사 충만한 은혜를 부어 주옵소서.

예수 그리스도의 이름으로 기도 드립니다. 아멘.

주일 낮 예배 기도

23

하 나님 아버지 은혜를 감사합니다! 우리를 구원하심으로 기쁨을 이기지 못하시는 전능의 하나님의 사랑을 생각할 때 감사와 영광과 찬양을 드립니다. 저희들을 택하시고 부르셔서 하나님의 자녀가 되게 하신 것도 감사한데 예배의 자리에 나오게 하시니 또한 감사를 드립니다. 오늘도 신령과 진정으로 예배하는 자를 찾으시는 주님 우리들로 하여금 아버지께서 받으시기에 합당한 예배가 되게 하여 주옵소서.

찬양 중에 함께 하시고, 기도 중에 응답하시며, 말씀 중에 은혜가 임하게 하옵소서. 예수님을 닮아 가는 삶이 되게 하시고, 연약함을 만날 때마다 하나님께 기도할 수 있도록 하옵소서. 십자가의 은혜를 주셔서 용서하게 하시고, 주님의 고난에 동참하게 하시며, 주님가신 길을 따라가게 하여 주옵소서.

나라와 민족을 위하여 기도하게 하시며, 한국교회와 섬기는 저희 교회를 위하여 부르짖는 성도들의 기도에 응답으로 채워 주옵소서. 일곱 촛대 사이를 다니시면서 일곱 별을 붙들고 역사하시는 하나님을 믿습니다.

교회가 빛을 잃은 촛대가 되지 않게 하시고, 일곱 별이 빛을 잃지 않도록 도와주옵소서.

주의 사자들께서 강단에 엎드리어 성도들을 위하여 비는 기도에 귀를 기울이시고, 레위인의 축복이 성도들에게 임하게 하여 주옵소서. 저희 교회 성도들을 붙드시고, 각자에게 맡겨진 은사의 분량에 따라 각 지체들이 협력하여 아름다운 선을 이루는 청지기가 되어 지체적인 사역을 감당하게 하시고, 모두가 하나님의 충실한 일꾼이 되게 하여 주옵소서.

성가의 찬양을 받으시며, 그 입술들이 복되게 하옵소서. 각 기관마다 그리스도의 보혈로 충만케 하셔서 불같이 일어나며 부흥되게 하옵소서. 목사님이 선포하시는 하나님의 말씀 가운데 은혜와 위로와 복이 있게 하옵소서.

예수 그리스도의 이름으로 기도 드립니다. 아멘.

자유로운 삶

참 자유는 그리스도 안에서만 누릴 수 있다.
세상이 주는 자유는 조건적인 것이나,
그리스도의 자유는 무조건적이기 때문이다.
오로지 믿음만 있으면 된다.

주일 낮 예배 기도

24

만복의 근원이 되시는 사랑의 하나님 아버지! 우리를 사랑하시되 화목제물로 예수그리스도를 보내심으로 단번에 제물이 되게 하셔서 주님의 피 값으로 저희들을 구속하여 주심을 감사합니다.

자기의 십자가를 지고 나를 따르라 말씀하심을 믿고 주님의 고난을 기억하며 한 주간도 승리하게 하옵소서. 이번 주간도 주님이 지신 십자가를 지고 주를 따르는 삶을 살게 하옵소서.

긍휼을 베푸시는 사랑의 하나님 아버지! 저희의 죄를 고백합니다. 기도해야 하는 시간에 기도하지 않았고, 참고 기다려야 하는 시간에 기다리지 못하고 분노했던 죄를 용서하여 주옵소서. 조금 선한 일을 한 것에도 칭찬받기를 원했고, 봉사를 하면서도 하나님의 영광을 드러내기 보다는 나 자신을 드러내었던 우리의 죄를 사하여 주옵소서. 우리의 타락한 심성을 주님의 보혈로 깨끗한 심령이 되게 하시고, 정결한 맘을 허락하셔서 우리의 더러워진 영혼을 깨끗케 하여 주옵소서.

오직 믿음의 주요 온전케 하시는 주님만을 바라보고 살게 하시고, 사람을 바라보다가 실망하거나 낙심하지 말게 하시고 날마다 하루하루를 주님과 동행하는 임마누엘의 삶이 되게 하옵소서.

오늘 이 예배를 통하여 저희가 회개하며 자복하므로 말미암아 주님과 연합되는 귀한 시간이 있게 하시고, 저희의 삶 속에서 친히 간섭하시는 주님을 만날 수 있게 하여 주옵소서.

거룩하신 하나님! 저희에게 제자들의 발을 친히 씻겨주시며, 너희도 가서 이와 같이 행하라 하신 주 예수님을 본받아 저희도 십자가의 사랑을 실천할 수 있는 헌신자가 되게 하여 주옵소서. 주님 자신을 위하여 아무것도 취하거나 챙겨놓지 않으셨던 것처럼 저희의 모든 것으로 하나님 아버지께 헌신하는 가난하지만 부요한자가 되게 하시고, 십자가의 정신이 살아있는 저희의 삶이 되기를 원합니다.

오늘도 주님이 십자가 위에서 저희들을 위해 흘리신 보혈과 구속의 말씀을 증거하시기 위해 단 위에 서신 목사님을 기억하시고, 불붙는 마음으로 말씀을 선포하실 때 십자가로부터 멀리 있던 저희 심령이 회개하고 주님께 가까이 다가서게 하옵소서.

저희를 죄에서 구원하시기 위해 모든 것을 아낌없이 내어놓으신 예수님의 이름으로 기도 드립니다. 아멘.

주일 낮 예배 기도

25

살 아 계셔서 오늘도 역사 하시는 하나님 아버지! 오늘도 귀한 주일을 주심을 감사합니다. 흑암과 같았던 세상에 그리스도를 빛으로 보내 주셔서 소망이 있게 하심을 감사합니다. 어둠 속에서 헤매던 불쌍한 저희들이 주님을 구주로 영접하여 새 생명을 찾았사오니, 그 은혜를 또한 감사드립니다.

저희들의 주인이 되시는 주여! 지난 한 주간은 세상에 살면서 저희들의 생각을 앞세우고 마음과 행동으로 주님의 영광을 가릴 때가 많았습니다. 그래도 주님의 자녀이기를 원하는 저희들의 중심을 아시오매, 저희들을 붙들어 주옵소서. 성령의 충만한 은혜를 허락하시어 주님만이 이세상의 참된 소망임을 깨닫고, 소망 중에 거하게 하시며, 그리스도에 대한 믿음이 참된 능력임을 깨닫고 믿음의 사람이 되게 하셔서, 빛과 소금의 일을 행하기에 부족함이 없도록 붙들어 주옵소서.

또한 주님을 사랑하되, 마음과 정성과 뜻을 다하여 사랑하게 하시고, 성품을 다하여 봉사하며, 힘을 다하여 충성함으로써 주님의 뜻을 온전히 이루어 드리는 선한 일꾼들로 삼아 주옵소서.

주의 백성들 가운데 특별히 청지기로 불러서 세우신 주의 일꾼들에게 더욱더 힘과 능력을 더하여 주셔서, 언제든지 주어진 사명을 잘 감당하게 하시고, 그 가운데서 감사와 평강과 은혜가 있게 하여 주옵소서. 저희들로 하여금 하나님 제일주의로 살게 하시므로 복된 삶을 살게 하시고, 날마다 새로운 능력으로 영광을 돌릴 수 있도록 인도하여 주옵소서. 피곤함 중에도 소망을 잃지 않게 하시되 달음박질 하여도 향방 없는 자와 같지 않고, 오직 그리스도께서 우리의 푯대가 되어 주심을 믿고 주님만을 향하여 나가게 하여 주옵소서.

오늘도 예배를 통하여 하나님께 영광 돌리는 저희들을 받아 주시고, 말씀을 증거하시는 목사님을 붙들어 주셔서, 저희들을 말씀의 푸른 초장으로 인도하게 하옵소서.

저희에게 소망을 주시고 날마다 능력으로 붙들어 주시는 예수 그리스도의 이름으로 기도 드립니다. 아멘.

말씀의 능력으로

세상을 살아가는데 돈, 명예, 권력 같은
매우 소중한 것이다. 그리스도인으로서 바르게 살아가기
위해서 반드시 필요한 것은 말씀의 능력이다.

주일 낮 예배 기도

26

할 렐루야, 주님을 찬양합니다! 부활하신 우리의 주님을 찬양합니다. 저희의 죄를 인하여 지신 십자가의 죽음에서 사망권세를 이기고 부활하신 주님을 찬양합니다. 하나님의 계획에 순종하셔서 하나님의 역사를 이루게 하신 주님을 경배합니다.

주님께서 부활하심으로 말미암아 우리에게 참된 부활의 소망을 주시고, 교회를 굳게 세우셨음에도 불구하고 저희들은 여전히 주님의 부활을 의심하여 널리 증거하지 못했던 의심 많은 연약한 존재들이었습니다.

부활의 주님! 주님이 사랑하시고 친히 세우신 교회도 부활의 소망으로 넘쳐나는 교회가 되게 하옵소서. 이 교회를 찾는 자마다 부활의 주님을 만나게 하시고 소망을 갖게 하는 교회가 되게 하옵소서. 다시 사신 부활의 주님을 찬양하며, 주님 앞에 드리는 이 예배에 주님이 함께 하실 줄 믿습니다.

또한 저희로 부활의 신앙으로 무장하게 하심으로 저희가 하나님의 영적 군사들이 될 수 있도록 인도하여 주옵소서. 저희에게 기쁨이 되신 주님을 찬양합니다.

거룩하신 하나님! 저희를 위하여 단 위에 세워주신 목사님 위에 날마다 새로운 힘으로 축복하시고 영육간의 강건함을 허락하심으로 저희를 위하여 말씀을 준비하실 때에도, 저희를 위하여 심방하시고, 저희를 위하여 기도하실 때에도 주님의 허락하신 기쁨이 충만하게 하여 주옵소서.

예배를 돕는 손길들을 기억하사 복 주시고, 저희들의 수고와 헌신이 헛되지 않게 하시고 부활하신 주님을 만나는 그날까지 계속적으로 헌신하며 봉사하는 복된 자들이 되게 하여 주옵소서. 예배의 시종을 주님께 맡기오니 저희의 예배를 기쁘게 받아 주옵소서.

거룩하신 예수님의 이름으로 기도 드립니다. 아멘.

자기부정의 삶

세상에서는 자기를 최대한 부각시켜야 출세를 한다.
그러나 하나님 나라에서는 자신을 죽여야만
인정을 받는다.

주일 낮 예배 기도

27

우리의 생명을 오늘도 지켜주신 전능하신 하나님 아버지! 우리의 생명을 죽음에서 구속하신 사랑의 주님 인자와 긍휼로 기쁨의 면류관을 씌우시고 우리의 부정한 입술을 정하게 하셔서 이 땅에 예수 그리스도를 보내어 구속의 사역을 완성케 하심으로 다 이루었다는 고백이 있게 하심을 감사합니다. 저희들도 예배의 승리를 통하여 하나님의 뜻을 이루어 가는 복을 허락하여 주옵소서.

주님을 모른다고 부인했던 베드로처럼, 주님을 팔았던 유다처럼, 생활 속에서 주님을 부인하고 팔았던 우리들을 십자가의 은혜로 용서받게 하여 주옵소서. 경건의 모양은 있사오나 경건의 능력이 없습니다. 저희들에게 성령으로 충만케 하셔서 능력 있는 삶을 살게 하옵소서.

주님 저희에게 새로운 힘을 허락하사 저희가 회개함으로 오직 주님의 나라를 위하여 전도하며 사랑하며 헌신함으로 하나님께 영광 돌릴 수 있도록 힘을 더하여 주시옵고, 주님 나라가 세계만방에 전파되게 하옵소서.

전능하신 하나님 아버지! 저희의 예배를 기쁘게 받아 주옵소서. 저희가 드리는 예물 또한 기쁘게 받으시고, 저희의 봉사 또한 기쁘게 받아 주시기를 원합니다. 저희가 하나님께 예배를 드리는 손길 또한 복을 주시되 차고 넘치는 복을 허락하여 주시고, 하나님의 사역을 위하여 봉사하는 손길들 위에 복을 주시되 천국에 보화가 쌓이게 하여 주옵소서.

저희에게 믿음에 믿음을 더하시고, 사랑의 은사를 더하여 주사 저희가 오직 하나님의 사역을 위하여 헌신하게 하시며, 교우된 저희가 서로 사랑하게 하여 주옵소서.

설교를 통하여 주시는 하나님의 말씀을 듣기를 원합니다. 읽는 자와 듣는 자, 그 가운데 기록된 대로 지켜 행하는 자에게 복이 있다고 하신 말씀처럼 지켜 행할 수 있는 결단과 믿음을 주옵소서. 한 주간 동안도 목사님의 사역에 함께 하시어서 병든 자에게 손을 얹은 즉 낫게 하시고, 귀신이 떠나가며, 성령이 임하는 권능을 허락하옵소서.

예수님의 이름으로 기도 드립니다. 아멘

주일 낮 예배 기도

28

하나님을 사랑하는 자, 그 뜻대로 부르심을 받은 자들에게는 모든 것이 협력하여 선을 이루느니라 하신 은혜의 주 하나님, 영광과 찬양과 경배를 돌립니다. 인간을 사랑하사 예수 그리스도를 대속으로 십자가에 내어주시고, 사랑으로 우리를 구속하신 은혜를 감사합니다.

우리의 심령이 이시간도 주님만을 향하게 하시고, 주님이 고난을 당하실 때 외면했던 베드로와 제자들 같이 주를 부인하는 삶을 살아가지 않도록 우리를 지켜 주옵소서. 우리들의 죄악이 주님을 순간순간 부인하오니 용서하여 주옵소서. 멸망 가운데 죽을 수밖에 없었던 저희들을 구속하시기 위해 이 땅에 오셔서 고난을 당하신 주님을 기억하오니, 저희의 삶을 성령님께서 지키시고 우리의 길을 인도하여 주옵소서.

거룩하신 하나님 아버지! 저희에게 악을 행하는 자들을 주님께 맡길 수 있는 믿음과 지혜를 허락하시고, 심판하시는 권한이 하나님 아버지께 있음을 인정할 수 있는 저희들의 믿음이 되게 하옵소서. 세상의 죄악 가운데 버림받을 수밖에 없던 저희로 하나님 나라의 일꾼 삼아 주심을 감사합니다. 맡겨진 사명마다 힘과 정성을 다하여 충성함으로 잘 감당케 하여 주옵소서.

지금도 어려움에서 넘어지고 쓰러지는 많은 성도들을 기억하시고 주님을 믿는 믿음과 소망과 긍휼을 베푸사 다시금 승리할 수 있도록 은혜를 베풀어 주옵소서. 저희가 고난을 당 할 때 주님의 고난을 기억하게 하시고 그 안에서 감사가 끊이지 않게 하여 주옵소서. 사랑의 하나님, 저희의 예배를 기쁘게 받아 주시고, 저희의 예배를 통하여 주님께 영광을 돌리게 하시며, 주님께 찬양을 드리게 하시며, 주님께 봉사를 드리게 하여 주옵소서.

사랑의 하나님, 저희 목사님을 위해서 기도드립니다. 성령의 역사하심으로 붙드사 주님과 교통하는 역사가 일어나게 하시고, 연약한 저희를 위해 주님의 말씀을 대언하실 때 오직 저희가 하나님의 음성을 듣는 귀한 시간되게 하여 주옵소서. 저희의 죄가 드러나게 하셔서 어찌할꼬 회개하며 통회 하는 시간이 되게 하옵소서.

예수 그리스도의 이름으로 기도드립니다. 아멘.

주님의 평안

세상이 힘들수록 평안함을 구하게 된다.
세상이 주는 평안은 일시적일 수밖에 없다.
그러나 주님이 주시는 평안은 영원한 것이다.

주일 낮 예배 기도

29

사랑과 자비가 무한하신 사랑의 하나님 아버지! 하나님께 영광과 찬송과 감사를 올려 드립니다. 거룩하신 하나님! 부족한 저희를 하나님의 거룩한 존전에 나아오게 하시며 하나님께 영광과 찬양을 드리게 하시오니 감사합니다.

저희의 죄가 주홍같이 붉을 지라도 양털같이 희어지게 하시마 약속하신 그 약속의 날이 될 수 있도록 우리를 도우시옵소서. 죄를 사유하심이 주께 있사오니 저희를 용서하여 주옵소서.

사랑의 하나님! 저희의 모든 질고와 고난이 주님의 고난에 비할 수 없사오니, 주님 저희에게 믿음으로 날마다 승리케 하여 주옵소서. 아버지여! 죄의 문제로 오늘도 고통하며 갈등하는 성도들이 있다면 용서받는 시간이 되게 하옵소서. 주님의 성령의 단비를 심령들 위에 촉촉이 내려 주셔서 저희가 통회하는 시간이 되게 하여 주옵소서.

사랑 많으신 하나님 아버지! 저희에게 주님의 공의로우신 사랑을 알게 하시므로 세상에 주님의 공의와 사랑이 펼쳐지게 하여 주옵소서. 저희에게 주신 많은 것들에 감사하며 입술에 찬양이 끊이지 않도록 하여 주옵소서.

주님께서 저희를 창조하심으로 저희를 향한 하나님의 사랑과 주님의 사랑을 확실히 믿사오며, 주님이 저희를 위해 죽으심으로 그 사랑을 확증하셨사오니, 내가 그 사랑 안에서 자유롭게 살아 갈 수 있도록 지키시고 감사의 생활이 될 수 있도록 도와주옵소서. 주님의 성령이 그 증표이시니, 저희의 삶을 친히 주장하시고 저의 사소한 일상까지 간섭하시기를 원하오며, 주님 저희와 동행하여 주옵소서.

특별히 하나님 저희에게 허락하신 귀한 주의 종을 위하여 기도하오니, 겸손과 순종으로 최선을 다하여 섬기게 하시며, 주님의 말씀을 대언하실 때에 저희가 그 말씀을 믿음으로 순종할 수 있도록 은혜를 더하여 주옵소서. 험난하고 냉랭한 세상에서 주님의 사랑을 힘입어 믿음 잃어버리지 않고 방황하며 주님을 부인하지 않도록 동행하여 주옵소서.

저희의 모든 삶을 주님께 맡기오며, 사랑 많으신 예수 그리스도의 이름으로 기도 드립니다. 아멘.

주일 낮 예배 기도

30

우리를 지극히 사랑하사 귀한 자녀 삼으신 하나님 아버지 감사합니다! 우리의 기도를 받으시고 세상에서 가장 좋은 것으로 주시기를 원하시는 하나님의 사랑하심을 감사하며 경배와 찬양을 드립니다.

오늘 거룩한 주일에 주 앞에 나와 예배하오니, 구하는 성도들에게 가장 좋은 것으로 채우시고, 찾는 자들에게 응답하시며, 두드리는 성도들에게 열려지는 복된 예배가 되게 하옵소서.

우리의 예배가 진정으로 하나님께 드려지는 영적인 예배가 되게 하여 주옵소서. 우리의 한숨이 변하여 찬양이 되게 하시고, 근심이 변하여 기도가 되게 하옵소서.

어떠한 환경에서도 실족치 않게 하시고, 주님 바라봄으로 날마다 구원을 체험하게 하옵소서. 작은 시련에도 우리의 믿음이 이리저리 흔들리는 저희의 인생을 긍휼히 여기사 하나님을 바라볼 수 있는 믿음을 더하여 주옵소서. 하나님의 형상대로 지음 받은 인생들이 하나님의 형상을 잃을 때 얼마나 추한 모습을 하고 주님을 배반했던 가를 생각하며 회개 합니다. 용서하여 주옵소서.

오직 사망의 권세를 부활로 이기신 주님만을 의지하여 여기에 나와 섰사오니 저희를 받아주옵소서.

주님을 믿고 따르는 저희들이 세상 속에서 주님의 명령을 지킬 수 있는 복을 허락하여 주옵소서. 부활하신 주님과 날마다 영적인 교제를 나누게 하시고 이생의 안목과 정욕으로 이끌려 좌초하는 인생으로 사는 것이 아니라, 능력의 주님을 의지하여 우리의 믿음이 온전케 되기를 원합니다. 세우신 각 기관들이 있습니다. 각 기관마다 더욱 사랑해 주셔서 주님의 영광을 드러내기에 부족함이 없는 기관들이 되며, 항상 충성과 봉사가 넘쳐나게 하여 주옵소서.

이 시간, 이곳에 모인 모든 심령들이 주님의 살아 계신 말씀의 능력을 체험할 수 있도록 은혜 베풀어 주옵소서.

예수 그리스도의 이름으로 기도 드립니다. 아멘.

하나님의 보호하심

세상이 험악해질수록 누군가의 보호를 원하게 된다.
그러나 세상에서 누구를 믿을 수 있을까?
우리의 보호자는 오로지 영원하신 하나님 밖에는 없다.

주일 낮 예배 기도

31

환난 가운데 소망이 되게 하시며, 우리의 위로가 되시는 하나님 아버지의 은혜와 사랑에 감사와 찬양과 영광을 돌립니다. 고난 중에도 기쁨을 잃어버리지 않게 하시고, 소망 중에 승리하게 하옵소서. 성령을 충만케 하셔서 기도생활과 말씀생활과 전도생활에 승리하는 삶을 살게 하시며, 우리의 생활 가운데서 성령의 열매들을 맺게 하여 주옵소서. 입술의 찬양이 끊어지지 않게 하시며, 기도에 감사와 평강이 넘치게 하옵소서. 저희들의 삶을 간섭하시되 필요에 따라 성령의 은혜를 충만하게 공급 받게 하옵소서.

여호와의 손이 짧아 구원치 못함이 아니며, 귀가 둔하여 듣지 못함이 아닌 줄 압니다. 우리의 죄악이 하나님과의 관계를 멀게하오니, 우리의 죄악으로 인하여 사망에 이르지 않게 하시고 용서받는 시간이 되게 하여 주옵소서. 끊을 것은 끊게 하시고, 자를 것은 자르게 하셔서 믿음의 결단으로 우리의 심령이 생활이 성결케 되기를 간절히 기도드립니다.

십자가의 사랑과 희생과 용서와 화해에 동참하게 하시고, 내 뜻이 아닌 주의 뜻이 이루어지게 하옵소서. 저희를 가장 완전하게 사랑하시는 하나님의 사랑 가운데 세우신 하나님의 뜻을 믿사오니 말씀에 순종케 하옵소서.

주님을 본받게 하시고 겸손과 온유함으로 주를 따르게 하옵소서. 하나님께 향한 사랑과 봉사와 헌신과 믿음이 있게 하시고, 이웃을 향한 사랑과 용서와 교제가 있게 하옵소서.

거룩하신 하나님! 또한 저희의 예배를 위하여 돕는 많은 손길들이 있사오니 하나님의 무한하신 은혜로 그 손길들 위에 복 주시고, 그 손길들 위에 함께 하사 날마다 주님의 사랑 가운데 살아가게 하시고, 엘리야에게 주셨던 것에 갑절의 은혜를 더하여 하여 주옵소서.

말씀을 듣고 단 위에 서신 목사님을 붙들어 주시고, 그 말씀으로 저희의 심령이 하나님의 은혜로 충만케 하여 주옵소서. 말씀을 의지하여 세상을 이길 수 있는 힘을 허락하여 주옵소서.

예수 그리스도의 이름으로 기도 드립니다. 아멘.

피난처 되신 주님

우리는 때로 잘못을 하여 피할 처소를 찾을 때가 있다.
세상에서 핍박받을 때에
하나님은 우리의 영원한 피난처가 되신다.

주일 낮 예배 기도

32

우리 곁에 늘 계셔서 우리의 기도를 들어주시는 만군의 하나님 아버지!

오늘도 십자가의 사랑을 보여주신 예수 그리스도께서 우리를 사랑하심을 생각할 때 경배와 찬양을 돌립니다. 세상에서 살면서 상처받은 영혼들을 주님의 거룩한 전으로 불러주신 주님께 감사를 드립니다. 주님을 사모하여 모인 저희들에게 은혜의 충만함을 허락하여 주옵소서.

하나님을 경외함으로 살아가야 함에도 불구하고 옛사람의 구습을 좇아 썩어져 가는 세상을 살아가고 있지는 않습니까! 이 세상을 좇아 살려고 하는 유혹 앞에 힘없이 우리의 마음을 빼앗기지나 않습니까? 주님 주신 십자가의 은혜를 저버리지 않도록 붙들어 주시기를 원합니다.

자신의 몸을 태워 어두움을 밝히는 촛불과 같이 저희가 주를 위해 늘 쓰임 받게 하옵소서. 주님을 뵈올 때까지 십자가의 구속에 대한 벅찬 감격으로 선한 싸움을 싸우며 하늘나라의 소망을 갖게 하시고, 주님 앞에 가는 그날까지 승리하게 하옵소서. 저희로 믿지 않는 많은 영혼들의 본이 되게 하여 주옵소서.

은혜와 사랑의 주님! 저희 교회를 위해서 기도하오니 주님의 피로 사신 이 교회가 건물만 그럴듯하고 주님을 저버리는 교회가 되지 말게 하시고, 구석구석마다 주님의 사랑과 십자가의 정신과 복음이 깊게 스며들게 하셔서, 교회를 찾는 모든 심령들이 십자가에서 승리하신 예수 그리스도를 만나게 하시고, 가슴을 찢는 회심과, 십자가의 감격을 머리가 아닌 가슴으로 체험하는 영적 부흥이 있게 하옵소서. 그러므로 저희가 하나님의 영광의 빛 가운데 거하게 하시고, 저희의 삶이 참 제사로 드려지는 역사가 일어나게 하여 주옵소서.

주님의 몸 된 교회를 위하여 주님께서 주신 귀한 직분을 맡아서 몸을 드려 충성하는 손길들을 기억하시고, 저들의 수고가 더해질 때마다 주님을 사랑하는 신앙고백이 넘쳐나게 하옵소서. 특별히 예배를 위하여 찬양을 드리는 성가대 위에 함께 하시고, 말씀을 전하시는 목사님 위에 함께 하사 저희의 예배가 풍성케 하시고 저희의 예배를 기쁘게 받으시기를 원합니다.

예수 그리스도의 이름으로 기도 드립니다. 아멘.

주일 낮 예배 기도

33

거룩하신 하나님 아버지 찬양과 경배를 드립니다. 우리의 육신의 정욕을 그리스도와 함께 십자가에 못 박히게 하셔서 이제는 믿음 안에 살게 하심을 감사합니다.

오늘 저희들이 아버지께 드리는 예배를 받으시고, 감사와 찬양을 받아 주옵소서. 하나님께 영광을 드리기 위하여 모였습니다. 아버지가 기뻐하시는 산제사를 드리게 하옵소서. 믿는 저희들을 통하여 하나님의 나라가 이 땅에 이루어지기를 원하시는 주께서 저희들을 다스려 주옵소서.

이 땅위에 있는 모든 교회를 통하여 하나님께 영광을 받으시며, 죄 가운데 살던 우리가 하나님의 대속의 은혜를 사모하여 이 자리에 모였습니다. 저희의 찬양을 받으시고 진리의 빛 가운데로 인도하옵소서. 저희를 구속해 주신 주님을 고백하며 살게 하여 주시고, 영원토록 십자가의 은혜 안에 사는 복을 허락하여 주옵소서.

주님이 보시기에 부끄러운 모습들만 갖고 있는 저희를 용서하여 주옵

소서. 이 시간 주님의 십자가를 경험하면서 하나님의 사랑이 얼마나 크고 놀라운지 깨닫는 시간이 되게 하여 주옵소서. 이 귀한 시간으로 말미암아 주님의 복된 말씀이 세상에 선포되어지는 역사가 일어나게 하시고, 십자가의 사랑이 세계만방에 증거되는 역사가 일어나게 하여 주옵소서.

주님을 사랑하는 자들에게 철저한 제자의 삶과 증인의 삶을 살 수 있도록 도와주옵소서. 이 시간 저희 모두가 십자가를 향한 사랑으로 불타기를 원합니다. 고난의 삶 가운데서도 기도생활을 멈추지 않으셨던 주님의 깊은 기도를 본받기를 원합니다. 핍박 속에서도 끝까지 섬김의 삶을 실천하셨던 그 낮아지심을 본 받기를 원합니다. 수치와 모욕을 당하면서도 오래 참으심으로 분노를 쏟지 않으셨던 그 인자하심을 본 받기를 원합니다. 오직 십자가의 사랑을 이루시기 위해서 모진 고통과 멸시를 감당하셨던 주님처럼 이 자리에 모인 저희에게도 그 길을 따라가는 믿음을 주옵소서.

특별히 이 시간 목사님이 말씀을 증거 하실 때, 피 묻은 십자가에서 영혼들을 불쌍히 여기시는 마음으로 눈물을 흘리며 말씀하시는 주님의 음성을 듣는 저희들이 되게 하옵소서.

예수 그리스도의 이름으로 기도 드립니다. 아멘.

주일 낮 예배 기도

34

늘도 살아계셔서 저희들을 지키시는 사랑의 하나님 아버지! 하나님의 은혜와 사랑을 진심으로 감사드립니다. 우리의 삶이 주를 찬양하오니, 주여 영광을 받으시옵소서.

주의 피로 구속받은 형제자매들이 한 자리에 모여 감격으로 드리는 찬양과 경배를 받으시옵소서. 하나님의 자녀들에게 위로와 평강이 넘치게 하시고, 복 받는 귀한 시간이 되게 하옵소서.

전능하신 하나님! 아직도 주님을 본 받기에 힘겨워하는 저희들을 불쌍히 여기시고, 더 깊은 미음의 체험과 하나님의 말씀을 통한 신앙이 성장하게 하여 주옵소서.

특별히 이 나라를 불쌍히 여겨 주옵소서. 갈수록 나라가 어수선해지고 경제적 불안이 더해지고 있습니다. 평화의 왕이 되시는 주님께서 이 민족을 건강한 사회가 될 수 있도록 치료하시고 건져 주옵소서.

저희로 하나님을 바라고 섬길 수 있는 귀한 믿음을 허락하시고, 저희

의 어리석음으로 하나님을 모른다고 부인하고 저주하는 범죄를 저지르지 아니하도록 지혜를 내려 주옵소서. 하나님의 말씀을 의지하여 일생을 승리할 수 있도록 인도하여 주옵소서.

아직도 사단은 성도를 삼키려고 두루 찾아다니고 있으며 몸부림치고 있나이다. 십자가 신앙으로 강하게 무장함으로써 마귀의 궤계를 능히 물리칠 수 있도록 하여 주옵소서. 이 시대를 정복하는 십자가의 군병이 되게 하옵소서.

이곳에 하나님께서 허락하신 성전을 세우셨사오니, 저희로 하나님의 은혜를 나누며 교제하는 귀한 시간이 되게 하시고, 저희의 모든 것이 하나님을 찬양하는 성도들이 되게 하여 주옵소서.

예배를 위해 돕는 손길들을 기억하사 복 주시고, 증거 되는 하나님의 말씀엔 은혜를 주옵소서. 성령님의 교통하심과 충만하심이 함께 하옵소서.

우리 구주 예수 그리스도의 이름으로 기도 드립니다. 아멘.

신앙의 연단

고난은 마이너스가 아니다. 오히려 마이너스를
플러스로 바꿀 수 있는 기회이다. 신앙의 연단도
영이 더욱 성숙할 수 있는 기회를 주시는 은혜이다.

주일 낮 예배 기도

35

천지 만물을 창조하시고 만세 전부터 우리를 택하시고 부르셔서 하나님의 자녀가 되게 하시고, 믿음으로 성장케 하셔서 오늘 예배의 자리까지 나오게 하신 은혜로운 하나님 아버지 감사합니다.

오늘 주님께 드리는 예배를 기쁨으로 흠향하시어 영광을 받아 주옵소서. 말씀을 들을 때 복 된 시간이요, 은혜가 넘치는 시간이요, 깨닫는 시간이 되게 하여 주옵소서.

거룩하신 하나님! 세상 가운데 세상과 더불어 살면서 저지른 죄와 허물을 회개하오니 용서하여 주옵소서. 십자가만 바라보고 살아가겠노라 하면서도 작은 유혹에 쉽게 흔들리며 살았습니다. 아직도 죄들이 저희 안에서 왕 노릇 함을 깨닫습니다. 통회하고 자복하오니, 주님 저희를 정결케 하시고 깨끗케 하셔서 세상을 이길 힘을 허락하여 주옵소서. 죄의 종이 되지 아니하도록 은혜 가운데 살아가며 주님께 영광 돌리는 삶이 되게 하여 주옵소서.

오늘도 열매 맺지 아니하는 나무마다 불에 던져 태우리라 말씀하신 하나님 아버지. 열매 맺는 삶을 위하여 주님의 고난에 적극적으로 동참하면서 살기를 원하는 저희들을 붙잡아 주시고, 세상의 빛과 소금으로 살아가는 믿음의 권속들이 다 되게 하옵소서.

사람을 지으시고 보시기에 참 좋았더라 하신 말씀처럼, 하나님 보시기에 아름다운 성도가 되게 하시고, 저희로 주님의 사랑을 실천하게 하시고 이웃을 위하여 기도하게 하여 주옵소서. 이웃의 아픔으로 인하여 주님의 고난을 기억하사 저희로 그들에게 도움의 손길을 펼 수 있는 긍휼의 마음을 허락하여 주옵소서. 믿지 않는 이웃을 볼 때, 그들에게 복음을 전하게 하옵소서.

오늘도 생명의 복음을 증거하기 위하여 목사님께서 단 위에 섰사오니 하나님의 은혜로 구원의 복음을 힘 있게 선포할 수 있도록 이끌어 주옵소서. 이 말씀이 우리의 양약이 되게 하옵소서. 또한 성가대의 귀한 직분을 감당하는 대원들 위에 함께 하사 크신 은혜로 하나님의 성호를 찬양할 때에 더욱 아름다운 찬양할 수 있는 복을 허락하여 주시고, 하늘문을 여시고 하늘의 신령한 비밀들을 알게 하여 주옵소서.

저희를 구속하여 주신 예수 그리스도의 이름으로 기도 드립니다. 아멘.

주일 낮 예배 기도

36

영광과 찬양을 받으시기에 합당하신 은혜의 하나님 감사합니다. 온 우주 만물이 주님께 경배하는 오늘 이 귀한 시간을 기억하게 하시며 저희를 이 귀한 자리에 성회로 모이게 하신 은혜를 감사하며 주님께 영광을 돌리옵나이다.

사랑의 하나님! 너희도 거저 받았으니 거저 주어라 하신 말씀을 져버리고 우리의 욕심을 따라 한 주간도 살았던 것을 회개합니다. 용서하여 주옵소서. 이처럼 게으르고 핑계대기를 좋아하는 저희의 죄악을 깨닫게 하시고 자복하는 시간되게 하옵소서.

하나님! 저희의 입술로 범죄치 않게 하시고, 저희의 생각이 범죄치 아니하도록 날마다 동행하여 주시기를 간구합니다. 너희는 성도의 구별된 삶을 살아라 하시며 우리와 함께 하시는 하나님 아버지 세상과 구별되어 성결하게 하시고 하나님의 백성으로 세상을 이길 수 있는 은혜를 허락하여 주옵소서.

주님의 피 값으로 세운 몸 된 저희 교회 또한 십자가의 사랑을 받은 사람들이 그 정신으로 살려고 모인 곳이오니 세상적인 욕심에 사로잡혀 세속에 물들어 가는 교회가 되지 말게 하시고, 주님의 말씀대로 살아가는 것을 즐거워하고 자랑하는 교회가 되게 하옵소서. 소망이 끊어진 이 시대에 십자가의 사랑만이 새 소망이 된다는 것을 저희들이 발견할 수 있도록 주님의 십자가를 힘써서 증거할 수 있는 생활 속의 증인들이 되게 하옵소서.

주님의 사랑으로 믿지 않는 이웃에게 복음을 증거할 수 있도록 입술의 권세를 허락하시고, 저희의 손과 발로 사랑을 실천할 수 있도록 능력을 주옵소서. 저희로 하나님 사랑의 증인이 되게 하시며 저희의 삶 속에서 역사 하시는 하나님의 능력을 증거할 수 있는 믿음을 허락하여 주옵소서.

또한 저희에게 하나님의 말씀을 전하실 목사님과 함께 하사 저희가 그 말씀으로 인하여 삶이 변화되게 하시고, 생각과 마음이 변화되게 하여 주옵소서. 저희로 하나님의 사람이 되기를 결단할 수 있는 믿음을 허락하여 주옵시고, 날마다 도우시는 주님의 은혜가 함께 하옵소서.

저희의 예배를 기쁘게 흠향하시기를 간구하오며, 예수 그리스도의 이름으로 기도 드립니다. 아멘.

주일 낮 예배 기도

37

은혜와 사랑이 충만하신 거룩하신 하나님 아버지! 하나님의 역사와 모든 만물을 창조하시고 보시기에 심히 좋았더라 감탄하신 능력의 하나님 아버지 감사합니다.

세상의 푸르름과 같이 저희들의 신앙도 새로워지게 하여 주옵소서. 주님의 고난과 피 흘리심으로 새 생명을 얻었나이다. 주님께서 고난의 쓴 잔을 받지 않으셨더라면 저희들은 여전히 죄의 종노릇하면서 마귀의 자식으로 살았을 것입니다. 하지만 저희 대신 주님이 질고를 지시고 징벌을 받으시고 찔림과 상함을 받으셨기에, 저희가 나음을 입었고 죄 사함 받고 구원을 소유한 축복된 자녀로 살게 되었음을 믿고 감사합니다. 십자가에 달리셨던 주님을 기억하고, 주님의 그 위대하신 사랑에 늘 감사하며 주님을 사모하는 저희들이 되게 하여 주옵소서.

사랑의 주님! 저희 속에 있는 죄악의 쓴 뿌리들을 제거시켜 주시고, 주님을 위해 아낌없이 사랑을 표현하여 향유를 부은 마리아처럼, 온 마음으로 주님을 섬기며 찬양하는 저희들이 되게 하여 주옵소서.

입술로 다른 이를 정죄하지 않게 도와주시고 마음으로 이웃을 미워하며 시기하고 질투하지 않도록 주님께서 친히 붙들어 주시기를 기도드립니다. 저희의 입술이 하나님의 거룩한 영으로 사로잡히게 하시고, 저희가 무릎으로 더욱 주님께 가까이 갈 수 있도록 축복하여 주옵소서.

주님의 피 묻은 십자가를 언제나 사랑하고 자랑하게 하시고, 주님께서 받으셨던 고난의 쓴잔을 이제 저희가 받게 하여 주옵소서. 주님의 사랑을 기억하며 다른 이들의 가슴에도 주님의 사랑을 심을 수 있도록 축복하여 주옵소서.

주님의 피로 사신 교회를 축복하시어 외식하는 교회가 되지 말게 하시고, 진정으로 주님의 이름을 드높이고 죄악의 사슬을 풀어 영원한 생명과 자유를 주신 주님을 정성을 다해 찬양할 수 있는 교회가 되게 하여 주옵소서.

모든 예배를 주님께 맡깁니다. 예배드리는 동안 평화와 구원의 왕이신 주님과 깊은 교제를 나누는 시간이 되게 하여 주옵소서. 말씀을 전하시는 목사님도 성령의 능력으로 붙들어 주옵소서.

예수 그리스도의 이름으로 기도 드립니다. 아멘.

주일 낮 예배 기도

38

하 나님 아버지 죄와 허물로 죽었던 우리를 살리사 소망이 있게 하시니 감사합니다. 우리가 도움을 청 할때 우리의 도움이 되시며, 인생에게 의지할 수 없을 때 우리의 소망이 되시는 거룩하신 하나님! 오늘도 하나님을 바라보며 나왔사오니, 위로와 소망을 주옵소서.

이 땅의 곳곳마다 부활의 기쁨이 충만하게 하시고, 거룩한 주일을 맞이하여 주님의 전에 나아와 살아계신 하나님을 찬양하며 영광 돌릴 수 있도록 이끌어 주신 은혜에 감사합니다.

오늘의 봄 햇살처럼 하나님의 빛이 온 세상에 비추시어 어두움이 물러가게 하시고 공의로우신 하나님의 정의가 이 땅을 덮도록 하여 주시고, 악의 권세가 물러가게 하여 주옵소서. 원망과 시비가 사라지게 하시고, 위선의 허물들이 벗겨질 수 있도록 축복하여 주옵소서.

한 주간 동안의 알고 지은 죄도 있사옵고 모르고 지은 죄도 있습니다. 용서하여 주시고, 혹이나 우리의 생활 속에 남을 용서하지 못한 것이 있다면 용서하여 주옵소서.

게으름과 나태함으로 살아가며 교만한 마음과 자신을 자랑하는 못된 습관들을 버리게 하시고 성령의 아홉 가지 열매를 맺는 은총을 허락하여 주옵소서.

사랑의 주님! 가정의 어려운 문제와 경제적인 문제로 고민하며 힘겨워하는 성도들을 기억하시기를 원합니다. 괴로울 때 십자가 고난을 승리로 이겨내신 주님을 바라보게 하시고, 죽음까지도 물리치신 주님의 능력을 의지하여 새 힘을 얻게 하여 주옵소서. 병마와 싸우며 고통 중에 있는 성도들도 있사오니, 병 낫기를 간구하며 부르짖는 자에게 못 고칠 질병이 전혀 없으신 치료의 하나님께서 깨끗하게 치료하여 주시기를 원합니다. 저희의 삶 전체를 주님 앞에 맡기고 사는 저희들이 되게 하여 주옵소서.

말씀을 증거하시는 목사님을 성령의 능력으로 지켜주시고, 주님 친히 임재하시는 복된 예배가 되게 하여 주옵소서. 예배의 시종을 주님께 의탁하오며 거룩하신 예수님의 이름으로 기도 드립니다. 아멘.

성실한 삶

성실은 성공으로 이끄는 도구가 된다.
성실의 결과는 그 열매로 나타나기 때문이다.

주일 낮 예배 기도

39

낮에는 구름기둥으로 밤에는 불기둥으로 이스라엘 백성을 인도하신 전능하신 하나님 아버지 은혜와 사랑을 감사하며 찬양을 드립니다.

이스라엘의 오랜 절망을 깨고 애굽의 신을 멸하심으로 선민을 구원하신 것 같이 이 시간도 저희들을 건지시며 구원하심을 믿고 감사를 드립니다.

질병 가운데 치유를 받으며 환난 가운데 용기를 얻고 절망 가운데 건짐을 받으며, 어둠의 세상 가운데 구원을 받게 하심을 감사합니다. 오늘도 세상에서 실패한 심령에게 오늘 예배를 통하여 능력과 권능의 하나님을 체험하게 하여 주옵소서.

입을 열어 구원을 찬미할 때 기쁨의 노래가 되게 하시고, 승리하는 예배가 되게 하여 주옵소서. 오늘 예배를 받으시옵소서.

우리의 찬양 중에 거하시는 사랑의 하나님 아버지! 세상에서 상하고 찢긴 심령들이 예배를 통하여 구원의 감격을 얻게 하시고, 하나님의 살아계심과 동행을 깨달을 수 있도록 은총을 허락하옵소서.

우리를 인도하시는 하나님! 주 앞에 복종하는 저희들에게 자기의 마음대로 행하지 않게 하시고, 우리의 모든 일들을 감찰하시며 인도하셔서 주의 지팡이와 막대기로 안위하여 주옵소서. 우리는 다 양 같기에 그릇 행하다가 왔습니다. 각기 제 길로 가다가 죄인 된 모습으로 주님께 왔습니다. 아버지의 주권을 인정하지 못한 불신앙을 용서하여 주옵소서. 주와 친밀하여 지고 가까이 하며, 성도의 고제에 승리하는 예배가 되게 하여 주옵소서.

성도들을 위하여 간구합니다. 질병과 영혼의 질병에서 놓임 받게 하옵소서. 가난에서 부요함으로 허락하시고. 사업이 형통하도록 경영을 주장하여 주옵소서. 가정을 지켜 주옵소서. 자녀들을 붙들어 주옵소서. 오늘도 증거되는 말씀을 힘 있게 의지하여 승리하게 하옵소서.

예수님의 이름으로 기도 드립니다. 아멘

소망의 삶

영원한 소망은 하나님께만 있다.
세상의 소망은 극히 제한적이고 또한 끝이 없다.

주일 낮 예배 기도

40

사랑이 많으신 우리 하나님 아버지. 찬양과 영광이 세세토록 아버지께 있나이다. 죽을 수밖에 없는 저희들을 사랑하시되, 독생자이신 아들까지 내어 주심으로 죄 용서 받게 하셨사오니 감사를 드립니다. 구원의 은혜를 감격하며 우리의 모든 정과 욕심을 십자가에 못 박게 하시고, 그리스도를 믿는 믿음 안에서 살아갈 수 있도록 힘을 더하여 주옵소서.

한 주간을 되돌아 볼 때 죄와 허물이 많았음을 고백합니다. 세상과 짝하여 살면서 달콤한 유혹들을 뿌리치지 못하여 타협하며 하나님의 영광을 가렸사오며, 우리의 마음을 지키지 못하였음을 용서하여 주옵소서. 주님 뜻대로 산다고 하면서도 우리의 뜻을 앞세운 것들을 회개하오니 용서하여 주옵소서. 오늘 예배를 통하여 주시는 말씀으로 생각과 마음으로 지은 죄, 물질로 지은 죄, 불의함으로 하나님의 영광을 가린 모든 것들을 회개하게 하옵소서. 우리의 회개를 받아 주옵소서.

민족의 어려움들이 많습니다. 정치가 정상화 되도록 인도하시며, 경제가 회복되게 하시고, 민족의 복음화가 속히 이루어지게 인도하옵소서. 저희 교회 목사님에게 영육간의 강건함을 주셔서 한국교회와 세계 복음화를 이끌어 나가시기에 부족함이 없도록 도와주시며, 저희 온 성도들이 목사님과 함께 힘을 다하여 주의 나라를 세워 갈 수 있도록 믿음과 은혜를 허락하여 주옵소서.

영혼을 사랑하게 하신 주께서 오늘 말씀을 선포하시는 목사님께 크신 은혜와 능력을 허락하심으로 말씀의 역사가 일어나게 도와주옵소서. 사랑하는 주의 성도들이 말씀과 믿음 안에서 강건케 하시고, 가정과 사업과 직장 위에 늘 하나님의 은혜가 충만케 하옵소서. 사랑으로 하나가 되는 은혜를 주옵소서.

영적인 침체를 벗어나게 하시고, 성령의 충만하심으로 다시 기도로 뜨거워지는 교회와 성도들이 되게 하옵소서. 전도를 위해 눈물로 기도하며 애쓰는 교인들이 있는 줄 아오니 전도의 열매들이 많이 맺히게 도와주옵소서. 저희들의 수고와 성령의 역사하심으로 늘 승리하는 예배가 되게 하시고 교회가 더욱 든든하게 세워지게 하옵소서.

예수 그리스도의 이름으로 기도 드립니다. 아멘.

전적 신뢰

우리가 다른 사람을 전적으로 신뢰할 수 있다면
이 세상은 참으로 아름다울 것이다. 그 아름다움은
하나님을 전적으로 신뢰함으로 이룰 수 있다.

주일 낮 예배 기도

41

우리를 지으시고 보시기에 참 좋았더라 말씀하신 하나님 아버지! 주일을 맞이하여 저희를 아버지 앞에 불러주신 은혜에 감사합니다. 벅찬 감격과 감사로 예배를 드리게 하시고 오늘도 진정으로 회개하는 자의 친구가 되시는 하나님의 은혜를 감사합니다. 성결한 심령으로 한 해를 승리하게 하옵소서.

이제껏 성결한 삶을 살기에 게을렀던 저희를 용서하시고, 깨끗한 심령으로 우리의 마음을 새롭게 하셔서 주님께서 받으시기에 합당한 심령이 되게 하옵소서. 올해에는 늘 새로움으로 거듭나는 한 해가 되게 하시고, 저희들 뿐 만아니라 진실로 하나님을 찾는 모든 이 나라 백성들이 겸손함으로 주의 나라와 의를 구하는 한 해가 되게 하여 주옵소서.

또한 이 땅이 주님의 뜻 안에서 자유하게 하시고 나라의 모든 위정자들이 주님을 두려워하는 자들이 되게 하셔서 공의를 나타내는 한 해가 되게 하여 주옵소서. 오늘 예배에 참석하지 못한 성도들을 기억하여 주옵소서.

육신의 질병을 가진 주의 백성과 직장을 잃은 주의 백성 물질이 없어 어려움을 당하는 주의 백성들과, 해외에 나간 이들이 어두움의 세력의 어려움을 당하지 않도록 인도하여 주옵소서.

또한 주님의 몸 된 교회를 위하여 사명을 감당할 임원들과 일꾼들이 뽑혔사오니 임명된 모든 일꾼들이 맡은 직임에 충성을 다하도록 축복해 주옵소서. 주님의 부르심의 은혜로 일꾼 되었사오니 교만함과 나태함으로 주님의 영광을 가리는 일이 없도록 삶을 주장하시며 열심이 변치 않도록 지켜주옵소서. 서로가 뜨겁게 사랑하고 전도함으로 부흥하는 한해가 되게 하여 주옵소서.

예배를 통해 저희에게 새로운 빛으로 살아갈 수 있는 은혜를 허락하심을 감사하오며 새 다짐과 새 소망으로 드리는 우리의 예배를 받아주시고 영적인 풍요를 내려 주옵소서. 아버지께는 영광 돌리고 말씀을 듣는 저희에게는 이김이 되는 승리의 한 해가 되게 하옵소서.

말씀을 전하시는 목사님과 함께 하사 성령의 충만함을 허락하시고, 성가대의 찬양을 기쁘게 흠향하시고 하늘 문을 열어 우리의 예배를 기쁘게 받아 주옵소서. 세우신 사자를 통하여 저희에게 하늘의 비밀을 알 수 있도록 축복하여 주옵소서.

예배의 시종을 주님께 의탁하오며 예수 그리스도 이름으로 기도 드리옵나이다. 아멘.

주일 낮 예배 기도

42

우리의 구원이시며 생명이신 사랑의 하나님! 이 시간도 영광과 감사와 찬양을 주님께 드립니다. 오늘도 주님의 은혜를 찬송하며, 구속의 은혜를 감사하며, 영원히 송축하는 주의 자녀들이 되게 하여 주옵소서.

우리를 성결케 하시는 하나님 아버지! 추악한 죄의 형상을 가지고 주님 앞에 엎드립니다. 우리의 힘과 능으로 되지 못하는 죄의 사유하심이 오직 주님께 있음을 고백합니다. 헤아릴 수 없는 은혜 가운데 살면서 원망과 불평으로 살아온 모든 죄를 용서하여 주옵소서. 주님의 크신 능력으로 우리의 마음을 강하고 뜨겁게 하사 마음을 새롭게 하시고 말씀을 따라 살게 하여 주옵소서.

은혜와 사랑이 충만하신 하나님! 주님 은혜를 더욱 사모하게 하시기를 원합니다. 우리의 마음과 생각을 감찰하시는 하나님께 저희의 생각과 마음을 솔직하게 털어 놓게 하시고, 저희에게 거짓의 생활과 위선을 버리게 하옵소서. 용서하시는 하나님 저희의 있는 모습 그대로 나아갑니다.

주님의 자비를 믿고, 주님께서 저희를 받으실 줄로 믿고 나아가오니 저희를 긍휼히 여겨 용납하여 주옵소서. 한 해가 다 가도록 빛 되신 주님의 길에서 결코 떠나지 않는 생활을 할 수 있도록 도와주옵소서.

특별히 저희 교회에 속한 모든 기관장들을 붙드셔서, 심령이 늘 새롭게 하셔서 소망과 새로운 능력을 허락하시고 청지기의 사명을 잘 감당할 수 있도록 도와주옵소서.

오늘도 저희에게 말씀을 전하시는 목사님을 붙들어 주시고, 전하는 말씀에 갑절의 능력을 더하셔서 저희들의 심령이 새로워지는 시간이 되게 하여 주옵소서. 또한 아버지! 예배를 준비하며 돕는 손길들이 있습니다. 성가대로 봉사하는 성가대원 들에게 주님의 특별하신 은혜가 있기를 원하오며 저희가 드리는 찬양을 기쁘게 받아주옵소서. 예배를 통하여 진정한 회개와, 용서의 기쁨과, 말씀의 은혜가 충만케 하옵소서!

예수님의 이름으로 기도 드립니다. 아멘.

염려하지 말라

염려는 자기의 생각이 하나님의 생각보다 앞서는 것이다.
즉, 그것은 교만 때문에 오는 결과이다.
교만한 마음을 버리면 걱정과 근심은 사라질 것이다.

주일 낮 예배 기도

43

할렐루야 사랑의 하나님 아버지! 오늘 세상 가운데 세상과 더불어 죄악 속에 살다가 죄인의 모습으로 하나님 아버지께 나왔습니다. 이 시간 우리의 죄악을 용서하여 주시고 우리의 예배를 받아주옵소서. 고난과 역경이 끊이지 않는 세상을 살아야 하는 저희들에게 힘과 용기를 주옵소서.

오직 여호와를 앙망하는 자는 새 힘을 얻으리니 독수리의 날개 치며 올라감 같을 것이라고 했사오니 저희에게 새 힘을 주시며, 주님을 앙망하며 경외하는 믿음을 허락하여 주옵소서. 우리의 삶이 여호와의 영광을 위하여 드려질 수 있도록 축복하여 주옵소서.

은혜와 자비가 풍성하신 하나님! 하나님의 은혜를 사모합니다. 영혼이 잘 됨 같이 범사에 잘 되고 강건케 될 줄 믿사오니 늘 성령의 충만함을 허락해 주옵소서. 상처 입은 영혼을 주님의 손길로 치유하여 주시고 연약한 심령은 강하게 하시므로 주님의 자녀로써 세상의 세파에 휩쓸리지 않도록 담대함을 주옵소서. 주 앞에 엎드린 우리의 심령을 굽어 살피사

상한 마음을 치료 하여 주시고 주님의 사랑으로 인도하여 주옵소서.

우리의 심령을 통찰하시며, 우리의 앉고 일어섬을 아시는 주님께서 우리의 삶의 모든 필요를 알고 계시는 줄로 믿습니다. 육신의 연약함으로 고통 받는 이들을 보살피시고 치유해 주시기를 원합니다. 나는 이스라엘의 치료의 하나님이다 하셨사오니 믿음으로 나아가 성숙한 믿음의 사람으로 거듭나게 하옵소서.

이 시간에 주의 말씀을 선포하는 목사님을 도우셔서 우리를 향하신 하나님의 뜻을 바로 깨닫는 은혜의 시간이 되게 하시고, 말씀을 듣는 우리의 마음 밭을 준비되게 하셔서 말씀의 씨앗이 떨어 질 때 삼십 배 육십 배 백 배 의 열매가 맺혀질 수 있도록 축복하여 주시고 우리의 심령에 회개의 참된 열매도 맺게 하여 주셔서 주님의 섬김과 사랑이 저희 안에서 온전히 이루어지기를 기도드립니다.

예배의 모든 것을 주님께 맡기오며, 우리를 죄악에서 구원해 주신 예수그리스도의 이름으로 기도 합니다. 아멘.

우선순위

사람이 살아가는 데는 모든 것이 순서가 있다.
순서가 뒤바뀌게 되면 인생이 힘들게 된다.
인생의 가장 우선순위에 하나님을 두라.

주일 낮 예배 기도

44

할렐루야 긍휼이 풍성하신 전능하신 하나님! 우리를 사랑하셔서 하나님의 형상으로 빚으시고 귀한 주의 자녀로 삼아주신 은혜를 감사하며 경배와 찬양과 영광을 돌립니다. 지난 한 주간도 주님이 주시는 은총으로 살게 하심을 감사합니다. 죄로 말미암아 죽을 수밖에 없는 죄인들을 대속의 은혜를 통하여 주님 앞에 나와 예배드릴 수 있도록 허락하심에 감사합니다.

그리스도 안에서 온전히 자라가야 할 우리의 삶의 모습이 아직도 어린 아이와 같고 육에 속한 자와 같이 이기적이고 세상적인 욕심에 지배당하고 있습니다. 받는 것이 주는 것보다 복되다고 하셨지만, 아직도 주는 것 보다 받는 것을 좋아하는 우리의 삶을 용서하여 주시고, 성령님께서 주님을 닮아가는 삶으로 인도하여 주옵소서. 그래서 우리의 삶에서 맺어지는 성령의 열매를 통하여, 그 향기를 통하여 하나님께 영광이 되고 많은 사람들을 주님께 인도하는 놀라운 역사가 끊임없이 일어나기를 간절히 원합니다.

특별히 우리를 산 제물로 바치오니 받아주셔서 온 세상을 구원하기 위한 도구로 삼아 주옵소서. 오늘도 신령과 진정으로 예배 하는 자를 찾으시는 주님께 우리 자신을 온전히 드리오니, 주님의 한량없는 은혜로 채워 주옵소서. 저희들의 연약한 심령이 오직 주님의 광대하신 섭리 속에 강하고 담대할 수 있도록 은혜 내려 주옵소서. 순서순서 마다 주께서 친히 인도하여 주셔서 성령 충만한 예배가 되게 하여 주옵소서.

말씀을 대언하실 목사님에게 성령의 갑절의 영감으로 강하게 역사하여 주셔서 말씀을 듣는 저희의 심령이 쪼개어 질 수 있도록 복 주옵소서. 모든 지체들이 말씀으로 양육 받게 하시고 봉사하고 섬기며 교제하여 참으로 주님이 잘 했다 칭찬하시는 각 지체들이 되게 하여주옵소서.

우리 교회의 여러 기관들이 부흥케 하옵소서. 저희 교회가 부흥함으로 사회가 살아나고 냄새나는 곳에 소금이 되게 하시고 어두운 곳에 밝은 빛이 되게 하여 주옵소서.

우리를 구원하시는 예수 그리스도의 이름으로 기도 드립니다. 아멘.

겸손한 삶

하나님은 교만한 자를 멀리하시고 겸손한 자를 가까이 하신다.
그 이유는 하나님이 겸손하시기 때문이다.
세상에서도 높아지기를 원하는 사람은
겸손한 사람이 되는 것이 지름길이다.

주일 낮 예배 기도

45

우리의 찬양을 받으시기에 합당하신 하나님! 세상에 살면서 상처받은 저희의 영혼들을 주님의 거룩한 존전으로 불러주심을 감사드립니다. 죄 속에서 살던 우리가 주님의 대속하심을 감사하며 주님 앞에 다시 모였나이다. 저희의 찬양과 경배를 받으시고 저희를 진리의 빛으로 인도하여 주옵소서.

하나님! 저희의 온전치 못한 섬김을 용서하여 주옵소서. 이 세상의 무엇보다도 누구보다도 나를 더 사랑하느냐고 물으시는 주님 앞에 담대히 주여 내가 주님을 사랑하나이다 고백할 수 있는 믿음과 은혜를 더하여 주옵소서. 주님을 사랑함으로 이웃을 전도하게 하시고, 주님을 사랑함으로 우리의 성품이 변화되는 역사가 있게 하옵소서.

저희에게 능력을 주시는 사랑의 하나님 아버지! 오늘 말씀과 기도를 통하여 능력을 얻게 하시고 진정한 회개의 역사가 이루어지게 하셔서, 주님을 위하여 헌신하는 복된 시간이 되게 하옵소서. 소돔과 고모라 같은 세상이지만 곳곳에 사랑을 나타내고 심어야 할 곳이 많습니다. 사랑을 베풀기에 지극히 인색한 저희의 마음을 변화시켜 주옵시고, 주님의 사랑을 실천할 수 있는 저희가 될 수 있도록 인도하여 주옵소서.

저희들의 믿음이 연약하여 주의 도우심을 간구 하오니 그리스도의 빛을 세상에 발하게 하시고 주님의 거룩한 백성으로 세상에서 승리할 수 있도록 힘 주시고 능력 주시기를 원하옵나이다. 깊은 슬픔과 고통 속에서도 십자가의 주님을 생각하며 우리의 보잘 것 없는 고난과 슬픔으로 인해 좌절하지 않도록 믿음을 주옵소서. 절망이 엄습할지라도 새로운 심령으로 거듭나게 하시는 주님의 능력을 의지하게 하여 주옵소서.

오늘도 예배를 인도하시는 목사님 위에 성령의 은혜를 갑절로 입히시고 우리의 혼과 영혼과 관절을 찔러 쪼개는 능력을 주셔서 성령의 충만한 은혜의 시간이 되게 하여 주셔서, 부족한 저희들이 하나님께 더 가까이 갈 수 있는 귀한 예배의 시간이 되게 하여 주시고, 말씀에 열매 맺는 귀한 시간 되게 하여 주옵소서,

우리의 능력이 되시는 예수 그리스도의 이름으로 기도 드립니다. 아멘.

십자가를 지는 삶

누구에게나 자기가 지고 갈 십자가가 있다.
자신의 십자가를 지고 살아갈 때
살기 좋은 세상이 될 것이다.

제 3 부
주일 저녁
예배 기도

그러므로 내가 너희에게 말하노니 무엇이든지 기도하고 구하
는 것은 받은 줄로 믿으라 그리하면 너희에게 그대로 되리라 서
서 기도할 때에 아무에게나 혐의가 있거든 용서하라 그리하여야
하늘에 계신 너희 아버지도 너희 허물을 사하여 주시리라 하셨
더라(막 11:24-25)

1

사랑이 많으신 하나님. 우리의 근심을 기쁨으로 변화시켜 주시는 하나님 아버지의 크신 사랑과 은혜를 감사하오며, 오늘도 주일 저녁 찬양예배로 모였사오니, 저희들의 예배를 받아 주옵소서.

저희의 기쁨과 즐거움을 감사의 노래로 드리기 위해 찬양예배로 모였사오니, 이 시간 드리는 찬양에 하나님의 은혜가 있게 하시며, 찬양 중에 주의 능력이 임하게 하여 주옵소서.

바울과 실라가 옥중에서도 찬양했사오며, 다니엘이 기도할 수 없는 중에도 기도하며 하루에 세 번씩 감사한 것을 알고 있습니다. 저희의 믿음이 환경에 지배받지 않으며 절대 믿음으로 하나님을 찬양하게 하옵소서. 하나님의 전능하심을 믿사오니 저희를 찬양의 도구가 되게 하여 주옵소서. 불의와 적당히 타협하며 사는 세속의 종이 되지 않게 하시며, 뿌리를 잃은 갈대처럼 세상에 떠다니는 어리석음을 범치 않게 하옵소서. 염려가 바뀌어 기도의 제목이 되게 하시고, 한숨이 변하여 찬양이 되게 하옵소서.

이 나라와 교회를 위해서 간구하오니, 정치의 혼란과 경제의 어려움으로 불안한 백성들의 마음을 위로하여 주시고, 저들에게 평안을 주사, 신음하는 민족에서 소망이 되게 하옵소서. 저희가 주를 향하여 더욱 기도하게 하시고, 죽어 가는 영혼들을 불쌍히 여기는 긍휼을 주옵소서.

예수님의 이름으로 간절히 기도드립니다. 아멘.

여호와를 찬양하라. 내 속에 있는 것들아 다 여호와를 송축하라" 하신 주님. 우리의 입술을 벌려 주님의 은혜를 찬양할 수 있도록 하시니 감사합니다. 이 시간 주님을 사모하며 모였사오니 은혜가 충만한 시간이 되게 하옵소서. 예배를 통하여 하나님과 신령한 교제를 나눌 수 있는 귀한 시간이 되게 하시고, 성도들 간에도 사랑으로 넘치는 교제가 이루어지게 하여 주옵소서.

우리의 기도를 받으시는 응답의 하나님! 저희들의 한숨이 찬양이 되게 하시고, 저희의 근심이 기도가 되게 하옵소서. 연단을 인내로 승리할 수 있도록 믿음을 주옵소서. 믿음은 하나님의 말씀을 듣는데서 생겨난다고 하셨사오니, 선포되는 하나님의 말씀들이 저희들의 믿음을 강하게 하옵소서. 저희들의 힘으로는 할 수 없기에 오늘도 주님 앞에 나와 보좌에 엎드리오니 새 힘을 주옵소서. 찬양이 끊어지지 않으며, 기쁨이 중단되지 않고, 감사가 넘치는 생활이 되게 하옵소서. 조건을 초월하여 하나님을 섬기게 하시고 경외케 하옵소서.

특별하신 하나님의 섭리 속에 이곳에 주님의 몸 된 교회를 세워주셨으니, 주님의 사랑을 실천하는 귀한 지체가 될 수 있는 믿음을 더하여 주옵소서. 저희에게 이웃을 돌아보게 하시고, 굶는 자와 추위에 떨고 있는 자들을 살펴 돌아 볼 수 있는 귀한 복을 허락하여 주시며, 주님의 거룩한 백성으로 변화될 수 있도록 그들에게 주님을 증거 하게 하여 주옵소서.

예수 그리스도의 이름으로 기도 드립니다. 아멘.

3

우 리의 영혼을 어루만져 주셔서 새롭게 하시는 하나님 아버지 감사합니다. 아침부터 이 황혼의 시간까지 주님 앞에 드려지게 하시니 감사합니다. 때를 따라 주시는 은혜로 이 시간도 충만하게 채워 주옵소서.

여호와를 가까이 함이 우리에게 복이 될 줄로 알기에 기도하오니, 중심을 보시는 주님께서 축복된 삶으로 인도하여 주옵소서. 욕심에 이끌려 그릇된 길로 빠지지 않도록 인도하시며, 우리의 교만으로 아버지의 영광을 가린 모든 것을 용서하여 주옵소서. 성도로 옷 입었사오니 거룩한 삶을 살아갈 수 있는 은혜를 허락하여 주옵소서.

저희들의 모든 것을 아시는 하나님. 저희의 부족을 채워주시고, 모자란 것들마다 풍성한 은혜로 채워주옵소서. 어리석음을 고백하오니 지혜를 주옵소서. 우는 자들과 함께 울게 하시고, 웃는 자들과 함께 즐거워하게 하시며, 원수의 넘어짐을 기뻐하지 않도록 인도하시고, 원수 갚음을 주께 맡길 수 있는 믿음을 주옵소서.

하나님! 저희의 입술을 친히 주장하사 저희로 예수님의 참 된 제자로서 살게 하시고, 온유하고 인내하며 사랑으로 주님을 증거할 수 있는 저희가 될 수 있도록 함께 하여 주옵소서.

존귀하신 하나님! 우리의 몸과 재물과 재능을 드리게 하시고 하나님이 받으시는 산 제물 되게 하옵소서. 성가대의 찬양이 영혼 깊은 곳에서 나오는 곡조가 되게 하시고 찬양이 메아리 칠 때마다 비둘기 같은 성령이 하늘로부터 내리게 하옵소서.

저희에게 주님의 말씀을 듣고 설교하실 목사님을 친히 주장하사 저희에게 영혼의 만나를 내려 주옵소서. 말씀의 기갈 때문에 은혜가 떨어지지 않도록 인도하시고, 주의 전에 들어가며 나가며 신령한 꼴을 얻을 수 있도록 붙들어 주옵소서.

말씀을 듣는 저희들의 마음 밭이 옥토가 되게 하시고, 순종할 때 백배의 결실을 할 수 있도록 복 내려 주옵소서. 말씀 없이는 사단의 유혹을 이길 수 없습니다. 세상도 이길 수 없습니다. 죄악도 이길 수 없습니다. 말씀이 저희를 다스리도록 충만함을 주옵소서.

모든 영광을 받아 주시기를 원하오며, 항상 저희를 도우시는 예수님의 이름으로 기도 드립니다. 아멘.

주님을 사모하는 자를 만족케 하시며, 주린 영혼에게 좋은 것으로 채워주시는 그 크신 사랑을 생각할 때 감사합니다. 저희에게 일찍이 믿음을 주셔서 말씀과 예배를 통하여 하나님 아버지를 만나게 하시니 감사합니다.

하나님께 나올 때만 순종하며, 생활 속에서는 경건의 모양만 남아 있는 저희들을 용서하여 주옵소서. 피리를 불어도 춤추지 않고 애곡하여도 가슴을 칠 줄 모르는 세상을 한탄하면서도 저희 또한 감각 없는 자가 될까 두렵사오니, 은혜를 충만히 받는 시간이 되게 하옵소서. 문제가 해결되게 하시며, 질병이 치료되고, 답답한 심령이 새 힘을 얻는 복된 시간이 되게 하여 주옵소서. 영적인 눈이 열리게 하사 신령한 세계를 바라보게 하시며, 믿음의 시야를 넓게 가짐으로써 주님의 세계를 바라보며 살아가는 복된 삶이 될 수 있도록 은혜 내려 주옵소서.

"너희는 먼저 그의 나라와 그의 의를 구하라"고 하신 주님의 가르침을 너무나도 잘 알고 있지만, 떠나지 않는 고통으로 인하여 늘 경직된 삶을 살수밖에 없는 연약함을 불쌍히 여겨 주시기를 원합니다. 모든 죄악 된 습관들을 믿음으로 물리치게 하시고, 모든 어려움을 믿음으로 극복하게 하시며, 믿음의 주요, 또 온전케 하시는 예수만 바라보고 살아가는 성도들이 되게 하옵소서. 달음박질하여도 곤비치 아니하고, 걸어가도 피곤함을 모르는 성도들이 되게 하여 주옵소서.

예수님의 이름으로 기도 드립니다. 아멘.

우 리를 날마다 사랑하시는 하나님! 부족한 저희의 인생을 버려두지 아니하시고 주님의 백성으로 불러 주셔서 빛과 진리 가운데로 인도하여 주시고 하나님 자녀 삼아주시니 감사합니다.

오늘도 예배를 드리는 가운데 성령의 위로가 있게 하시고, 목사님을 통하여 주의 말씀을 받을 때에 위로부터 내리시는 계시의 은총을 충만히 받는 시간이 되게 하여 주옵소서. 기관마다 세우신 귀한 주의 종들을 기억하시고, 저들을 통해서 주의 교회가 반석 위에 튼튼히 세워지게 하시며, 주의 나라가 날마다 확장되는 역사가 있게 하여 주옵소서. "맡은 자들에게 구할 것은 충성이라"고 하셨으니, 주님께서 주신 직분을 인하여 더욱더 눈물을 흘리며 무릎을 꿇는 자들이 되게 하옵소서.

가난하여 굶주리며 추위에 떠는 이웃들을 불쌍히 여기시고, 그들에게도 따뜻한 주님의 손길이 전달 되게 하여 주시고, 모두가 잘 살고 더불어 행복하게 사는 복지사회와 정의사회가 구현될 수 있도록 복 내려 주옵소서. 예수님의 고난을 기억함으로 그들을 사랑하게 하시며, 그들의 필요를 공급할 수 있는 복을 허락하여 주옵소서. 세상의 빛과 소금의 역할을 충실히 감당함으로 하나님의 영광을 드러내게 하옵소서.

이 시간에도 말씀을 전하시는 목사님께 능력을 더하여 주셔서 권능의 말씀을 선포하게 하시고, 저희들은 그 말씀으로 살아가게 하옵소서.

예수 그리스도의 이름으로 기도 드립니다. 아멘.

찬 양을 받으시기에 합당하신 하나님 감사합니다. "호흡이 있는 자마다 여호와를 찬양하라" 말씀하신 하나님 아버지의 성호를 찬양하게 하심을 감사합니다. 하나님의 크신 은혜의 단비가 메마른 저희의 심령을 촉촉히 적셔 주시기를 원합니다.

사랑의 하나님. 저희의 죄로 인하여 멸하지 마시고 의인의 길로 저희를 인도하시고, 저희의 죄인 된 습성을 버릴 수 있는 지혜와 힘을 허락하여 주옵소서. 주님의 피 흘리심과 주님의 고난을 기억하게 하시며 주님의 고난에 동참할 수 있는 믿음을 주옵소서. 저희로 믿지 않는 가족을 구원할 수 있도록 능력을 더하여 주옵소서. 가족의 구원을 위하여 눈물로 간구할 수 있는 믿음을 주옵소서. 믿음의 가정들이 먼저 온전히 복음화 되도록 역사하여 주옵소서.

이 시간, 찬양 중에 거하시는 하나님을 만나는 체험이 있게 하시고, 찬양으로 하나님께 영광 돌리는 복된 시간이 되게 하옵소서. 저희 교회가 늘 건강한 교회가 되어 말씀으로 새롭게 되고, 성령으로 뜨거워지며, 기도로 역사가 끊이지 않으며, 찬양이 살아있는 역동적인 교회가 되게 하옵소서.

찬양 중에 질병이 치유되게 하시고, 근심이 해결되게 하시며, 사단이 떠나가는 역사가 있게 하옵소서. 찬양 중에 변화 받아 세상을 이기기에 부족함이 없도록 채워 주옵소서.

예수 그리스도의 이름으로 기도 드립니다. 아멘.

하 나님의 은혜로 부름 받은 저희들이 감사와 찬양 중에 예배를 드리오니 기뻐 받아 주옵소서. 하나님의 형상대로 지음을 받았으니, 날마다 주님의 성품으로 닮아가게 하여 주옵소서.

저희들의 죄악을 회개하오니 십자가의 보혈로 용서하여 주옵소서. 죄의 쓴 뿌리로 인하여 고통 하는 저희들을 도우셔서 죄와 결별하게 하시고, 진리의 말씀으로 충만히 채우셔서 자유케 하여 주옵소서. 저희의 입술의 포악을 그치게 하시고, 불의의 손을 회개하게 하시며, 거룩한 삶이 되게 하옵소서.

우리의 싸움은 혈과 육에 대한 싸움이 아닌 것을 아오니, 원수 갚음을 주께 맡기고, 어두움의 세력들을 예수 이름으로 물리치게 하여 주옵소서. 어두움이 그치고 새날이 오기를 기다리는 저희들의 상한 심령을 아시는 하나님. 저희를 향하신 연단이 지나고 하나님의 응답과 복이 임하게 하옵소서.

하나님의 말씀을 들을 때마다 깨닫게 하시고, 기도하게 하시고, 순종으로 받기에 부족함이 없도록 복 주옵소서. 우리를 날마다 쳐서 복종하게 하시고, 하나님의 뜻이 이루어지게 하옵소서. 성령으로 충만케 하시고, 은사로 충만케 하셔서 지체로써의 사명을 온전히 감당하게 하여 주옵소서. 갑절의 영감과 능력을 주옵소서.

예수님의 이름으로 기도 드립니다. 아멘.

찬 양과 영광 가운데 거하시는 참 좋으신 나의 하나님. 세상에 빠지고 향락에 취하여 주님을 부인할 수밖에 없었던 저희들을 예수 그리스도의 십자가로 용서하여 주시고 구원하시니 감사를 드립니다.

이제는 주님 안에서 새로운 삶의 목표와 비전을 가지게 하시며, 아버지를 향한 사랑과 믿음을 버리지 않도록 강건케 하옵소서. 예수 그리스도의 장성한 분량까지 자라나도록 도아 주옵소서.

저희 교회에 은혜를 주셔서 모든 심령들이 예배를 사모하여 모이게 하시고, 모일 때마다 은혜와 믿음으로 충만히 채워지게 하옵소서. 성도들의 가정을 위하여 기도하오니, 부부가 하나되게 하시고, 자녀들에게 지혜와 건강을 주셔서 가정이 건강함으로 믿음 안에서 평안을 누리게 하옵소서. 사업과 일터와 가정 위에 주님의 인도하심이 늘 함께 해 주옵소서. 저희 교회가 한국 교회에 본이 되게 하시고, 믿음의 동역자들을 많이 허락하여 주셔서 세계복음화의 주역이 되게 하옵소서.

오늘도 하나님의 말씀을 들을 때 아멘으로 순종하게 하시고, 행함으로 열매 맺을 수 있는 은혜를 주옵소서. 저희들의 삶이 시험에 들지 않도록 은혜주시고, 주의 사랑으로 충만케 하여 주옵소서. 한 주간도 믿음 안에서 승리하게 하옵소서.

예수님의 이름으로 기도 드립니다. 아멘.

나 의 피난처 되시는 주 하나님! 저희를 다시 하나님의 전에 불러 주신 은혜에 감사합니다. 저희의 예배를 받으시고, 저희의 허물로 인하여 정죄하지 마시고, 저희의 부끄러움으로 인하여 외면하지 마옵소서. 저희를 성결하게 하심으로 오직 하나님의 성호를 찬양하기에 부족함이 없도록 해 주옵소서.

경배 받으시기에 합당하신 하나님 아버지! 모든 피조물들이 영광의 주님을 찬양할 수 있도록 깨우쳐 주시고, 저희로 주님을 이웃에게 증거할 수 있는 믿음을 더하여 주옵소서. 저희의 입술이 주님의 기사와 이적을 전하게 하시고, 저희의 발걸음이 하나님의 긍휼이 필요한 곳에 하나님의 약속의 말씀을 전하게 하시고, 저희의 생각이 온통 주님의 나라를 향한 삶을 영위할 수 있도록 복 주옵소서. 주님의 피 값으로 사신 영혼들을 위하여 서로 헌신하게 하시고, 저희에게 그들을 용납할 수 있는 믿음을 더하여 주옵소서.

오늘 이 저녁 무지한 저희에게 하늘의 비밀을 알게 하시고, 그 말씀으로 인하여 하나님의 나라를 더욱 사모하며 주님의 재림을 기다릴 수 있도록 은혜를 주옵소서. 예배를 위하여 봉사하는 모든 손길들 위에 복 주시고, 저들의 수고로 하늘의 창고에 보화가 쌓일 수 있는 복을 허락하여 주옵소서.

우리를 죄에서 구원하신 예수님의 이름으로 기도 드립니다. 아멘.

우 리의 반석이시오 구원이신 하나님! 모든 지각에 뛰어난 하나님의 평강이 그리스도 예수 안에서 우리의 마음과 생각을 지키심을 받고 감사와 영광을 돌립니다.

세상으로 눈을 돌린 채 주님을 잃어버린 때가 너무도 많았습니다. 구원의 주님을 찬양하며, 오직 주님만이 나의 반석이 되심을 고백하오니 저희를 긍휼이 여겨 주옵소서. 바로 지금 회개하게 하시고 순종으로 헌신하게 하여 주옵소서.

넓고 쉬운 죄악의 길을 버리고 주님의 뜻을 찾을 수 있는 저희가 되게 하여 주옵소서.

교만과 거짓, 부정과 부패가 횡횡하는 시대 속에서 의롭게 살게 하시고, 우리의 상한 마음을 주님의 사랑으로 고쳐 주옵소서. 저희와 함께 하시고 위로를 주옵소서. 우리의 문제는 오직 주님께 달렸사오니 하나님만 바라보게 하시고, 현재에 처한 환경이나 욕심 때문에 세상적인 삶에 연연하지 않도록 도와주옵소서.

주님이 세우신 교회에 뜨거운 성령의 역사가 강하게 임하시며, 부르짖는 기도마다 응답 받는 축복의 현장이 되게 하옵소서. 영혼 구원의 사명 또한 잘 감당할 수 있는 교회가 되게 하여 주옵소서.

거룩하신 예수님의 이름으로 기도 드립니다. 아멘.

기쁨과 평안과 안전을 보장하시는 하나님 아버지! 오늘 하루도 주의 은택을 입어 주일을 성수하게 하시며, 저녁시간 주님을 사모하여 찬양과 말씀의 자리에 나오게 하심을 감사합니다.

찬양 중에 임하시는 아버지. 오늘 찬양단의 찬양으로 영광받으시며, 성도들에게 충만한 은혜의 시간이 되게 하여 주옵소서. 황소를 드림보다 찬양의 제사를 기뻐하신다고 말씀하셨으니, 저희들의 입술이 찬양의 입술이 되게 하옵소서.

의뢰하는 자의 하나님이 되시는 주여! 오늘 성도들이 주 앞에 나와 부르짖는 기도를 들어주옵소서. 마음의 상처는 싸매어 주시고, 믿음의 시련을 당하는 성도들에게 위로와 응답을 주옵소서. 영적인 시험에 빠진 성도들을 기억하시고 건져주옵소서.

의인의 간구를 기뻐하시는 하나님! 우리의 성품이 성결하여 지도록 인도하여 주옵소서. 죄를 미워하게 하시고, 어둠을 물리치게 하여 주옵소서. 남을 정죄하지 않게 하시고, 선으로 악을 이기게 하여 주옵소서.

오늘도 말씀을 증거하시는 목사님의 입술과 생각을 주장하시고, 그 말씀으로 저희들의 삶을 변화시켜 주옵소서. 살아 있는 말씀이 역동적으로 활동하는 말씀 충만한 성도들이 되게 하여 주옵소서.

예수 그리스도의 이름으로 기도 드립니다. 아멘.

주린 영혼을 만족케 하시며 찬양 받으시기에 합당하신 주님! 하나님의 선하시고 기쁘신 뜻을 찬양합니다. 저희에게 향하신 하나님의 신실하심이 크고 영원하심을 믿습니다. 항상 하나님의 뜻을 겸손하게 받아들이며, 세상으로 향하는 저희의 의지와 욕심을 십자가에 못 박게 하여 주옵소서.

성령께서 저희의 삶 가운데 임재하사 매일의 삶을 주관하시고 지켜주옵소서. 저희로 하여금 감정과 육체의 소욕을 따르지 않고 주님의 인내를 받을 수 있도록 도와주옵소서. 실수한 심령을 따뜻한 사랑으로 품을 수 있게 하시고, 하나님의 위로와 평강을 전하게 하여 주옵소서.

사랑의 하나님! 저희들로 하여금 주님의 사랑을 전하는 사명을 감당하게 하시고, 더욱 큰 믿음을 허락하사 주님의 사랑의 복음을 세상에 전하는 귀한 영혼들이 되도록 하여 주옵소서. 주님의 놀라우신 복음의 능력을 믿고 의지하여 기도하오니, 저희에게 주님의 크신 권능으로 사마리아와 땅 끝까지 이르러 증인이 되라고 하신 주님의 사명을 감당하는 복을 더하여 주옵소서. 주님의 백성 된 본분을 지켜 행하게 하심으로 저희의 삶이 주님께 예배가 되게 하여 주옵소서.

저희를 구원하신 예수 그리스도의 이름으로 기도 드립니다. 아멘.

거룩하신 하나님! 이 저녁에 주님께 나와서 경배와 찬양을 드리게 하신 은혜를 감사합니다. 하나님이 창조하신 만물들이 겨울잠에서 깨어나 활동을 시작하듯이 우리의 신앙도 새롭게 돋아나게 하옵소서. 봄비 같은 성령의 단비를 내려 주사 메마른 심령을 해갈하게 하옵소서. 우리 영혼에 따사로운 주의 자비와 사랑을 베푸사 용서받고, 풍요한 삶을 살게 하여 주옵소서.

혼란스러운 세대 속에서 주님의 교회를 통하여 은혜를 공급받게 하시니 감사합니다. 주님께 열심을 품고 순종으로 섬기게 하시며, 천국에 소망을 두고 주님의 몸 된 교회를 사랑하며 봉사하게 하옵소서. 잎만 무성한 무화과처럼 열매 없는 삶이 되지 않게 하시고, 성령의 아름다운 열매들이 맺히게 하시므로 온전히 하나님을 찬양할 수 있는 복을 허락하여 주옵소서. 저희를 강하고 담대하게 하사 세상을 이길 수 있는 힘을 허락하여 주시며, 저희로 주님의 향기를 풍기는 성도들이 되게 하여 주옵소서.

이 시간 예배를 통하여 우리의 심령이 새롭게 거듭나는 복을 허락하여 주옵소서. 예배에 참여한 모든 심령들이 말씀을 통하여 은혜를 충만히 받고 돌아갈 수 있도록 주께서 도와주옵소서. 하나님께만 영광 돌리는 시간이 되게 하옵소서.

우리를 사망에서 생명으로 옮기신 예수 그리스도의 이름으로 기도 드립니다. 아멘.

전 능하신 하나님! 저희의 연약함을 강하게 하시는 주님의 은혜를 감사합니다. 하나님의 말씀을 의지하여 하나님의 전으로 나아와 저희의 연약함으로 고백하게 하심을 감사합니다.

예수님의 은혜로 저희가 죄 사함 받아 의롭다 인정받았사오니, 주님의 사죄와 구속의 은혜에 감사를 드립니다. 이 시간 하나님께 드리는 예배가 향기 넘치는 산 제사가 되게 하여 주옵소서.예비하신 은혜를 넘치도록 받은 시간이 되게 하여 주옵소서.

생명의 주인이 되시는 주님! 지난 한 주간을 돌이켜 보건대, 저희는 주님이 주신 생명의 감사함을 잊고 살았음을 고백합니다. 생명은 죄와 죽음과 함께 할 수 없음을 깨닫사오니, 이제 주님의 영원한 생명을 저희에게 허락하사 죽어 가는 것들로부터 새로워지게 하옵소서.

사랑의 주님! 성령으로 역사 하시고 인도하셔서 더욱 새로운 삶이 될 수 있도록 인도하여 주옵소서. 무엇보다도 자기를 비워 종의 형체를 가져 사람과 같이 되셔서 십자가에 달리시기까지 인간을 사랑하신 주님을 본받게 하시고, 항상 자신을 순종시키며 아버지의 뜻을 따름으로 하나 됨을 실천하신 예수님을 본 받아 성도들과 온전히 연합할 수 있게 하옵소서.

오늘도 말씀에 귀를 기울여 듣는 모든 자들이 성령의 역사하심을 체험하고 은혜 받는 시간이 되게 하여 주옵소서.

예수 그리스도의 이름으로 기도 드립니다. 아멘.

사랑과 은혜가 충만하신 하나님. 지난 한 주간도 주의 사랑 가운데 보호함을 받고 은혜 가운데 살다가 오늘 예배를 드릴 수 있도록 은혜 내려주시니 감사를 드립니다. 일주일의 삶을 돌아보며 믿음으로 살지 못함을 자백하오니 용서하여 주옵소서.

주님께 나올 때마다 참된 쉼을 허락하여 주시고, 성령께서 함께 하심으로 주님이 맡겨주신 사명을 깨닫고 충성을 다하는 증인들이 되게 하여 주옵소서.

저희의 눈이 오직 주님만을 바라볼 수 있게 하여 주시고, 저희의 심령이 가난하여 주님만을 바라게 하옵소서. "내게 능력 주시는 자 안에서 무엇이든 할 수 있다" 하셨으니, 주님의 능력을 의지함으로 굳건하게 살아갈 수 있는 저희들이 되게 하여 주옵소서.

우리 교회로 하여금 구원의 복음이 이 민족에게 전해지게 하옵시며, 기도로 새 역사를 일구는 기도하는 공동체가 되게 하여 주옵소서. 주님의 마음과 성령의 능력이 이 땅에 충만하기까지 영적인 공동체로 사명을 다할 수 있는 교회가 되게 하여 주옵소서.

이 시간, 말씀을 듣고, 깨닫고, 결단하게 하셔서 행함으로 승리하게 하시고, 상처받은 심령들이 치유 받는 시간이 되게 하옵소서.

예수님의 이름으로 기도 드립니다. 아멘.

성 령을 충만케 하심으로 권능을 허락하시는 하나님 아버지! 저희에게 새 생명을 허락하신 주님을 찬양합니다. 생활 가운데 그리스도의 증인이 되게 하시며, 이 저녁 예배에 나와 재 충만 받게 하심을 믿고 감사를 드립니다.

사랑의 하나님! 저희의 죄에 대해서는 완전히 죽게 하시고, 주의 의에 대하여는 온전히 새로운 인격과 신앙을 갖춘 변화된 사람이 되게 하옵소서. 오는 한 주간을 말씀을 의지하고 살게 하여 주옵소서.

이 시간 신령과 진정으로 드리는 예배가 되게 하여 주시고, 하나님 홀로 영광 받으옵소서. 예배가 저희의 생활의 토대가 되어 강팍해지고 거칠어진 우리의 심령을 순화시키는 윤활유가 되게 하여 주옵소서. 저희 모두를 하나님의 영으로 뜨겁게 감동시켜 주사 말씀으로 은혜 받고 새로운 각오와 결심으로 신앙의 무장을 하게 하여 주옵소서.

하나됨을 위하여 간절히 기도하신 주님! 저희도 주님의 사랑 안에서 아름다운 동역자들이 되게 하여 주옵소서. 가정에도 조화를 이루며 아름다운 동역이 있게 하시고, 이 사회도 자신만을 생각하는 주장들이 무너지고 상대를 높이고 상대의 영광을 위해서 서로 봉사하는 아름다움이 있게 하여 주옵소서.

이 시간 예배드리는 가운데 보혜사 성령님이 친히 운행하심을 믿사옵고, 예수님의 이름으로 기도 드립니다. 아멘.

합하여 선을 이루시는 전능하신 하나님! 오늘도 저희를 죄악 된 세상에 버려두지 않으시고 주님의 전으로 인도하여 주시고, 풍성한 은혜의 기쁨을 맛보게 하시니 감사합니다.

예배를 드릴 때에 주님의 은혜와 사랑으로 가득 덮여지게 하시고, 진리의 말씀으로 가득 채워 주옵소서. 오늘 거룩하신 주님의 교회에 참여한 저희들에게 용기와 힘을 주셔서, 신앙에 역행하는 것을 단호하게 거절하고, 믿음에 일치하는 것만을 확고하게 따라가게 하여 주옵소서. 주님의 말씀으로 날마다 무장을 하지만, 변화되지 않은 모습을 긍휼히 여기사 용서하여 주옵소서.

주님의 몸 된 교회도 주님의 사랑을 전하기 위하여 선교에 힘을 낼 수 있도록 축복하여 주옵소서. 국내 선교와 북한 선교에 힘쓸 수 있도록 이끌어 주시고, 민족 복음화를 위해서 앞장서는 교회들이 되게 하여 주옵소서. 기도로 믿음의 역사를 일으키며, 믿음의 좋은 소문을 낼 수 있는 교회들이 되게 하여 주옵소서. 이 민족이 하나님 앞에서 방종함을 용서하여 주시고, 이제 방종의 꿈에서 깨어나 정신을 차리게 하시고, 진정으로 이 민족이 살길은 주님 앞에 돌아와야 한다는 것을 깨닫게 하여 주옵소서.

이 시간 귀한 말씀으로 저희에게 증거하실 목사님을 성령의 역사하심으로 강하게 붙들어 주옵소서. 예수님의 이름으로 기도 드립니다. 아멘.

살아 계신 주님! 아름다운 날씨와 생동하는 기쁨을 이 땅에 허락하신 주님께 영광을 돌립니다. 교회에 임하신 성령의 불길이 앞으로도 계속해서 타오르게 하시고, 저희의 심령이 온전한 변화를 이루게 하여 주옵소서.

새로운 성령의 힘으로 삶의 멍에를 짊어지게 하시고, 늘 주님을 향한 뜨거운 고백이 넘치는 신앙생활을 할 수 있도록 축복하여 주옵소서. 새롭게 거듭나는 삶을 주님의 인도하시는 길로 저희가 순종할 수 있도록 축복하여 주옵소서. 저희의 심령을 사로잡아 주셔서, 마음을 쏟고 영혼을 쏟으며 회개하지 아니하고는 견딜 수 없는 마음을 주시고, 주님의 자녀로서 맡은바 본분을 다할 수 있는 저희들이 되게 하여 주옵소서.

늘 깨어 기도하며 진리로 무장하고 주님의 말씀을 방패삼아 악한 세력들을 물리치고 승전가를 부르면서 전진할 수 있는 굳건한 믿음이 되게 하여 주옵소서. 오늘 주님께 참 예배를 드리기를 원하면서도 세상의 온갖 염려와 근심으로 인하여 무거운 마음으로 예배를 드리는 성도가 있는 줄로 압니다. 저들의 답답한 마음들이 예배를 드리는 동안 주님의 평안으로 채워지게 하시고, 주님의 말씀으로 위로 받게 하시며, 신앙의 힘을 얻어서 소망이 넘치는 생활이 되게 하여 주옵소서.

아직도 주님을 알지 못하는 많은 심령들이 주님의 은혜를 알 수 있는 기회를 허락하여 주옵소서.

예수님의 이름으로 기도 드립니다. 아멘.

꺼 져 가는 등불도 끄지 않으시며, 상한 갈대를 꺾지 않으시는 하나님 아버지! 저희의 갈급한 심령에 성령의 단비를 허락하여 주옵소서. 연약해진 믿음의 심지를 돋워주시고, 저희를 소생시켜 주사 저희 마음의 잔에 성령의 생수가 넘치도록 은혜를 허락하여 주옵소서.

저희의 삶이 주님께 드려지는 예배가 되게 하여 주옵소서. 저희가 입술로 주님의 공의를 증거하며 저희의 삶이 성도 된 자의 본을 보일 수 있도록 믿음을 더하여 주옵소서.

특별히 이 시간 마음 가운데 믿음의 확신이 없는 성도들에게는 말씀을 통하여 확고한 믿음으로 덧입혀 주옵소서. 시험과 고난 중에 있는 성도들에게는 어려움을 이겨내는 말씀을 주옵소서. 질병으로 고생하는 성도들에게는 인간의 생사화복을 주관하시어 죽은 자도 살리시는 전능하신 하나님을 영접하도록 하여 주옵소서. 저희의 교만한 마음을 겸손하게 하여 주옵소서. 거짓에 찬 입술을 진실하게 하시고, 허영과 다툼으로 인한 생활을 변화시켜 주옵소서. 또한 형제와 자매에게 영광과 칭찬을 돌리는 낮은 자의 삶이 되게 하여 주옵소서.

이 시간 주의 영이 냉랭한 저희의 가슴에 뜨거움을 주시고, 주의 말씀으로 빈속을 채우며 주의 위로로 힘을 얻어 하나님의 은혜가 저희의 심령 속에 충만하게 하여 주옵소서. 저희의 찬송과 영광을 받아 주옵소서.

거룩하신 예수님의 이름으로 기도 드립니다. 아멘.

사 람의 마음과 생각과 뜻을 감찰하시고, 운동력 있는 말씀으로 삶을 변화시키시는 전능하신 하나님 앞에 경배와 찬양과 예배를 드립니다.

주님께서 허락하신 삶을 하나님의 소명으로 귀하게 여길 수 있는 진정한 용기를 허락하여 주옵소서. 저희의 예배를 기쁘게 받아 주옵소서. 저희 모든 성도들에게 하늘의 축복과 신령한 은혜를 허락하여 주옵소서.

궁휼의 하나님! 주님의 뜻과 말씀에서 벗어난 저희를 용서하여 주옵소서. 저희의 입술로 정죄 하던 이웃을 위해 기도하게 하옵소서. 이 시간 저희의 영혼을 어루만지사 새롭게 하시고 잘못된 마음을 고쳐 주옵소서. 많은 거짓과 숨은 죄악과 저지른 죄들을 용서하여 주시고, 외로운 마음에 위로를, 병든 몸에 건강함을 허락하여 주옵소서. 저희의 절망스러운 가슴에 주님의 성령으로 소망을 주옵소서.

회복하시는 하나님! 하나님을 향한 저희의 첫 사랑을 회복할 수 있도록 도와주옵소서. 교회의 각 기관들을 주님의 오른팔로 강하게 붙드시기를 원합니다. 비전을 잃은 시대에 세속의 관점을 좇아 불경건한 마음이 없게 하시고, 더욱 힘써 활발하게 움직일 수 있는 교회가 되게 하여 주옵소서.

예배의 시종을 주님께 의탁하오며 거룩하신 예수님의 이름으로 기도 드립니다. 아멘.

거룩하신 하나님! 약속하신 메시아 예수 그리스도를 이 땅에 보내셔서 구속의 사역을 완성하심으로 말미암아 우리가 생명을 얻게 되었음을 감사합니다. 저희 감사의 예배를 받아 주옵소서.

저희의 교만함을 고백하오니 용서하여 주옵소서. 오늘 이 시간 주님께 예배드리는 이 모습이 바로 십자가의 사랑 앞에 죄사함 받은 인생들의 삶인 것을 믿습니다. 주님 앞에 예배할 때마다 못 박혀 죽으신 주님을 기억하며, 주님의 몸 위에서 쏟아지는 십자가 보혈에 저희 영혼이 살아나는 은혜가 있게 하옵소서. 우리의 마음을 깨끗케 하사 주의 영광을 보게 하여 주옵소서. 우리의 입술을 정하게 하사 저희로 하나님의 영광을 찬양하게 하여 주옵소서. 신령한 귀를 열어 주사 진리의 말씀을 듣게 하여 주옵소서. 온 심령이 새롭게 창조되고 피곤한 육신이 치유함을 얻을 수 있는 귀한 시간이 되기를 원합니다. 우리를 향하신 선하심과 인자하심을 찬양합니다.

오늘도 십자가의 복음을 설교하시는 목사님을 십자가의 능력으로 붙드시고, 말씀을 듣는 저희 모두는 저희의 삶을 붙들고 계시는 주님의 은혜를 깨닫게 하옵소서. 주님의 몸 된 교회를 위하여 몸 바쳐 충성하는 일꾼들을 붙잡아 주시고, 저들의 수고가 더해질 때마다 신령한 주의 은혜를 맛보게 하옵소서.

주님 홀로 영광 받으시기를 원하오며, 예수 그리스도의 이름으로 기도드립니다. 아멘.

할 렐루야! 찬양과 경배를 받으시기에 합당하신 하나님 아버지. 여호와로 즐거워하게 하시고, 하나님으로 기뻐하게 하시니 감사와 찬양을 돌립니다. 영광을 받으옵소서. 하나님의 말씀을 사모하여 이곳에 오게 하시고, 저희의 마음을 하나님의 은혜를 사모하는 갈급한 심령으로 허락하심을 감사합니다. 저희로 하나님의 말씀으로 인하여 복을 받게 하시고, 그 약속의 말씀으로 소망을 갖게 하심으로 세상을 이기는 복을 허락하여 주옵소서.

거룩하신 하나님! 이 시간 회개하며 기도하오니 생활 속에 하나님을 부정하고, 기도 없이도 할 수 있으리라 생각하였던 모든 불신앙을 용서하여 주옵소서. 믿음 없는 것만 한탄하지 않게 하시고, 하나님의 말씀을 부지런히 읽고 듣고 새겨서 믿음이 더하여지게 하여 주옵소서. 오직 여호와를 신뢰함으로 저희의 마음이 정결케 되기를 원하오며, 저희의 마음이 깨끗케 됨으로 하나님의 성호를 찬양하도록 하여 주옵소서. 저희의 모든 것들을 친히 주장하시기를 원합니다. 저희의 기도를 들어 응답해 주옵소서.

또한 고통과 어려움이 있는 가정도 있사오니, 이런 때일수록 고난도 유익이 된다는 성경말씀을 굳게 의지하고, 우리의 목자 되셔서 좋은 것을 주시기를 원하는 주님만을 의지하게 하여 주옵소서. 이 나라를 주님 사랑하여 주시고, 복된 나라가 되게 하여 주옵소서.

예수님의 이름으로 기도 드립니다. 아멘.

흔 들리는 자에게 반석이 되시며, 쫓기는 자에게 요새가 되시고, 위험을 당한 자를 건지는 여호와 하나님의 은혜를 감사하오며, 존귀와 영광을 드립니다.

모세가 손을 들 때 아멜렉을 파하고 이스라엘을 이기게 하신 하나님, 기도할 때 승리가 보장되는 줄 믿습니다. 온 교회와 성도들이 기도로 무장되게 하옵소서. 만물의 마지막이 가까웠으니 그러므로 깨어 근신하며 기도하게 하여 주옵소서.

저희 교회를 축복하시어 새벽마다 교회가 차게 하여 주옵소서. 저녁마다 눈물의 간구가 있도록 은혜를 주옵소서. 어려움을 기도로 이길 수 있도록 축복하여 주옵소서. 목사님의 사역을 기도로 동역하게 하시고, 기관장들의 헌신을 기도로 돕게 하여 주옵소서.

이웃을 정죄하지 않게 하시며 그들을 위하여 눈물로 기도와 간구를 올리게 하옵소서. 저희 교회가 시대말의 시대적인 사명을 감당하게 하옵소서. 선지적인 사명을 허락하심으로 세상을 깨우게 하여 주옵소서. 하나님께로 돌이키게 하시되 복음을 바로 외치게 하여 주옵소서. 빛과 소금의 사명을 감당하게 하옵소서. 그리스도의 향기가 나게 하옵소서.

이 시간에 말씀이 선포되어 질 때에 주님의 음성을 듣게 하시고, 그 말씀 따라 살아가게 하옵소서. 오늘도 찬양 중에 함께 하시고, 기도에 응답을 주시며, 증거되는 하나님의 말씀에 변화 받는 은혜를 주옵소서.

예수 그리스도의 이름으로 기도 드립니다. 아멘.

전지 전능하신 하나님께 감사와 찬송을 돌립니다. 슬픔을 기쁨으로 바꾸시고 괴로움을 희락으로 바꾸시는 주님의 은혜를 사모하여 주님의 전으로 나아왔사오니, 저희에게 복 주사 주님의 거룩한 백성이 되게 하여 주옵소서.

사랑의 하나님! 주님을 믿고 사랑한다고 하면서도 주님의 영광을 위하여 살지 못했음을 고백합니다. 주님 앞에 엎드려 용서를 구합니다. 주님을 따르는 자들은 자기를 부인하고 제 십자가를 져야 한다는 말씀처럼 저희도 주님의 참 제자가 되게 하여 주옵소서.

예배를 드리는 귀한 이 시간, 성령으로 충만하게 하여 주옵소서. 주님의 새로운 은혜를 체험하는 귀한 시간이 되게 하여 주옵소서. 교회의 역할을 잘 감당할 수 있도록 복 주시고, 주님의 은혜로 날마다 세상에서 주님의 귀한 사명을 잘 감당하게 하여 주옵소서. 저희의 발길이 전도하는 발길이 되게 하시고, 저희의 손길이 봉사하는 손길이 되게 하여 주옵소서. 저희의 모든 것들이 주님의 도구로 쓰여지기를 원하오니 저희의 기도를 들어 응답해 주옵소서. 교회에 속한 여러 기관들마다 풍요로운 열매를 거두는 귀하고 복된 기관들이 되게 하여 주옵소서. 기관장들에게도 크신 은총을 베풀어 주옵소서.

주님께서 저희에게 함께 하사 하늘의 신령한 비밀들을 알게 하시고 하늘의 축복으로 동행하여 주옵소서.

거룩하신 예수 그리스도의 이름으로 기도 드립니다. 아멘.

마 음의 근심을 하나님을 믿음으로 맡기게 하시는 사랑과 능력의
주 하나님! 지난 한 주간도 주님의 은혜로 지켜 보호하시고, 오
늘 이렇게 주의 백성들이 함께 모여 주님 앞에 예배 드릴 수 있도록 이
끌어 주신 은혜를 감사드립니다.

은혜의 주 하나님! 지난 한 주간을 돌이켜 보면, 영적인 일을 우선하
기보다는 썩을 양식을 위하여 몸부림쳤던 저희의 모습이었습니다. 세상
의 욕심에 눈이 멀고, 더위에 짜증내기 일쑤였으며, 이웃을 위해 선한
일을 하지 못하고 오히려 귀찮아했던 저희들이었습니다. 영생하도록 있
는 양식을 위해서 일하지 못했던 저희를 불쌍히 여겨 주옵소서. 오늘도
주님 앞에 아뢰는 허물이 다윗의 고백처럼 진정한 것이 되어서 주님의
긍휼과 용서를 받을 수 있게 하여 주옵소서.

저희를 새롭게 하심으로 찬양 받으시는 주님! 이제 저희가 주님 앞에
빈 마음으로 나왔습니다. 주님만이 저희 삶의 힘이 되시고, 주님만이 저
희 삶의 인도자가 되어 주옵소서. 죄 씻음을 받고 감사와 감격에 찬 예
배를 드리게 하여 주옵소서. 선포되어지는 말씀으로 모든 성도들의 심령
에 뜨거움을 경험하게 하시고, 새 힘을 얻어 승리의 삶을 살아가도록 다
짐하는 복된 시간이 되게 하여 주옵소서. 저희로 주님의 역사를 이끌어
가는 도구로 삼아 주옵소서. 이 시간 예배를 통하여 온전히 영광 받으옵
소서.

우리 주 예수 그리스도의 이름으로 기도 드립니다. 아멘.

26

거 룩하신 하나님! 택하여 구원을 받은 아버지의 거룩한 백성들이 이 거룩한 성전에 모여 신령과 진정으로 예배를 드리오니, 이제 저희를 성령으로 거룩하게 하옵소서.

지난날의 우리 죄를 사하여 주시고, 저희의 허물을 가려 주시고 의의 옷을 입혀 예배드리기에 합당한 형상으로 거듭나게 하옵소서. 예배하는 무리들 속에 엎드린 저희를 돌아보옵소서. 거룩한 성전에 나아가기에는 아직도 사랑의 마음이 열리지 못하였고, 영적 빈곤이 드러나곤 하는 저희들이오나, 부족함을 깨닫고 머리 숙였사오니, 그냥 돌려보내지 마시고 주님의 사랑으로 채워주옵소서.

교회의 머리가 되시는 주님! 이 땅위에 빛을 잃은 교회가 없게 하시고 세속의 부요로 채워지는 교회가 없게 하여 주옵소서. 신령한 하나님의 은혜로 늘 충만한 교회가 되게 하옵소서. 길을 잃은 영혼들에게 등불이 되어 줄 수 있는 교회가 되게 하시고, 슬픔으로 아파하는 영혼들에게는 진정한 위로를 줄 수 있는 교회가 되게 하옵소서. 참 빛을 찾을 수 없는 세상이지만 교회를 통하여 빛을 찾게 하시고, 안식을 얻을 수 없는 세상이지만 교회를 통해서 안식을 얻게 하옵소서.

이 저녁에도 단 위에 서신 목사님을 기억하시고 성령의 능력을 덧 입혀 주셔서, 힘 있고 권세 있는 말씀을 증거하게 하옵소서.

예수님의 이름으로 기도 드립니다. 아멘.

우 리의 길을 평탄케 하시며, 형통케 하시는 하나님 아버지! 저희를 주님의 전으로 불러 거룩한 예배를 드리게 하신 은혜를 감사합니다. 주님의 귀한 은혜로 날마다 승리케 하심을 감사합니다. 저희의 찬양과 예배를 기쁘게 받아주시기를 간구합니다.

희로 주님의 사랑을 늘 깨닫고 주님의 사랑 안에 거하게 하시고, 그 사랑 안에서 날마다 승리할 수 있도록 복 주옵소서.

신실하신 하나님! 지금껏 세상을 악하다고 말하면서 스스로는 선함을 자처했사오나, 주님 보시기에 얼마나 위선적이고 가식적이며 교만하고 회개할 줄 모르는 사람이었습니까? 의를 행하는데 주저하며 강포를 행하는 불의한 백성이 바로 저희들임을 깨닫지 못하고 있었던 무지를 용서하여 주옵소서. 믿음으로 거듭나기 원하는 저희들의 간구를 들으옵소서. 저희를 풍요케 하시고 주님의 사랑으로 소외된 이웃들에게 주님의 사랑을 나누어 줄 수 있도록 은총을 허락하여 주옵소서.

사랑의 하나님! 이 땅 위에 미자립 교회들을 위해서 기도드립니다. 주님의 역사하심으로 세워주신 교회를 주님께서 지켜 주시고 많은 심령들을 구원 할 수 있도록 힘을 주옵소서. 늘 주님의 예비하심으로 동행하여 주시고, 늘 채워지는 역사가 있게 하여 주옵소서. 이 시간에도 하나님의 말씀으로 채워 주시고, 하늘의 능력을 맛보는 시간이 되게 하여 주옵소서.

예수 그리스도의 이름으로 기도 드립니다. 아멘.

사랑이 많으신 하나님 아버지, 하나님을 청종할 때마다 좋은 것을 먹이시며 기름진 것으로 즐거움을 허락하시는 아버지 앞에 감사와 찬양을 돌립니다. 저희 죄로 인해 마땅히 죽을 죄인들을 주님의 사랑으로 새 소망의 삶을 누리게 하신 하나님께 영광과 찬양과 감사함으로 경배 드립니다.

주님 지난 한 주간 동안 저희들의 삶을 고백합니다. 저희의 형제와 이웃들에게 무례히 행하고 미워했던 것과, 나 혼자만 선하다고 생각했고, 다른 사람을 어리석으며 모질고 악하다고 여겨왔던 과거를 용서하여 주옵소서.

위로와 소망의 하나님! 택함 받은 자녀로서 그 어떤 시련이 닥쳐 온다할지라도 언제나 주님의 크신 사랑과 능력을 신뢰하며 살아갈 수 있도록 하시고, 주님의 사랑의 능력으로 하나님을 날마다 찬양하는 저희들이 되게 하여 주옵소서. 저희의 삶의 주관자가 되시는 주님께 온전히 의지할 수 있도록 은혜로 더하여 주옵소서. 저희의 연약함에 소망을 주시고 강하고 담대하게 하여 주옵소서. 저희가 주님의 나라를 바라보는 소망으로 세상을 이길 수 있도록 축복하여 주옵소서.

이 시간 교회를 위하여 봉사하는 손길들을 주님 기억하시고, 주님의 사랑 안에서 날마다 승리할 수 있도록 은혜를 더하여 주옵소서.

예수 그리스도의 이름으로 기도 드립니다. 아멘.

교 회의 머리가 되시고 역사를 진행하시는 하나님, 많은 사람들 중에 저희들을 자녀 삼으시고, 그리스도의 좋은 군사가 되게 하셔서 주를 기쁘게 하는 삶을 살아갈 수 있는 은혜를 주심을 감사합니다.

고난과 갈등의 구조 속에서도 화평을 위하여 애쓰게 하시고, 어둠의 세상 중에 빛이 되게 하시며, 부패를 허락지 아니하시려고 소금의 사명을 감당케 하시는 은혜에 감사를 드립니다. 죄로 인해 멸망을 받아야 마땅한 저희들을 사랑하사 독생자를 통한 대속의 은총을 베푸시고, 희망이 없던 인간들이 이 은혜를 인하여 소망의 삶을 누리게 하셨으니, 아버지께 영광을 돌리는 자녀들이 되게 하옵소서.

사랑의 주님! 기도할 때 정결한 마음을 주시고, 말씀을 들을 때 깨달음이 있게 하시며, 찬양 중에 기쁨이 있게 하여 주옵소서. 모일 때마다 주님의 사랑과 은혜가 넘치게 하시고 주님의 몸 된 교회를 세우고 가정을 주님의 말씀으로 세우는 성도들이 되게 하여 주옵소서. 특별히 저희들을 통하여 이웃들이 주님을 영접하게 하시고, 그리스도의 몸 된 교회로 나아오도록 하시고, 주님의 사랑을 가지고 복음을 증거하는 영혼들이 되도록 복 내려 주옵소서. 오늘 증거되는 말씀이 우리 앞의 등불이 되게 하셔서 한 주간을 인도 받기에 합당한 말씀이 되게 하옵소서.

예수 그리스도의 이름으로 기도 드립니다. 아멘.

31

여호와 닛시의 하나님! 물 가운데 지날 때에 침몰치 않게 하시며, 불 가운데 지날 때에 타지 않도록 하시는 능력의 하나님께 감사와 찬양을 드리나이다. 위험할 때마다 저희들을 보호하시고 지키시며 안위하여 주옵소서.

사모하는 심령으로 이 저녁에 나와 경배와 찬양을 돌리게 하심을 감사합니다. 신령한 찬미의 제사가 되게 하시고, 찬양 중에 거하시는 주를 만나는 복된 시간이 되게 하옵소서. 여호와의 이름을 높이며, 하나님의 얼굴을 구할 때에 기쁨이 충만하게 하옵소서. 마음의 간사와 여호와를 정죄한 죄악을 토설하오니 용서하여 주옵소서. 교만과 완악한 말로 의인의 길을 굽게 하였다면 용서받게 하옵소서. 정직의 영을 사모하게 하시고, 성결의 은혜를 받게 하여 주옵소서.

신령과 진정으로 예배하는 자들을 찾으시는 주님! 오늘 주일 저녁 예배가 은혜의 시간이 되기를 원합니다. 성도의 간증에 은혜 받게 하시고, 선교단의 찬양에 은혜 받게 하시며, 목사님의 말씀에 은혜를 주옵소서. 위로가 넘치는 예배가 되게 하여 주시고, 기쁨이 충만한 예배가 되게 하여 주옵소서. 성도의 교제에 승리하게 하옵소서. 주 안에서 만날 때마다 사랑으로 문안하게 하시고, 모여서 기도하고 흩어져서 전도하게 도와주옵소서. 나눔의 신앙생활을 감당하게 하옵소서. 구원받는 이웃이 날마다 더하여지게 하옵소서.

예수 그리스도의 이름으로 기도 드립니다. 아멘.

사 랑과 은혜가 충만하신 하나님! 주님의 전으로 모여 귀한 예배를 드리게 하시니 감사합니다. 저희에게 날마다 감사의 귀한 열매가 맺혀지게 하여 주옵소서.

저희의 입술을 주장하사 주님의 거룩한 백성이 되게 하시며, 저희의 부족함과 저희의 교만과 저희의 믿음 없음을 고백하오니 채워 주옵소서. 저희의 교만을 주님의 거룩하심으로 낮아지게 하여 주옵소서. 또한 주님 저희의 믿음 없음을 용서하시고, 주님을 절대적으로 신뢰하고 의지하도록 은혜를 베풀어 주옵소서.

또한 이 저녁에 믿지 않는 영혼들을 위해서 기도하오니, 그들의 영혼을 긍휼히 여겨 주옵소서. 주님의 사랑 안에서의 충만함을 맛보게 하심으로 주님의 사랑이 얼마나 기쁜지 알게 하여 주옵소서. 주님의 사랑으로 삶의 척도가 바뀌게 하시고, 주님의 사랑으로 성품이 변화되게 하사 주님의 자녀가 될 수 있는 복을 허락하여 주옵소서.

거룩하신 하나님! 이 시간 예배를 위하여 봉사하는 손길들을 기억하시고, 은혜와 복을 내려 주옵소서. 말씀을 듣는 저희에게도 하나님의 귀한 은혜가 넘치게 하여 주시고, 상한 심령이 치유 받는 귀한 시간이 되게 하여 주옵소서.

예수님 이름으로 기도드립니다. 아멘.

시온에서 복을 허락하시는 하나님 아버지, 감사와 찬양과 영광을 돌립니다. 지난 한 주일 동안에도 세상에 살면서 주님을 기쁘시게 하지 못하고 우리들의 육신을 위하여 이기적인 욕망과 많은 죄악 가운데서 살아왔음을 고백하오니 용서하여 주옵소서.

오늘도 갈급한 심령으로 나아왔사오니 주님께서 저희의 기도를 응답하여 주옵소서. 하나님의 말씀대로 살아가는 믿음을 허락하시고, 삶 전체를 통하여 주님의 영광을 드러내며, 주님께서 명하신 대로 땅 끝까지 이르러 주님의 복음을 전할 수 있도록 은혜를 더하여 주옵소서.

나태하여 잠자는 영혼이 없게 하시고 주님의 명령에 순종하여 열매를 맺게 하여 주옵소서. 친히 교회의 머릿돌이 되셔서 지켜 주시고, 주님의 사랑과 진리와 은혜가 가득 찬 교회가 되게 하여 주옵소서.

하나님이 귀하게 쓰시는 목사님에게 평강이 넘치게 하시고, 성령의 능력을 더하여 주옵소서. 말씀을 선포하실 때에 말씀이 성령의 검이 되어서 저희의 심령과 골수를 찔러 쪼개고 변화되는 생명의 만나를 허락하여 주옵소서. 병든 사회, 병든 인간, 상한 심령들이 말씀을 듣고 고침 받는 역사를 체험하기를 원합니다.

예배의 시종을 주님께 의탁하오며, 거룩하신 예수 그리스도의 이름으로 기도 드립니다. 아멘.

영 광의 주 하나님! 주님의 성전에 모여 저희의 정성과 마음을 다 하여 하나님 아버지께 찬양과 기도로 감사와 예배를 드리오니 기쁨으로 받아 주옵소서. 저희가 이 시간 하나님께 받은 모든 은혜를 감 사하오며, 날마다 우리의 삶이 새롭게 되기를 원합니다.

저희가 주님의 지체로서, 주님의 몸 된 교회를 위하여 마땅히 해야 할 일을 다하지 못하고, 열심히 섬기지 못하였으며, 의롭게 살지 못하였음 을 회개하오니, 저희를 긍휼히 여기사 용서하여 주옵소서. 거짓된 세상 에서 사는 동안 진리의 허리띠를 든든히 매게 하시고, 불의한 세상에서 신실한 삶을 살게 하옵소서. 성령의 불로 원치 않는 죄성과 정욕과 숨은 악을 태우사, 그리스도의 보혈로 깨끗케 하여 주옵소서. 어떠한 시련이 닥친다 하여도 절대 세상과 타협하지 않게 하시고, 십자가의 믿음으로 승리하는 저희들이 되게 하여 주옵소서.

이 은혜로운 자리에 육신의 일에 얽매여서 참석하지 못하는 성도들이 있습니다. 하나님을 재물과 겸하여 섬길 수 없음을 깨달아 하나님께 영 광을 돌리며 사는 복된 삶으로 이끌어 주옵소서. 이 시간 목사님을 통하 여 주님의 권세 있는 말씀을 선포케 하시고, 주의 은혜를 사모하는 저희 모두가 주님의 임재하심을 체험하는 놀라운 시간이 되게 하여 주옵소서.

지금도 살아 계셔서 함께 하시는 예수 그리스도의 이름으로 기도 드 립니다. 아멘.

거룩하신 하나님! 오늘도 살아 역사 하시는 주님을 찬양합니다. 저희들의 찬송과 감사와 용서의 기도를 들으시며, 마음과 뜻과 정성으로 드리는 예배를 받아 주옵소서.

은혜의 하나님! 분주한 세상 소리에 주님의 음성을 듣지 못했고, 화려한 세상의 환경에 영의 눈이 어두웠습니다. 이 시간 주님께 나아왔사오니 모든 허물을 말끔히 씻어 주옵소서. 손과 발 머리와 몸과 마음과 영혼도 하나님의 의의 보혈로 깨끗이 씻어 주옵소서. 우리의 거짓과 위선의 죄악을 씻어 주옵소서. 인자와 긍휼을 기다리는 심령에 주님의 위로의 손길을 베풀어주시고, 십자가의 보혈의 은총을 덧입는 시간이 되게 하옵소서.

소망의 하나님! 저희의 영혼이 주님의 은혜를 사모하며 하늘의 보좌를 우러러 경배합니다. 이 시간 말씀으로 은혜 받고 찬송으로 감동되고 기도로 새 힘을 얻게 하여 주옵소서. 교회와 목사님을 권능의 손으로 붙들어주시고, 성도들이 하나님의 사랑으로 하나 되게 하옵소서. 저희의 믿음이 말씀과 진리로 날마다 바르게 성장하게 하시며, 주님께서 부탁하신 영혼구원의 사명을 잘 감당하게 하여 주옵소서. 어두워진 눈을 밝혀 주사 신령한 것을 보게 하시고, 귀가 둔하여 듣지 못했던 주님의 음성을 듣기를 원합니다. 저희의 심령을 정결하게 하시고, 감사와 찬송하는 삶을 살게 하여 주옵소서. 주님의 영광이 오늘 예배에 충만하게 하옵소서. 예비하신 은혜를 주옵소서.

거룩하신 예수 그리스도의 이름으로 기도 드립니다. 아멘.

찬양과 경배를 받으시기에 합당하신 주님! 온 세상에 생명이 있는 것마다 주님을 찬양하도록 하옵소서. 저희들의 의지와 생각이 주님 앞에서 하나 되어 큰 믿음으로 성장하게 하시며, 그 믿음이 죽을 영혼도 살려내는 생명력이 넘치는 믿음이 되게 하여 주옵소서.

은혜의 주 하나님! 주님을 믿는 자는 죽어도 살겠다고 하신 말씀을 기억하고 있으면서도 저희는 죽음을 지나치게 두려워하고 있었습니다. 오늘 이 시간 슬픔과 탄식이 달아나는 은혜가 있게 하여 주옵소서. 저희가 때때로 신앙생활에서 실족할 때가 많이 있습니다. 죄악과 허탄한 것에 매인바 되어 주님의 자녀 된 모습을 늘 잃어버리고 사는 저희를 불쌍히 여기시고 용서하여 주옵소서.

사랑의 주님! 항상 주님 앞에서 경건한 생활의 모습이 되게 하시고, 저희가 어떤 일을 하든지 먼저 주님을 생각하게 하셔서 주님께 인정받고 칭찬 받는 주님의 자녀가 되게 하여 주옵소서. 주님의 은혜를 흠뻑 받아 직장과 가정과 일터와 생활의 전 영역을 통해서 주님의 뜻을 나타내는 저희들이 되게 하옵소서.

신령한 만나를 준비하신 목사님을 성령의 능력으로 붙드시고, 주님의 말씀을 듣기를 사모하는 심령마다 세미한 음성을 들을 수 있도록 은총 내려 주옵소서.

예수 그리스도의 이름으로 기도 드립니다. 아멘.

할렐루야! 좋으신 하나님, 이 시간 저희의 예배를 받으시고 영원한 화평을 주시어 저희 모두가 영화와 기쁨을 누리게 하여 주옵소서. 저희에게 세상을 이길 수 있는 평안을 허락하여 주옵소서. 믿음, 소망, 사랑으로 하나 되어 주님 앞에 나아가게 하옵소서.

긍휼의 주 하나님! 저희의 독선과 교만을 용서해 주시기를 원합니다. 주님은 하나 되기를 원하시고 친히 본을 보여주시었지만, 저희는 내 주장만을 앞세우며 고집하고 까다로움을 부렸습니다. 나보다 나은 상대의 의견을 억지로 무시하였고, 스스로 자랑하는 일에 많은 시간을 쏟았습니다. 이웃과 함께 주님의 나라를 이루기에는 심히 부족한 몸임을 고백합니다. 용서를 구하오니 이 교만한 몸을 사하여 주옵소서.

특별히 주님의 교회가 분열이 가득한 이 사회를 성령의 하나 되게 하시는 역사로 치료할 수 있는 교회가 되게 하시고, 미움과 다툼이 쉼 없이 일어나는 곳에 주님의 사랑을 심어줌으로써 한 마음 한 뜻으로 통일을 이룰 수 있는 역할을 감당하는 교회가 되게 하옵소서.

상한 심령을 위로하시고 치유하시는 주님. 상처 입은 심령들이 더 큰 설움을 안고 매일의 삶에 힘겨워하지 않도록 긍휼히 여겨 주시기를 원합니다. 주님의 몸 된 교회를 위하여 충성하는 제직들을 기억하시고, 저들의 수고를 통해서 온 교회가 성령으로 충만해지고 주님의 크신 영광이 드러나게 하옵소서.

예수 그리스도의 이름으로 기도 드립니다. 아멘.

청춘으로 독수리 같이 새롭게 하시는 능력의 주 하나님! 은혜와 사랑을 진심으로 감사드립니다. 오늘도 진실과 정성으로 드리는 예배를 받아 주옵소서. 주님을 경배하며 찬양함으로써 하나님께만 영광과 찬송을 돌리게 하시고, 무한한 능력과 기쁨을 얻게 하여 주옵소서.

소외되고 불쌍한 사람들의 보호자가 되시며 그들을 사랑하시는 주님! 사랑과 관심이 필요한 자들을 용납하지 못하고 그들을 외면했던 저희를 용서하여 주옵소서. 그들의 아픔이 저희의 아픔이 되게 하시고, 주님의 사랑을 그들에게 증거 할 수 있게 하여 주옵소서. 지난날의 어두운 삶을 용서하시고, 밝은 마음과 정직한 심령을 주옵소서. 게으른 생활을 용서하시고, 근면한 의지를 심어 주시며, 세속에 물든 습관을 고쳐주옵소서. 하나님의 선하시고 기뻐하시고 온전하신 뜻에 따라 살게 하옵소서.

만군의 하나님은 권능의 하나님이시니, 저희에게 능력을 허락하여 주옵소서. 마귀가 저희를 삼키려고 우는 사자와 같이 덤벼들어도 능히 물리치게 하시고, 그 어떤 어려움이 닥쳐와도 능히 이겨 나갈 수 있는 저희들이 되게 하여 주옵소서. 선한 싸움을 싸우고 달려갈 길을 마치고 승리의 면류관을 받게 하옵소서. 오늘도 말씀을 전하시는 목사님을 성령으로 붙들어 주시고, 저희 모두가 말씀의 신령한 꼴을 먹기에 부족함이 없게 하옵소서.

예수 그리스도의 이름으로 기도 드립니다. 아멘.

심 지가 견고한 자에게 평강으로 지키시는 하나님 아버지! 이 저녁
에 주님의 전으로 모여 귀한 찬송과 영광을 주님께 드립니다.
주님의 사랑이 날마다 차고 넘치게 하시고, 날마다 새 힘을 얻도록 은혜
베풀어 주옵소서.

은혜의 주님! 저희가 영적 성장의 훈련을 게을리 하여 주님의 음성을
듣지 못했고, 주님께 날마다 간구와 기도로 겸손히 고백해야 할 것들을
지나쳤음을 고백하오니 용서하여 주옵소서. 저희가 주님의 부르심에 응
하지 아니하고, 주님이 원하시는 일을 외면한 채 방황한 적이 많았나이
다. 주님 안에 거한다고 하면서도 스스로의 생각을 앞세웠으며, 주님의
뜻을 구하여 알기 전에 제 뜻대로 행동한 어리석은 자들임을 고백합니
다. 이제 돌이켜 후회의 눈물을 흘리는 저희들을 불쌍히 여기시고 용서
하여 주옵소서.

은혜의 주님! 저희 양떼들을 양육하기 위하여 헌신하시는 목사님을 주
님께서 친히 붙들어 주시며, 솔로몬에게 주신 지혜를 더하여 주셔서, 목
사님의 입술을 통하여 나오는 말씀이 능력의 말씀이 되게 하시며, 완악
한 심령이 그 말씀 앞에 엎드러지는 놀라운 역사가 일어나게 하옵소서.
이 시간 드리는 예배를 주님께서 받으시기를 원하오며, 예비 된 하늘의
놀라운 은혜를 체험하게 하여 주옵소서.

우리를 죄악에서 구원하여 주신 예수님의 이름으로 기도 드립니다. 아
멘.

은 혜로우신 주님! 이 저녁에 주님의 전으로 나아오게 하신 은혜를 감사합니다. 저희의 삶에 주님을 향한 감사의 열매가 주렁주렁 맺히도록 하옵소서.

겸손의 주님, 저희들로 하여금 주님의 겸손을 본 받게 하여 주옵소서. 저희가 교만하여 주님의 이름을 더럽히지는 않았는지 저희 자신을 돌아보게 하옵시고, 주님의 겸손을 본받기를 원합니다. 믿음으로 주님을 기다리게 하시며 소망으로 주님을 바라보게 하여 주옵소서. 사랑한다고 말하면서 미워하고, 존경한다고 말하면서 경멸하고, 믿는다고 말하면서 의심하며, 용서한다 하면서도 아직까지 형제의 허물을 기억하는 저희를 용서하여 주옵소서. 이제는 우리 자신을 깨닫게 하여 주옵소서. 누구보다도 자신을 먼저 알게 하시고 주님을 바로 알게 하여 주옵소서.

저희를 구원하시기 위하여 낡고 허름한 말구유에 오신 주님을 늘 생각하며, 이웃을 위하여 진정한 주님의 사랑을 베풀 수 있는 저희가 되게 하여 주옵소서. 겨울이 되면 더욱 추워하는 사람들이 있습니다. 따뜻한 겨울을 보낼 수 있도록 사랑과 온정의 손길이 넘쳐나게 하여 주옵소서.

이 시간 저희를 위하여 말씀을 준비하신 목사님에게 주님의 크신 권능을 더하여 주옵소서.

예수 그리스도의 이름으로 기도 드립니다. 아멘.

존 귀하신 주님! 저희로 주님을 경외하게 하시며, 주님의 말씀으로 세상을 이기게 하신 은혜를 감사합니다. 주님을 찬양하며 주님을 위하여 시간과 예물을 드리게 하시니 감사합니다.

거룩하신 하나님! 저희의 죄악이 크고 중함을 느끼게 하시되, 용서받는 시간이 되게 하옵소서. 악한 때에 악함에 물들어 주님의 빛을 드러내지 못 하였고, 믿지 아니하는 이들과 짝하며 믿음의 길을 잃어버렸습니다. 자비로우시고 은혜로우시며 노하기를 더디 하고, 인자하심이 풍부하신 주님, 저희의 못난 모습을 불쌍히 여기시고 용서하여 주옵소서. 우리의 마음이 깨끗하여져서 구속의 노래를 부르고, 감사 찬미하게 하옵소서.

소망을 잃은 사람들을 불쌍히 여겨 주옵소서. 무엇보다도 구원의 주님을 만남으로 주님을 믿고 의지하여 새 생명과 새 평안을 누리게 하여 주시고, 하늘의 소망을 갖고 사는 복된 삶이 될 수 있도록 이끌어 주옵소서. 저희의 소망이 오직 주님께 있음을 고백하오니, 주님의 뜻이 무엇인지 깨달을 수 있는 귀한 복을 허락하시고, 주님의 선한 사업에 헌신하며 순종할 수 있게 하옵소서.

이 시간 말씀을 통하여 저희에게 향하신 뜻이 무엇인지 알게 하시고, 약하고 상한 심령을 강하게 하시고, 치유하시는 은혜가 있게 하옵소서.

예수 그리스도의 이름으로 기도 드립니다. 아멘.

여호와께 돌아오는 자들의 회복을 약속하시고 보장하시는 신실하신 아버지께 감사와 경배를 올려 드립니다. 믿음으로 드리는 예배를 받으셔서 응답이 있는 시간이 되게 하옵소서.

주님! 저희가 주님의 선하신 계획에 순종하지 않았음을 고백하오니, 저희를 긍휼히 여겨 주옵소서. 저희를 죄에서 건지사 성도로 삼으셨으니, 이후로 저희가 죄와 타협하지 않도록 은총 배풀어 주옵소서.

사랑의 주님! 주님이 가정마다 허락하시는 사랑과 은혜에 감사합니다. 안정되고 평화스러운 가정이 될 수 있도록 축복하여 주옵소서. 가족 중 그 누구라도 질병으로 고생하지 않도록 돌보아 주시고, 다툼이 일어나지 않도록 함께 하시며, 화평이 깨어짐으로 고통스럽지 않도록 인도하여 주옵소서. 계획하는 일마다 평안 가운데서 이루어지게 하시고, 사랑이 넘치는 교제가 활발히 이루어지는 가정들이 되게 하여 주옵소서.

주님의 보혈로 세우신 이 교회가 말씀이 충만한 교회가 되게 하시고, 주님의 사랑을 본받아 사랑이 식어가는 이 세대에 사랑의 빛을 나타내게 하시기를 원합니다. 이 시간 하나님께서 예비하신 하늘의 복을 충만히 내려 주옵소서. 그리하여 우리들의 마음 문을 활짝 열고 하늘의 복을 받는 시간이 되게 하여 주옵소서.

예수 그리스도의 이름으로 기도 드립니다. 아멘.

44

저 희의 예배를 기뻐하시는 하나님! 저희의 찬송과 영광을 영원히 받으옵소서. 저희와 항상 함께 하신 은혜에 감사합니다. 하나님의 은혜로 성소에 있게 하심을 감사합니다.

세상의 고달픔에 지쳐 고단한 심령으로 주님 앞에 나온 저희들에게 위로의 영으로 오시옵소서. 저희 모두 성령 충만한 사람이 되어 불신앙과 육신의 정욕들을 이겨내는 하나님의 능력 있는 자녀로 살아갈 수 있도록 복을 허락하여 주옵소서. 저희가 세상에서 주님의 증인으로 충성되게 하시고, 저희가 주님의 손과 발이 되어 세상을 변화시키는 역사가 일어날 수 있도록 함께 해 주시기를 간구합니다.

예배를 위하여 여러 모로 봉사하는 손길들을 주님이 복 주시고, 날마다 승리하고 형통케 하여 주옵소서. 저희 성가대의 찬양을 받으시고, 하늘 문을 여시고 저희에게 은혜의 단비를 주옵소서. 저희가 더욱 공교히 찬양할 수 있는 은혜를 더하여 주시며, 저희의 헌신으로 하나님의 영광이 드러나게 하여 주옵소서. 특별히 말씀을 전하실 목사님에게 함께 하셔서, 저희에게 주시는 신령한 말씀들이 꿀송이 같은 귀한 생명의 만나가 되게 하여 주옵소서. 저희의 심령을 고치는 말씀이 되게 하여 주옵소서. 저희의 삶의 지표가 되게 하여 주옵소서. 귀한 말씀으로 세상을 이기는 권세를 허락하여 주옵소서.

거룩하신 예수 그리스도의 이름으로 기도 드립니다. 아멘.

때 를 따라 은혜를 주시며, 믿는 자의 주가 되시는 여호와 하나님의 은혜를 감사합니다. 저희들을 눈동자처럼 보호하시다가 또다시 예배로 인도하시니, 은혜가 충만한 시간이 되게 하여 주옵소서.

벌써 한 해를 다 보내는 시점에 섰습니다. 저희가 새해를 시작할 때에 주님 앞에 결단했던 기도의 제목들을 상기하게 하셔서 믿음으로 재도전할 수 있는 담대함을 허락하여 주옵소서. 올해의 남은 날들을 주님의 풍성하신 은혜로 채워주시기를 기도드립니다. 사랑으로 동행하여 주옵소서.

이 시간도 주님 앞에 겸손히 머리 숙여 기도하오니, 저희를 긍휼히 여기시고 육신에 필요한 모든 것들 뿐 아니라 경건 생활에 있어야 할 것도 충만하게 채워주시기를 원합니다. 저희는 주님이 기르시는 양이오니 주 안에서 평강을 얻기를 원합니다. 주님의 평강으로 안위하시고 굳은 마음으로 세워 주옵소서.

은혜의 주님! 이 시간 특별히 간구하옵기는 저희 교회가 복음을 파종하는 일에 힘쓰도록 축복하여 주옵소서. 기도와 구제에도 힘을 써, 머리되시는 주님의 명령에 순종하는 귀한 교회가 될 수 있도록 이끌어 주옵소서. 날마다 믿음의 역사가 나타나고 증거되는 복된 교회가 되게 하여 주옵소서.

예수님 이름으로 기도 드립니다. 아멘.

제 4 부
수요예배
기도문

기도를 항상 힘쓰고 기도에 감사함으로 깨어 있으라 또한 우리를 위하여 기도하되 하나님이 전도할 문을 우리에게 열어 주사 그리스도의 비밀을 말하게 하시기를 구하라 내가 이것을 인하여 매임을 당하였노라(골 4:3)

십자가의 사랑을 보여 주신 주님! 지난 삼일 동안도 주님의 십자가의 은혜 속에서 평안함과 안식을 누리면서 지내다가 이 시간 주님께 예배와 기도의 시간을 주심을 감사드립니다. 저희를 빛과 생명의 자리로 옮기신 주님의 구속의 은혜를 찬양하고 영광 돌리게 하여 주옵소서.

거룩하신 하나님! 하나님의 사랑을 받고 살아가는 저희들이 부끄럽지 아니하도록 가정에서 성실하게 하시고, 사회에서 담대한 성도들이 되게 하여 주옵소서. 하나님이 주시는 귀한 은혜로 세상을 이길 수 있는 복을 허락하여 주옵소서. 또한 저희로 성도의 본분을 잘 감당하게 하시고, 저희의 삶이 하나님께 드려질 수 있도록 인도하여 주옵소서.

사랑의 하나님! 이 예배를 통하여 하나님의 거룩한 뜻을 온전히 깨닫는 시간이 되게 하여 주시고, 성령님께서 저들의 마음과 뜻을 온전히 주장하사 아버지만을 향하게 하여 주옵소서. 저희의 마음을 정결하게 하셔서 하나님을 뵐 수 있는 복을 허락하여 주옵소서. 하나님께 기도드릴 때에 하나님 귀 기울여 들어주시고 응답하여 주옵소서. 놀라운 하나님의 사랑을 체험할 수 있는 귀한 믿음을 허락하여 주옵소서.

오늘도 생명의 말씀을 전하시는 목사님을 붙들어 주옵소서. 구원의 복음을 힘 있게 선포하실 수 있도록 이끌어 주옵소서.

예수 그리스도의 이름으로 기도 드립니다. 아멘.

할렐루야! 구하는 자에게 응답하시며 모든 두려움에서 건지시는 하나님의 크신 은혜를 찬양합니다. 이 시간 은혜 충만하게 하옵소서. 곤고한 자들이 부르짖을 때마다 들어주시며, 환란을 만난 자들에게 구원자가 되신다고 하셨으니, 위로와 응답으로 임하옵소서.

삼 일 동안의 허물과 죄악을 고백하오니 용서하여 주옵소서. 혀를 악에서 금하게 하옵소서. 입술을 궤사한 말에서 금하게 하옵소서. 악을 버리고 선을 행하게 하여 주시고, 화평을 찾아 따르게 하여 주옵소서. 여호와의 눈은 의인을 향하는 줄 믿습니다. 마음이 상한 자에게 가까이 하시는 줄 믿습니다. 중심에 통회하는 자를 구원하시는 줄 믿습니다. 저희들에게 은혜를 주시어 의인의 반열에 서게 하여 주옵소서.

은혜와 진리가 충만하신 하나님! 웃는 자와 함께 기뻐하게 하시며, 우는 자들과 함께 슬퍼하게 하여 주옵소서. 조롱하는 자를 용서하며, 비방하는 자에게 인내하게 하여 주옵소서. 선으로 악을 이기게 하시고, 사랑으로 미움을 극복하게 하옵소서. 억울한 순간들마다 십자가 달리신 예수님을 바라보게 하옵소서.

사랑하는 성도들을 사단의 시험에 빠지지 않게 하시고, 사람의 유혹에 넘어가지 않도록 지켜 주옵소서. 상한 심령마다 생수 같은 말씀으로 위로 받게 하옵소서.

예수 그리스도의 이름으로 기도 드립니다. 아멘

3

은 혜의 하나님! 분주한 세상 소리에 주님의 음성을 듣지 못했고 화려한 세상의 환경에 영의 눈이 어두웠습니다. 이 시간 주님께 왔사오니 몸도 마음도 영혼도 씻어 주옵소서. 지금 드리는 예배가 습관과 형식에서 벗어나 신령과 진정으로 드리는 영적인 예배가 될 수 있도록 도와주옵소서.

존귀하신 주님! 저희를 존귀하신 주님의 자녀로 삼아 주님의 전으로 불러 주신 은혜에 감사하는 심정으로 저희의 이웃들을 돌아 볼 수 있는 믿음을 허락하여 주옵소서. 저희의 삶이 주님께 드려지는 예배가 되게 하여 주옵소서. 저희의 모난 성품을 변화시키시고 저희의 마음에 주님의 사랑이 넘쳐나도록 축복하여 주옵소서. 또한 이 세대에 진리를 찾고자 안타까워하는 심령들을 주님께로 인도할 수 있도록 지혜를 더하여 주옵소서. 저희의 입술이 주님의 사랑을 증거하기를 원하오니 주장하여 주옵소서. 저희의 발길이 닿는 그 어디에서나 주님의 복음을 증거 할 수 있도록 축복하여 주옵소서.

이 시간 주님의 사랑의 말씀을 전하시는 목사님을 기억하사 성령의 권능으로 인도하시고 저희에게 귀한 말씀이 들려질 때마다 성령님께서 저희와 동행하시고 저희의 삶에 친히 간섭하심을 체험하는 귀한 시간이 되게 하시며, 믿음의 좋은 씨앗이 될 수 있도록 축복으로 함께 하여 주옵소서.

예수 그리스도의 이름으로 기도 드립니다. 아멘

사 랑의 하나님! 이 귀한 시간에 하나님의 전에 나와 하나님을 찬양하고 기도할 수 있는 자리로 이끌어 주신 은혜에 감사합니다. 저희의 기도에 응답하여 주옵소서.

산 소망이 되신 주님. 저희가 주님을 경외함으로 세상을 이길 수 있는 귀한 복을 허락하여 주옵소서. 오직 주님만이 나의 산성이시오 저희를 구원하실 분이심을 고백하오니, 저희를 지켜 주옵소서. 저희의 삶을 주님께 맡기며, 저희의 미래 또한 희망과 확신으로 가득 찰 수 있도록 축복하여 주옵소서.

기쁨의 근원이 되시는 하나님! 저희에게 주님을 알게 하신 은혜를 감사합니다. 저희에게 주님을 찬양하게 하심을 감사합니다.

저희에게 주님을 사랑하게 하심을 감사합니다. 저희를 주님의 권위에 순종할 수 있는 귀한 믿음을 더하여 주옵소서. 저희로 주님만을 사모하며 주님만을 찬양할 수 있는 귀한 복을 허락하여 주옵소서.

거룩하신 주님! 저희가 주님이 주시는 귀한 기쁨을 믿지 않는 영혼들과 나눌 수 있는 기회를 허락하심으로 주님의 나라가 더욱 확장될 수 있는 복을 허락하여 주옵소서. 저희에게 오신 기쁨의 주님을 증거 할 때마다 성령의 역사하심으로 동행하여 주시기를 간구합니다.

우리의 삶을 주님께서 친히 주장하시기를 간구하며, 거룩하신 예수 그리스도의 이름으로 기도 드립니다. 아멘.

할렐루야! 거룩하신 하나님. 이 시간 저희의 모임에 성령을 허락하사 성결하게 하여 주옵소서. 낮은 자를 돌아보시는 주님. 저희가 회개하는 마음으로 기도하오니 용서하여 주시고, 은혜를 사모하게 하여 주옵소서. 겸손히 구하오니 저희에게 필요한 지혜와 힘과 권능을 은사로 내려 주옵소서.

소망이 되시는 주님! 주님께서 친히 만드신 가정마다 지켜 주셔서, 이 혼란스럽고 앞길을 분별하기 어려운 시대 속에서도 평안을 잃지 않게 하시고 희망을 포기하지 않도록 인도하여 주시기를 원합니다. 경제 침체로 인하여 심한 슬픔 속에 빠져있는 심령들을 주님의 은혜로 건져 주시고, 가뭄에 단비가 내리듯이 주님의 자비와 은총으로 봄날의 아름다운 꽃과 같이 생기가 가득한 사회가 되게 하여 주옵소서.

우리 교회로 하여금 이 땅의 피곤한 인생들에게 위로와 치유를 베푸는 소금과 빛의 역할을 감당하게 하시고, 교회의 지체된 저희가 바른 신앙, 성령의 능력으로 무장하여 가뭄으로 타들어 가는 영혼의 밭에 해갈의 기쁨을 주는 단비가 되게 하여 주옵소서.

말씀을 증거하실 목사님 위에도 성령의 단비를 내리사 주님의 말씀으로 해갈되어지는 역사가 일어나게 하옵소서. 주님께 몸을 드려 헌신하는 모든 이들의 수고가 주안에서 헛되지 아니하고, 주님의 향기가 나타나게 하옵소서.

예수 그리스도의 이름으로 기도 드립니다. 아멘.

용서의 하나님! 지난 삼일간도 주님의 도우심 아래 안전하게 지내다가 주님의 전으로 불러주신 은혜에 감사합니다.

저희가 이 세상을 살아가는 동안에 시험과 환란 중에 주님을 망각하는 일이 없도록 도와주시고, 영적으로 건강하게 하여 주시고 육체적인 건강이 전부가 아님을 깨닫게 하여 주옵소서. 또한 물질의 축복이 전부가 아님을 깨닫게 하여 주옵소서. 믿음으로 부요케 하여 주시고, 주님을 아는 지식으로 충만하게 하여 주셔서 지혜롭고 겸손하게 하시고, 높아질수록 낮아지고, 가질수록 사랑을 베풀 수 있는 저희가 되게 하여 주옵소서.

세상이 어둡다고 탓하지 않게 하시고, 세상의 죄악과 부딪치는 어려움으로 하나님을 원망하지 않게 하여 주옵소서. 섬기는 본분을 지키게 하시고 성도다운 삶의 자세로 저희의 자리를 지키게 하여 주옵소서. 저희의 의지와 노력으로 고쳐지지 않는 성품이 변화되기를 원하오니 성령으로 변화시켜 주옵소서.

이 험한 세상에 주님의 지체된 저희 교회들이 복음의 증인으로서의 역할을 감당할 수 있도록 하시고, 저희가 믿음의 본을 보임으로 처음 믿는 지체부터 정체되어 있는 지체까지 주님의 은혜를 사모하며 찬양할 수 있도록 은혜를 주옵소서. 오직 주 여호와를 앙망하는 자 새 힘을 얻으리니 독수리의 날개 치며 올라감 같을 것이라 하셨으니, 여호와 주 하나님을 앙망하는 은혜를 날마다 더하여 주옵소서.

거룩하신 예수 그리스도의 이름으로 기도 드립니다. 아멘.

7

소 망을 주시는 하나님! 아버지의 사랑과 은혜로 인하여 영광과 감사를 돌립니다. 죄에서 치유하는 그리스도의 능력 안에서 새로운 피조물이 되게 하시며, 성령의 인도하심을 따라 날마다 사명을 감당하는 저희들이 되게 하여 주옵소서.

사랑이 많으신 하나님! 지난 삼일 간 마음과 뜻을 다하여 주님을 섬기지 못했음을 고백합니다. 주님께서 저희를 사랑하신 것 같이 서로 사랑하지 못했던 것을 고백합니다. 주님의 생명이 저희 영혼에 내재하지만 저희 욕망이 주님의 뜻을 거슬렀습니다. 저희를 긍휼히 여기시고 용서하여 주옵소서.

은혜로우신 주님! 오늘도 이 전에 나와서 주님 앞에 예배드리기를 원하는 저희들 가운데 삶에 지치고 시달린 심령도 있을 줄 압니다. 원치 않는 질병으로 인하여 고통에 신음하는 심령들이 있는 줄도 압니다. 힘든 일이나 직장생활로 힘겨워하는 심령들도 있을 줄로 압니다. 여러 모양으로 고달픈 삶을 살고 있는 저들의 심령을 든든한 믿음으로 함께 하여 주옵소서.

육신이 지치고 피곤하여 신앙생활에 게을러지기 쉽사오니 더욱 열심 있는 신앙생활이 이루어질 수 있도록 복 주옵소서. 성도의 귀한 본을 보이게 하시고, 저희들의 삶이 주님께 드려지는 귀한 예배가 되게 하여 주옵소서. 저희로 하나님의 선한 계획에 쓰임 받을 수 있도록 도와 주옵소서.

예수 그리스도의 이름으로 기도 드립니다. 아멘.

우 리의 힘이 되신 여호와여 우리들이 주를 사랑하나이다. 이 저녁 에 저희의 발걸음을 주님의 교회로 인도하여 주심을 감사드립니다. 죄 많은 세상에서 주님을 잃어 지치고 힘들었던 영혼이 주님께 나아왔사오니 저희를 품에 안아 주옵소서.

빈자리가 많이 있사오니 저들의 영혼을 주님 친히 인도하사 주님의 전으로 발걸음을 재촉하여 주옵소서. 저들이 어디에 있든지 이 자리를 기억하게 하시고 주님께 나아오는 것을 즐거워 할 수 있는 귀한 믿음을 더하여 주옵소서. 강함과 용기를 잃지 않게 하셔서, 늘 주님을 신뢰하는 복된 삶을 살아갈 수 있도록 하여 주옵소서. 말씀 듣기를 사모하는 심정으로 주님의 전으로 달려 나온 저희들에게 이 시간도 은혜 충만히 채워 주옵소서.

저희들에게 세상이 알지 못하는 신령한 은혜를 채워주시고, 저희들로 인하여 주님의 교회가 든든히 서가고, 역사를 이끌 수 있는 도구로 사용하시기를 원합니다. 오늘도 주님의 말씀이 선포되어질 때 심령들이 변화되기를 원하오니, 주님의 말씀을 확실하게 깨닫는 시간이 되게 하옵소서. 말씀을 전하시는 목사님도 능력 있도록 성령으로 인도하시고, 열매 맺는 말씀이 될 수 있도록 권세를 더하여 주옵소서.

예수 그리스도의 이름으로 기도 드립니다. 아멘.

9

은혜가 충만하신 하나님! 저희의 삶을 인도하시고 지켜주시니 감사와 영광을 돌립니다. 저희의 찬송과 기도를 받으시고 저희가 드리는 예배가 하나님께는 영광이 되고, 저희 모두에게는 은혜가 되게 하옵소서.

평안의 주님! 저희는 오늘도 갈등과 불안과 염려 속에서 한시도 벗어날 수 없는 채로 주님 앞에 섰습니다. 저희의 작은 일에서부터 큰일에 이르기까지 그 모두를 주님께 맡기오니 선한 길로 인도하여 주옵소서.

긍휼의 하나님! 오늘도 복된 이 자리에 미참한 성도들이 있습니다. 저희를 긍휼히 여겨 주옵소서. 어려운 때일수록 세상의 지혜나 처세술을 따라 분주히 움직이는 성도들이 되지 않게 하시고, 주님께 간구하고 기도하는 일에 열정을 쏟음으로써 주님의 음성을 듣기에 즐겨하는 성도들이 되게 하여 주옵소서.

주님께서 세우신 일꾼들을 기억하시고, 자칫 열심이 식어지기 쉬운 이 때에 넘어지는 믿음이 되지 않게 하시고 더욱 분발하여 주님의 상급을 바라보고 헌신과 충성을 다하는 복된 신앙이 될 수 있도록 함께 하옵소서.

이 시간도 말씀을 전하실 목사님을 주님의 권능의 오른팔로 붙잡아 주셔서 능력의 말씀으로 인도하여 주옵소서. 이 시간 주의 진리로 가득 넘치는 시간이 되게 하여 주옵소서.

예수 그리스도의 이름으로 기도 드립니다. 아멘.

죽 을 수밖에 없는 저희를 살리신 은혜로우신 하나님, 오늘 이 기도회를 통하여 우리의 영혼이 고침을 받고 소생되며 능력 받는 시간이 되게 하여 주옵소서. 그 피가 마음속에 큰 증거가 되게 하옵소서. 하나님과 교통하는 시간이 되게 하여 주옵소서.

저희의 지난날의 상처들은 보혈의 능력으로 해결 받게 하옵소서. 세상에 마음이 흔들릴 때도 있었고 주님의 기대대로 살지도 못했습니다. 하나님이 부여하신 사명에 최선을 다하지 못했습니다. 땅에 떨어지는 한 알의 밀알이 되지 못했습니다. 저희에게 주님의 거룩한 백성으로서의 삶을 살아갈 수 있도록 도와주시기를 원합니다.

주님의 일을 귀하게 여기며, 주님의 일로 최선을 다하는 충성스러운 성도들이 되게 하여 주옵소서. 주님 앞에 충성하는 귀한 일꾼이 되게 하여 주옵소서.

진리가 되시는 주여! 죄악과 물질의 노예로 병들어 가는 이 사회를 구하여 주시기를 원합니다. 정치, 경제, 사회, 문화 전반에 걸쳐 부정과 부패의 골이 깊어가고만 있습니다. 힘과 돈만 의지하지 않게 하시고, 정의 사회가 구현되며 복지국가가 건설되게 하여 주옵소서.

말씀을 전하시는 주의 사자를 기억하시어 하나님의 음성을 대언하실 때 주님이 붙들어 주시고, 불의 혀같이 갈라지는 능력의 말씀이 되게 하옵소서.

예수님의 이름으로 기도 드립니다. 아멘.

능력의 주님! 저희를 죄악에서 구원하사 하나님을 예배하며 찬양할 수 있도록 인도하여 주심을 감사드립니다.

저희의 연약함을 잘 아시는 주님께서 저희의 모든 것을 주관하여 주시고, 저희가 연약함으로 인하여 범죄치 않도록 하시고, 저희의 이기적인 마음과 교만함으로 저희의 이웃에게 상처를 주지 않도록 저희의 삶을 주장하여 주옵소서. 주님의 주권을 인정하여 온전히 주님만을 의지하는 저희가 되게 하여 주옵소서.

사랑의 주님! 저희로 하여금 주님의 성품을 닮아 사랑하게 하옵소서. 저희의 이웃들에게 주님의 자녀로서의 도리를 다하게 하옵소서. 날마다 주님을 닮게 하여 주시기를 원합니다. 날마다 저희 가운데 성령의 열매가 맺혀지게 하여 주옵소서. 순종하게 하시며 친절하게 하시며, 봉사하게 하시며, 주님의 자녀로 부족함이 없게 하여 주옵소서. 십자가에서 고난을 받으사 저희가 구속을 받았사오니 저희가 저희의 삶 속에서 복음을 전하게 하옵소서.

저희를 구원하신 주님! 이 시간 삶의 어려운 문제들을 가지고 주님의 전으로 나아온 성도들이 있는 줄로 압니다. 저희의 기도를 들어 응답해 주옵소서. 저희의 문제를 주님 친히 안으사 저들을 자유케 하시기를 원합니다. 이 시간 기도하는 모든 심령들 위에 주님 친히 강림하사 저 심령들이 주님의 은혜를 충만히 입어 새 힘으로 세상을 이길 수 있도록 복 내려 주옵소서.

예수님의 이름으로 기도 드립니다. 아멘.

거룩하신 하나님! 이 시간 저희가 삼일 기도회로 모였사오니 저희에게 주님의 은혜를 충만히 내려 주시기를 간구합니다.

용서의 하나님! 그러나 저희가 온전히 주님의 뜻대로 살지 못하였음을 고백하오니 용서하여 주옵소서. 주님의 사랑으로 세상을 이길 수 있도록 은혜를 더하여 주옵소서. 온전히 주님을 의지할 수 있도록 복 내려 주옵소서.

교회를 사랑하시는 주여! 이 땅 위에 흩어진 많은 주님의 교회들을 위해서 기도드립니다. 교회가 성장해 감에 따라 주님의 나라가 이 땅 위에 확장되어 질 수 있도록 은혜를 더하여 주옵소서. 저희가 주님 나라의 증인이 될 수 있게 하시고, 저희의 모든 것을 주님 나라의 확장을 위해 드려질 수 있도록 하여 주옵소서.

저희를 섬김의 종으로 삼아 주신 은혜를 감사합니다. 저희의 기도를 들어 응답해 주시고 죄악으로 인하여 시들어 버린 주님과의 관계가 다시금 향기 나는 꽃으로 피어 새로운 기쁨이 넘치는 귀한 시간이 되도록 축복하여 주옵소서.

말씀 전하시는 목사님 위에도 함께 하시고 저희에게 주님의 말씀을 전하실 때에 은혜 충만하도록 하여 주옵소서. 저희의 예배와 기도를 기쁘게 받으시며, 하늘 문을 여시고 주님의 은혜를 부어 주옵소서.

예수 그리스도의 이름으로 기도 드립니다. 아멘.

공의로우신 하나님! 저희에게 아름다운 가을 하늘과 수확의 기쁨을 허락하신 주님의 사랑에 감사합니다. 주님이 기뻐하시는 영적인 열매를 더욱 알차게 맺을 수 있는 저희들이 되게 하여 주옵소서.

저희에게 평안과 기쁨을 주신 하나님! 자신의 너무도 많은 욕구와 만족만을 위해 살아가고 있는 저희들임을 발견합니다. 참되고 온유하고 겸손하게 살도록 가르쳐 주신 주님의 진리를 외면한 결과, 저희의 영혼은 날로 그 빛을 잃고, 방황의 길에 빠져서 갈팡질팡하는 삶을 살았나이다. 주님의 보혈로 저희의 죄를 씻어 주시고, 귀한 말씀 속에서 새 생명을 얻게 하옵소서.

사랑의 주님! 시대의 어려움을 아시는 아버지께 간구하오니, 어려울 때일수록 하나님을 붙들게 도와주시고, 인간의 한계가 주의 시작임을 인정할 수 있는 믿음을 주옵소서. 어둡고 혼탁한 세상에 타협하지 않게 하시고, 절대 믿음으로 하나님을 바라볼 수 있게 하여 주옵소서. 적당주의와 형식주의를 버리고, 사실적이고 역동적인 믿음을 주옵소서. 어느 때보다 세상에 그리스도의 진리가 필요하오니, 저희를 복음의 증인들이 되게 하옵소서. 저희의 입술이 주님 나라의 기쁨을 전하는 거룩한 입술이 되게 하시고, 주님의 증인으로 땅 끝까지 이르러 복음을 전하는 입술이 되게 하여 주옵소서.

주님 홀로 영광 받으시기를 원하오며, 거룩하신 예수 그리스도의 이름으로 기도 드립니다. 아멘.

창 조주 하나님! 하나님의 형상대로 지음을 받은 피조물들이 이곳에 모여 창조의 위대하심과 섭리를 찬송합니다. 저희들을 받아 주옵소서.

은혜의 하나님! 저희에게 믿음의 눈을 뜨게 하셔서 저희의 삶을 돌아보게 하시고, 헛되고 잘못된 것들을 진실하게 주님 앞에 고백하게 하여 주옵소서. 주님의 은혜로 하나님의 사랑을 늘 증거 하게 하시고, 저희의 믿음이 더욱 신실하게 하셔서 세상에서 빛과 소금의 역할을 감당하게 하여 주옵소서. 주님의 거룩하심을 나타내는 십자가의 군병이 될 수 있도록 은혜로 더하여 주옵소서.

거룩하신 하나님! 이 시간 주님의 거룩하심으로 저희가 주님의 몸 된 교회를 위하여 헌신하도록 축복하여 주옵소서. 주님의 신부인 저희들이 주님의 몸 된 교회를 위하여 헌신하는 것이 큰 기쁨임을 깨닫게 하옵소서. 저희를 통하여 주님의 향기가 발하게 하시고, 주님의 사랑을 세상에 널리 전할 수 있도록 저희에게 복 주옵소서. 저희에게 더욱 큰 사명을 허락하시기 전에 작은 일에 순종하는 것을 알게 하시고, 작은 순종일지라도 하나님의 은혜를 체험하는 귀한 순종이 되도록 은혜를 더하여 주옵소서.

이 시간 선포되어지는 말씀으로 저희가 거듭나게 하시고, 주님의 크신 은혜가 풍성하게 저희에게 임하시기를 원하오며, 거룩하신 예수 그리스도의 이름으로 기도 드립니다. 아멘.

15

지난 삼일동안도 보호하시고 지켜주시며 인도하신 하나님께 감사와 찬양을 돌립니다. 이 시간 저희의 마음 문을 활짝 열게 하시고, 하늘의 복을 받는 시간이 되게 하여 주옵소서.

주님의 은총 속에 살면서도 저희는 삶이 늘 괴롭고 힘들다고 불평만 했습니다. 주님의 보혈로 정케 하셔서 용서받은 기쁨으로 주님께서 원하시는 길을 걷게 하옵소서. 세상을 이길 지혜와 능력을 내려 주옵소서.

또한 아버지! 주님의 피로 값 주고 세우신 이 교회가 말씀이 충만한 교회가 되게 하시고, 주님의 사랑을 본 받아 사랑이 식어가는 이 세대에 사랑의 빛을 나타내게 하옵소서. 은혜 충만 말씀 충만 성령 충만한 교회가 되게 하시고, 저희 모두에게 성령의 충만함을 주셔서 죄악으로 병든 세상에 주님의 복음을 전하여 세상을 정결하고 깨끗하게 변화시키는 귀한 직분을 감당하도록 인도하여 주옵소서. 한 알의 밀 알이 되어서 세상에 구원의 소식을 전하고 만인에게 구원의 기쁨을 가져다주는 놀라운 역사를 이루게 하여 주옵소서.

이 시간 목사님의 입술을 통해 나오는 말씀을 듣는 저희에게 감동을 주시고, 믿음이 약한 심령에게 확고한 믿음과, 시험 중에 있는 심령에게 승리의 확신을 주셔서 더욱더 굳건한 믿음으로 무장할 수 있도록 도와 주옵소서.

예수님의 이름으로 기도 드립니다. 아멘

16

저 희들과 함께 하시는 주님! 지난 삼일동안도 저희들을 은혜의 빛으로 인도하여 주시다가 주님의 전으로 다시 불러주셔서 주님과 대면할 수 있게 하시고 기도로 교제할 수 있도록 이끌어 주시니 감사합니다.

용서의 하나님! 성령의 인도함 속에서도 쾌락을 사랑하기를 즐겨하며, 이생의 안목과 정욕을 좇아 살기를 즐겨했던 저희들을 긍휼히 여겨 주시고 용서하여 주시기를 원합니다. 더 이상 성령을 탄식하게 하는 죄악된 일들을 하지 않도록 저희들의 심령을 성령의 능력으로 사로잡아 주시고, 경건하고 거룩한 삶을 살아갈 수 있게 하여 주옵소서.

은혜의 하나님! 이 시간도 주님의 전을 찾아 나온 성도들 중에 육신의 연약함, 질병의 무거운 짐을 지고 있는 성도가 있습니까? 주님께 간절한 마음으로 부르짖을 때 신음과 고통이 사라지고, 회복되고 치료되는 주님의 은총이 있게 하옵소서. 상한 심령가지고 나온 심령들이 기도하는 가운데 주님의 위로하심과 격려하심 속에서 새로워지고 온전케 되는 역사가 있게 하옵소서.

이 시간도 주님의 몸 된 교회를 위하여 충성하는 이들을 통해서 주님의 나라가 확장되며, 복음이 전파되고, 교회가 든든히 서 갈 수 있도록 하옵소서.

예수 그리스도의 이름으로 기도 드립니다. 아멘.

은혜의 주 하나님! 지난 삼일동안도 주님의 보호하심 아래 평안을 맛보며 새 힘을 얻어 주님의 전으로 나아왔사오니 감사합니다. 신령과 진정으로 감사하고 찬양의 예배를 드리게 하옵소서.

믿음이 없어 세상을 바라보며 소망을 잃어 가는 저희들에게 소망을 갖게 하여 주옵소서. 세상의 헛된 유혹에 넘어가지 않게 하시고, 모든 일들이 주님의 주권아래 있음을 알게 하여 주옵소서. 이생의 안목과 육신의 정욕을 충족하는 데 허비하지 말게 하시고, 이제껏 맺지 못한 성령의 열매를 풍성히 맺는 기간이 되게 하여 주옵소서.

오늘도 탄식하는 세상을 봅니다. 도움을 구할 수 있는 대상을 몰라 더욱 방황하는 저들을 불쌍히 여기고 긍휼히 여기사 주님을 바라볼 수 있는 눈을 열어 주옵소서. 이 어렵고 힘든 때에 지친 삶을 도우실 분은 주님 밖에 없음을 깨닫게 하옵소서. 방황하는 이 세대를 위하여 소망의 등대가 되는 교회가 되게 하여 주옵소서. 저희들 또한 주님의 자녀로서 빛을 발하게 하심으로, 어려운 이웃들에게 주님의 소망을 나누어 줄 수 있도록 축복하여 주옵소서.

오늘도 말씀을 대언하시는 목사님에게 능력을 더하여 주시고, 은혜로우신 말씀을 듣게 하여 주옵소서.

소원의 항구로 인도하시는 예수 그리스도의 이름으로 기도 드립니다. 아멘.

성도의 길을 평탄케 하시는 하나님! 한 해를 지켜 주신 은혜를 감사합니다. 주님의 은혜로 올해도 이제 한 달밖에는 남지 않았습니다. 이 한 달을 주님의 영광을 위하여 헌신하도록 인도하여 주옵소서.

저희의 연약함으로 지은 죄들과 저희의 교만함으로 지은 죄들과 저희의 게으름으로 지은 죄들을 모두 용서하여 주옵소서. 주님의 은혜를 구하오니 저희의 기도를 들어 응답하옵소서.

사랑의 하나님! 저희에게 주님의 사랑을 전할 수 있는 손길을 허락하여 주시고, 저희가 주님의 성도의 본분을 잘 감당하도록 은총을 허락하여 주옵소서. 주님의 사랑을 모르는 많은 이웃들에게 주님의 긍휼하심과 사랑과 대속적 은혜의 복음을 전할 수 있도록 저희의 입술과 손과 발을 주장하여 주옵소서.

은혜의 하나님! 이 시간 저희 양떼들을 양육하시기 위해 애쓰시는 목사님을 주님께서 친히 붙들어 주셔서 솔로몬에게 주신 지혜를 더하여 주시고, 목사님의 입술을 통하여 나오는 말씀이 능력의 말씀이 되게 하시고, 완악한 저희의 심령이 그 앞에 엎드려 지는 놀라운 역사가 일어나게 하옵소서.

이 시간 예배를 통하여 새롭게 결단함으로 한 해를 잘 마무리하는 귀한 시간이 되게 하시고, 주님의 사랑을 온전히 받아 전 할 수 있도록 인도하여 주옵소서.

예수 그리스도의 이름으로 기도 드립니다. 아멘.

사 랑의 아버지 하나님, 주님의 은혜와 사랑을 감사합니다. 수요 저녁 예배로 모였사오니 큰 은혜를 주시고, 저희의 허물을 용서하시며, 죄의 문제가 해결되게 하시고, 기도 제목이 응답 받는 시간이 되게 하여 주옵소서.

교회를 통하여 역사 하시는 주님! 이 지역의 복음화와 주님을 기쁘게 하시기 위하여 이곳에 교회를 세우셨으니, 저희가 진리의 파수꾼이 되게 하시고, 사회의 소금과 빛의 역할을 다 할 수 있도록 축복하옵소서.

거룩하신 하나님! 이제 성탄절을 눈앞에 두고 있습니다. 저희에게 찾아오신 하나님의 사랑, 저희를 대신하여 죄 값을 지불하신 그리스도의 피 묻은 십자가를 기억하게 하여 주옵소서. 겨울 추위가 계속되고 있습니다. 육신적으로도 준비 없는 겨울이 더욱 추울 수밖에 없듯이, 겨울을 준비하듯이 믿음을 굳게 하셔서 감사와 기쁨을 잃지 않는 복된 삶이 되게 하여 주옵소서.

예배를 통하여 증거되는 하나님의 말씀을 듣게 하시니 감사합니다. 오늘의 말씀을 통하여 깨달음과 큰 은혜를 받게 하여 주옵소서. 말씀 속에 우리 자신을 발견하게 하시고, 주의 뜻을 깨달아 하나님께 영광을 돌리는 삶이 되게 하여 주옵소서.

예수 그리스도의 이름으로 기도 드립니다. 아멘.

진실로 다시 너희에게 이르노니 너희 중에 두 사람이 땅에서
합심하여 무엇이든지 구하면 하늘에 계신 내 아버지께서 저희를
위하여 이루게 하시리라(마 18:19)

제5부
주제별 기도문

너희가 내 이름으로 무엇을 구하든지
내가 행하리니 이는 아버지로 하여금
아들로 말미암아 영광을 받으시게 하려 함이라
내 이름으로 무엇이든지 내게 구하면 내가 행하리라
(요한복음 14:13~14)

화평을 구하는 기도

우리의 목자가 되신 주님. 저희들을 광야와 같은 세상에 버려두지 않으시려고 주님의 푸른 초장으로 인도하시니 감사합니다. 하나님의 말씀을 받을 때마다 꿀과 송이 꿀보다 더 단 말씀임을 체험하도록 하옵소서. 말씀이 갈급하여 모인 저희들에게 신령한 말씀의 은혜를 허락하셔서 믿음의 양식이 되게 하옵소서. 인간의 의지와 노력으로 실패했던 은혜의 생활이 하나님의 도우심으로 다시 회복되는 시간이 되게 하옵소서.

우리의 싸움은 혈과 육에 대한 것이 아니요, 하늘에 있는 악의 영들과 어두움의 세력들임을 알면서도 혈기로 말미암아 마음을 지키지 못하여 늘 넘어지고 있습니다. 우리의 씨름의 대상을 바로 깨달을 수 있는 은혜를 주시며, 눈에 보이는 것 때문에 감추어져 있는 영적인 보화들을 잃어버리지 않도록 축복하여 주옵소서.

하나님이 저희에게 허락하신 은혜의 풍성함을 알고도 기도하기보다는 우리의 생각이 앞섰고, 사랑하기보다는 판단하며, 전도하기보다 정죄했던 저희들을 용서하여 주옵소서. 저희의 신앙이 세상 권세에 위축되지 않도록 도우시며, 세상을 변화시키는 능력 있는 그리스도의 종들이 되게 하옵소서.

교만한 자를 물리치시며 상한 심령을 받으시는 주여! 이 시간 상처 입은 심령들이 치유되기를 원하오니 위로의 말씀을 주옵소서. 권능 있는 말씀을 주옵소서. 하나님이 다스리시는 살아있는 말씀을 허락하여 주옵소서. 저희가 선교의 도구가 되기를 원합니다. 화평의 도구가 되기를 원합니다. 저희들이 가는 곳마다 그리스도의 빛이 드러나게 하옵소서.

예배 중심이며 하나님 중심의 삶을 살아가도록 인도하여 주옵소서. 공예배에 승리함으로 생활예배에도 승리케 하옵소서. 오늘 예배를 통하여 기도하는 성도들의 소원이 이루어지게 하시고, 주의 사랑의 음성으로 충만케 되어 돌아가도록 복 내려 주옵소서. 저희들의 귀가 복된 귀가 되게 하셔서 언제나 말씀을 들을 때마다 깨닫게 하여 주시고, 말씀을 행하는 믿음의 사람이 되게 하여 주옵소서.

예배의 시종을 주님께 의탁하옵고, 예수 그리스도의 이름으로 기도 드립니다. 아멘.

> 무릎을 꿇은 그리스도인은 발돋움을 한
> 천문학자 보다 더 멀리 본다.
> 토플레디(Augustus Toplady)

영혼 구원을 위한 기도

사 랑과 은혜가 충만하신 하나님! 저희에게 주님을 경외하며 주님을 찬양할 수 있게 하심을 감사합니다. 사랑이 충만하신 하나님 아버지. 저희의 연약함으로 하나님을 원망한 죄를 용서하시고, 공의의 주님을 기억하게 하옵소서.

저희의 고난으로 주님을 부인했던 죄를 용서하시고 저희를 위한 주님의 고난을 기억하게 하셔서 고난을 주님의 사랑으로 이겨낼 수 있는 믿음을 더하여 주옵소서. 돌아보면 하나님의 은혜요 사랑이었던 것을 기억합니다. 저희에게 건강이 있게 하시고, 생명이 있게 하심으로 오늘도 주님께 나왔사오니 받아주옵소서.

죽어 가는 영혼들을 사랑하셔서 이곳에 교회를 세우심을 인하여 또한 감사하오니, 교회에 속하여 있는 저희 모두가 오직 하나님의 영광을 위하여 삶을 영위하게 하시고, 저희에게 주님 빛과 사랑을 실천할 수 있는 지혜를 주옵소서. 저희가 하나님의 자녀로 세상에서 성별 되어 승리할 수 있도록 믿음을 주옵소서.

저희 교회로 인하여 고난 중에 있던 사람이 평안을 얻게 하시고, 고통 중에 있던 영혼이 놓임을 받을 수 있는 거룩한 성소가 되게 하여 주옵소서. 또한 아버지 저희들의 이웃을 위하여 기도하오니, 주님의 보혈을 의지하여 그들의 영혼을 위하여 기도할 수 있는 저희가 되게 하시며, 저희의 사랑 없음으로 인하여 그들을 고난 중에 두지 마시고, 주님의 사랑을 실천할 수 있는 믿음을 더하여 주옵소서.

우리의 이웃과 믿지 않는 가족을 위하여 간구하오니, 그들의 영혼을 불쌍히 여기사 죄악 가운데서 해방 될 수 있는 은혜를 허락하여 주옵소서. 저희가 그들에게 주님의 사랑을 실천함으로 전도의 문이 열리게 하시고, 저희들의 선한 행실이 복음을 심는 일에 유익 되도록 축복하옵소서.

오늘 예배를 통하여 설교하실 목사님을 위해 기도하오니, 성령과 진리로 충만케 하시어 영감 있는 말씀을 증거하게 하시고, 들을 때 마음이 뜨거워지는 역사가 있게 하옵소서.

예수 그리스도의 이름으로 기도 드립니다. 아멘.

> 싸움터에 나갈 때는 한 번 기도하라.
> 바다에 나갈 때는 두 번 기도하라.
> 그리고 결혼할 때는 3 번 기도하라.
> 러시아 격언

소통과 응답이 있는 파워 대표기도

봉사와 헌신을 위한 기도

여호와 닛시! 승리케 하시는 하나님 아버지! 지난 한 주간 동안도 하나님의 섭리 가운데 거하게 하시며, 저희로 하나님의 권능을 힘입어 승리하게 하시다가 주의 전에서 거룩한 예배를 드리게 하심을 감사합니다. 신령과 진정의 예배가 되도록 도우시며, 응답이 있는 예배가 되게 하옵소서.

이 시간 드리는 찬양에 하나님의 영광이 나타나게 하시며, 저희들의 기도를 통하여 하나님의 뜻이 더 빨리 이루어지기를 원합니다. 우리의 입술에 감사가 넘치게 하시고, 하나님을 향한 헌신된 손길이 끊이지 않도록 도와주옵소서.

사랑이 많으신 아버지! 우리의 모든 허물과 절망과 좌절이 아버지의 도움으로만 해결될 수 있나이다. 사유하심의 은혜로 용서하여 주옵소서. 믿음으로 하나님 아버지의 보좌로 담대히 나왔습니다. 저희들에게 충만한 은혜를 주옵소서.

이 자리를 사모하면서도 함께 하지 못한 여러 성도들이 있습니다. 그들을 위하여 기도하오니 하나님을 힘 있게 섬길 수 있는 형편과 여건을 허락하시며, 믿음을 더하여 주옵소서. 우리의 삶이 하나님을 경배하는 생활이 되게 하시고, 하나님의 역사하심과 동행을 인정하는 삶이 되게 하옵소서. 성도들과의 교제에 승리하게 하시고, 목회자들과의 관계에 승리케 하셔서 하나님의 나라가 날마다 확장되게 하옵소서.

주님의 몸을 드려 희생하신 사랑을 배우게 하셔서 행함 가운데 봉사하며 헌신하게 하옵소서. 빛이 없는 곳에 빛이 되게 하시고, 썩어지는 곳에 소금이 될 수 있는 믿음을 더하여 주옵소서.

또한 이 시간 목사님을 통하여 주시는 말씀이 은혜가 되게 하사, 우리의 신앙이 뿌리를 내리고 인격이 성숙하여 우리의 믿음이 성장하게 하시고, 우리를 선하게 인도하여 주옵소서.

우리를 시험에 들지 않도록 주장하여 주시고, 하나님의 영광을 구하게 하옵소서. 우리의 연약함으로 죄 범하지 않도록 함께 하시길 원하오며, 거룩하신 예수님의 이름으로 기도 드립니다. 아멘.

잘 기도한 자는 잘 배운 자요
많이 기도한 자는 많이 운 자이다.
루터

영혼의 갈급함으로 드리는 기도

거룩하신 아버지 하나님. 하나님께 예배를 드리며, 하나님을 섬길 수 있는 믿음과 환경을 허락하신 아버지께 감사와 찬송을 올려 드립니다. 내주 하시는 성령의 감동을 따라 감사와 기도가 끊이지 않는 주의 제자들이 되기를 원합니다. 더 크고 위대한 이상을 주시되 영혼을 위해 기도하고, 헌신하고, 구령하는 전도의 삶을 살게 하여 주옵소서. 저희들의 생활이 예배가 되도록 인도하시며, 저희의 삶에 하나님의 나라가 이루어지게 하여 주옵소서.

우리의 마음이 성령의 전이 되게 하시고, 우리가 움직이는 교회가 되게 하셔서 범사에 하나님을 인정하고 찬미하는 믿음의 역사가 있도록 복 주옵소서. 저희의 마음이 순결하게 하옵소서.

하나님이 아니고는 채울 수 없사오니, 아버지의 사랑을 늘 갈급해 할 수 있는 마음을 주옵소서. 청결한 마음이 되게 하시고, 의에 주리고 목마른 자들이 되어 하늘나라의 기쁨으로 행복을 보장받게 하여 주옵소서.

먹고 마시는 것으로만 즐거워하지 않게 하시고, 하나님의 나라가 이 땅에 이루어져 가는 것으로 기뻐 할 수 있는 주님의 마음을 주옵소서. 저희로 세상과 구별하사 거룩한 성도가 되게 하시며, 저희를 성결하도록 지켜 주옵소서. 세상과 타협하게 마시고, 저희를 세상에서 승리할 수 있도록 권능을 허락하여 주옵소서. 주의 나라가 이 땅에 이루어 질 수 있도록 저희로 주님의 증인이 되게 하옵소서.

저희가 드리는 예배를 위하여 기도하오니 저희의 예배를 기쁘게 받아 주시고, 특별히 성가대의 찬양으로 하늘 문이 열리게 하셔서 성령의 충만한 은혜를 받게 하여 주옵소서. 공교한 찬양으로 심령의 문도 열리게 하셔서, 저희 목사님을 통하여 증거하시는 하나님의 축복된 말씀이 생명력 있게 증거 될 수 있도록 힘을 주옵소서. 보는 교인에서 드리는 성도로 변화되게 하시고, 수동적인 성도에서 움직이는 성도로 변화되게 하옵소서. 저희가 새롭게 됨으로 교회가 변화되게 하시고, 온 성도들의 열심으로 주님의 나라가 확장되도록 인도하여 주옵소서.

주님의 고난을 기억하여 어떠한 어려움도 인내로 이겨 낼 수 있도록 하시고, 용서하기 어려운 억울함도 견딜 수 있는 힘을 더하여 주옵소서.

예수님의 이름으로 기도 드립니다. 아멘.

성령의 도우심을 바라는 기도

우리의 모든 것을 주관하시는 하나님! 주님의 은혜를 사모하여 오늘도 이 자리에 모였습니다. 주님의 전으로 나아오게 하시는 은혜에 감사합니다. 저희가 세상에서 어두움에 있어 주님을 부인하지는 않았습니까? 저희의 죄를 용서하여 주옵소서. 알면서도 연약하여 저지른 허물들을 고백하오니 용서하여 주옵소서.

저희들의 목자가 되셔서 늘 지켜주시는 하나님! 오늘까지 지켜 주신 은혜에 감사드리며, 늘 주의 능력으로 승리케 하옵소서. 혹 광야의 이스라엘 백성들처럼 불순종하여 40년의 세월을 유리하지 않도록, 주의 인도하심에 순종할 수 있는 힘을 주옵소서. 저희의 마음 밭을 옥토와 같게 하시어, 오늘 예배를 통하여 주시는 말씀에 열매를 맺게 하여 주옵소서. 지금 저희의 만족이 우리 스스로의 힘과 자랑이 되지 않게 하시고, 오직 주님만을 바라보며 순종하고, 오직 주님만을 바라보며 영광 돌릴 수 있도록 은혜를 더하여 주옵소서. 신령한 것들로 저희를 채워주시기를 간구합니다. 저희의 기도를 들어 응답하시기를 간구합니다. 저희의 입술을 열어 마땅히 구해야 할 것들을 위해 간구하게 하시며, 저희가 기도할 때 성령님의 도우심을 간구하오니, 저희와 동행하여 주옵소서.

늘 주님 앞에 부끄러운 저희들을 고백하오니 오래 참으시는 주께서 저희를 긍휼히 여기심으로 용서받게 하옵소서. 오늘의 예배 또한 주님의 임재하심으로 주께서 받으시는 거룩한 예배가 될 수 있도록 축복하여 주옵소서. 저희에게 이 예배에 적극적으로 헌신하며 동참할 수 있게 하시고, 성령의 교통하심을 강하게 느끼는 승리하는 예배가 될 수 있도록 하여 주옵소서.

오늘도 지친 저희의 심령이 위로 받게 하시고, 상처받은 심령이 말씀을 통하여 치유함을 얻게 하옵소서. 이 시간 저희에게 주님의 주권을 고백하는 귀한 시간이 되게 하시고 담대한 복음의 전도자로 부름을 받을 수 있는 시간이 되게 하여 주옵소서.

저희가 주님을 찾기 전에, 먼저 저희들을 부르신 주님께서 오늘도 사랑의 손길로 어루만져 주실 줄 믿사옵고, 예수 그리스도의 이름으로 기도 드립니다. 아멘.

> 진심으로 기도하면 어느 때 어떻게 해서든지
> 어떤 형태로든지 응답을 받게 마련이다.
> 아드니람 저드슨

찬양대를 위한 기도

영광과 찬양을 받으실 우리의 하나님 아버지, 날마다 우리와 함께 하심을 감사드립니다. 우리들을 하나님의 노래하는 제사장으로 삼으사 천사도 부러워하는 직분을 주심을 감사드립니다. 저희에게 주신 이 직분을 온전히 감당하여 하나님께 영광을 드리며, 듣는 이와 부르는 저희들에게는 은혜가 되게 하옵소서.

또한 지휘자와 반주자에게 재능을 더하여 주셔서 하나님 앞과 사람들 앞에서 더욱더 빛나고 고귀하게 쓰여 지게 하옵소서. 특히 대원들과 하나가 되어서 부르는 찬양이 믿음의 찬양, 은혜의 찬양, 능력의 찬양이 되게 하옵소서. 대원들의 마음과 뜻과 정성을 다하여 하나님께 찬양과 감사와 존귀와 영광을 영원토록 찬양하게 하옵소서. 대원들이 하나님 사랑하는 아름다운 모습에서 교회가 부흥되고 발전되길 소원합니다.

항상 주께서 함께 하시며 열심주시고 성령 충만함을 받을 수 있게 하시며, 겸손과 온유함으로 예수님 닮게 하옵소서.

모든 것을 주께 감사드리며 예수님 이름으로 기도 드렸습니다. 아멘.

헌신을 위한 기도

민 음의 주가 되시며, 성도를 온전케 하시는 하나님! 혼란 속에서도 주님을 의지할 수 있는 믿음을 주시니 감사합니다. 이 시간 저희의 심령을 주께로 향하오니, 우리의 삶을 주관하시는 주께서 날마다 기도하는 삶을 살게 하여 주옵소서.

주님 앞에 설 때마다 저희들의 연약함을 고백합니다. 입으로는 "부름 받아 나선 이 몸 어디든지 가오리다"라는 찬송을 부르면서도 아무 데도 가지 않고 순종하지 않았던 거짓말쟁이였던 사실에 마음 깊이 회개하오니 용서하여 주옵소서. 주님의 뜻을 실천하기 위하여 힘쓰고 노력하기보다는 세상의 영광과 세속적인 영화를 유지하려고 힘쓰던 저희들의 모습을 용서하여 주옵소서. 세속적인 것을 버리지 못하는 나약한 믿음을 붙들어 주옵소서. 주님께서 진정한 일꾼을 찾으시는 이때에 주님의 음성을 들을 수 있는 영적인 귀를 열어 주옵소서. 주님 앞에 설 때마다 거룩함이 회복되게 하시고, 세속의 종으로서가 아닌 주님의 충성스러운 종으로 살기에 부족함이 없는 인생이 되게 하여 주옵소서.

저희들 자신만을 위하여 구원을 지켜 가는 성도가 아니라, 주님의 몸 된 교회를 세우기 위하여 헌신하는 성도가 되게 하여 주옵소서. 교회의 빈자리의 주인들을 권면하고 기도하며 주님의 전에 같이 나올 수 있게 하여 주옵소서. 주님을 닮아 가기를 원합니다. 주님의 향기를 발하는 믿음의 사람이 되게 하옵소서.

저희에게서 그리스도의 냄새가 나게 하시고, 그것으로 세상에 주님의 살아 역사하심을 드러낼 수 있도록 믿음을 더하여 주옵소서. 주님과 같이 영혼 구원을 위하여 십자가를 지며, 주님을 따를 수 있는 성도가 되게 하여 주옵소서.

귀한 말씀을 대언하실 목사님에게 함께 하시고, 저희가 오늘도 말씀을 듣는 가운데 하나님의 섭리를 바로 깨달을 수 있는 영안이 열리게 하옵소서. 주님의 십자가의 아픔을 경험하는 시간이 되기를 원합니다. 지금도 여전히 사랑으로 인도하시는 주님의 사랑을 체험하기를 원합니다. 주여 이 시간도 주의 능력의 말씀으로 저희를 변화시켜 주옵소서.

예수님의 이름으로 기도 드립니다. 아멘.

나는 열 사람에게 설교를 하기보다는
한 사람에게 제대로 하는 기도를 가르치고 싶다.
죠웻

새 힘을 간구하는 기도

구 원의 주님! 연약한 저희를 구원하시려고 십자가를 지신 주님을 생각할 때마다 주님의 한없는 사랑과 은혜에 감사합니다. 이 시간에도 주님의 고난을 기억하며 저희들의 허물과 죄를 고백하며 예배를 드리오니 받아 주옵소서.

"구하라 그리하면 얻을 것이요, 찾으라 그리하면 찾을 것이요, 두드리라 그리하면 열릴 것이니"라고 하신 말씀을 의지하여 구하고 간구하는 기도의 사람들이 되게 하여 주옵소서. 저희에게 기도를 통해서 평화와 기쁨을 얻게 하시고, 기도로써 하나님의 은총의 풍성함 속에 있음을 알게 하시어 기도로 승리하는 삶이 되게 하옵소서. 말씀을 사모하여 하나님의 전에 나아오게 하심을 감사합니다. 하나님의 말씀이 저희의 삶의 지표가 되게 하시고, 말씀으로 하나님의 복을 받을 수 있도록 하여 주옵소서. 주님의 전으로 불러 주신 하나님께서 저희에게 복을 주실 줄로 확신하오니, 복을 받을 만한 심령으로 변화되게 하여 주옵소서.

일용할 양식을 구하도록 허락하신 하나님 아버지! 하나님의 사랑을 실천할 수 있는 저희가 되게 하여 주시기를 원하오니, 주님 저희에게 새 힘을 허락하여 주옵소서. 고통에 몸부림치는 이웃들에게 고상한 지식을 앞세우기보다는 그들의 고통을 함께 나누게 하시고, 주님의 십자가의 사랑을 심령 깊숙이 깨닫게 하심으로 이웃을 사랑하게 하여 주옵소서.

주님을 증거 하게 하심으로 그들의 심령에 주님의 사랑을 알게 하셔서, 그들로 다시금 주님의 증인이 될 수 있는 복을 허락하여 주옵소서. 그들의 영혼을 불쌍히 여기사 하나님의 사랑과 자비와 긍휼을 알게 하여 주옵소서.

오늘도 신령과 진리로 예배드리기 위하여 수고하는 손길들과, 십자가의 사랑을 증거하시기 위하여 단 위에 서신 목사님을 능력으로 붙들어 주시기를 원합니다. 특별히 성가대를 기억하사 찬양의 직분을 온전히 감당케 하셔서 영광의 예배가 되게 하옵소서. 저희들의 정성을 담고 힘을 다하여 드리는 예배를 기뻐 받아 주옵소서.

예수님의 이름으로 기도 드립니다. 아멘.

사람들은 우리의 호소를 일축하고,
우리의 복음을 거절하고,
우리를 경멸할 수 있을지 모르지만,
성도들의 기도에 대해서는 꼼짝하지 못한다.
시드로우 박스터

말씀을 사모하는 기도

교만한 자를 물리치시고, 겸손한 자에게 은혜를 주시는 자비로우신 하나님 아버지, 은혜와 사랑을 감사드립니다. 죄로 인하여 고통 받던 저희들을 구원하시고, 예배하는 사람이 되게 하심으로 하늘에서 주시는 은혜와 은사와 능력과 축복을 누리게 하심을 감사합니다.

주 앞에 나올 때마다 영광 중에 하나님을 만나게 하시고, 들어가며 나가며 신령한 꼴을 얻도록 풍성함을 허락하여 주옵소서. 슬픔 중에 나온 성도들을 위로해 주시고, 근심 중에 나온 성도들에게 새 힘을 주시며, 은혜를 사모하여 나온 성도들에게 영적 충만함을 허락하여 주옵소서.

아버지의 말씀을 그리워하며 모였습니다. 오늘 저희들에게 주시는 말씀이 복음이 되게 하시고, 생활을 움직이는 능력이 임하게 하여 주옵소서. 우리의 믿음이 환경으로 인하여 변질되지 않도록 인도하시고, 오히려 고난 중에 기뻐하며 하나님을 찬양 할 수 있도록 복 내려 주옵소서.

다니엘은 기도할 수 없는 중에도 기도했사오며, 그의 친구들은 기뻐할 수 없는 중에도 여호와를 인하여 기뻐했사오니, 저희들의 믿음이 기도와 감사, 기쁨과 소망이 끊어지지 않는 은혜를 주옵소서.

저희들의 믿음이 전도의 삶으로 이어지기를 사모합니다. 복음을 증거하고, 하나님의 살아 계심을 간증할 수 있는 은혜를 주시고, 우리의 선행이

하나님 아버지의 사랑을 증거할 수 있도록 하여 주옵소서.

정체되어 있는 우리의 믿음이 성장하게 하시고, 경직되어 있는 신앙이 역동적으로 변할 수 있는 부흥을 주옵소서. 가난과 어려운 중에 있는 성도들의 고통을 아시는 아버지! 가정의 문제와 사업과 직장의 문제들이 해결되게 하시고, 자녀들의 필요가 부모 된 저희들의 기도로 채워지게 하옵소서.

믿음의 본이 되게 하시고, 먼저는 믿는 자들의 본이 되게 하옵소서. 성령과 동행함으로 생활에 열매가 있게 하시고, 능력을 의지하여 살도록 하옵소서.

예수님의 이름으로 기도 드립니다. 아멘.

> 악마는 우리의 수고를 비웃고,
> 우리의 지혜를 조소하지만,
> 우리가 기도할 때에는 두려움에 떤다.
> 사무엘 차드윅

부흥을 위한 기도

저 희를 사망에서 영원한 생명의 자리로 옮기신 주님! 지난 일 주일 동안에도 저희를 보호해 주셨다가 다시 만민이 기도하는 주의 전으로 나와 엎드려 기도하게 하시니 감사합니다. 이 예배를 통하여 영광을 받으시되 하나님의 이름이 거룩히 여김을 받고, 하나님의 나라가 건설되며, 하나님의 뜻이 이 땅에서 기도하는 저희들을 통해서 이루어지게 하옵소서.

주님께서 고난을 당하시고 십자가를 지신 것이 오직 저희를 죄에서 구원하여 주신 것임을 생각할 때, 오직 우리를 구원하신 주님을 기념하는 삶이 되기를 원합니다. 이 놀라운 십자가의 사건을 알리는데 저희 몸을 드리기를 원합니다.

오늘도 갈급한 심령으로 나왔사오니 저희들의 기도를 응답하여 주시고, 일용할 양식 뿐 아니라 영의 양식과 신령한 양식을 허락하시고, 육적 건강 뿐 아니라 영적인 건강과 평강의 복도 허락하여 주옵소서.

또한 하나님! 저희 교회를 위해서 기도하오니, 금년에 변화를 이루는 교회가 되게 하시되, 좋은 일꾼들을 많이 보내주셔서 크게 부흥할 수 있도록 도와주옵소서. 여러 가지 조건 때문에 교회로 발걸음을 옮기지 못하는 많은 성도들이 하나님의 전으로 나와 함께 예배드리며 하나님을 찬양할 수 있는 은혜를 허락하여 주옵소서. 병든 자들로 건강케 하시고,

믿음 없는 자가 더 큰 믿음을 가지게 하시며, 이 시간 물이 변하여 포도주가 된 것 같이 변화됨의 복을 받는 저희가 될 수 있도록 축복하여 주옵소서. 성령의 불로 뜨거워지게 하셔서 승리하는 생활이 되게 하옵소서.

　주님의 몸 된 교회를 위해서 수고하시는 목사님과 그 가족에게 은혜와 진리로 충만케 하여 주시고, 목회자들과 장로님들, 권사님들과 집사님들에게도 크신 은혜를 내리셔서 연합하여 주님의 몸된 교회를 이루는 데 부족함이 없도록 하여 주옵소서.

　오늘 말씀을 전하시는 주의 사자를 붙들어 주셔서 능력 있는 말씀을 전하실 때에 아멘으로 받는 은혜를 허락하여 주옵소서. 그 말씀을 통하여 모든 문제가 해결되게 하여 주옵소서. 모든 영광을 하나님께 돌리며, 예수님의 이름으로 기도 드립니다. 아멘.

그러므로 내가 너희에게 말하노니
무엇이든지 기도하고 구하는 것은 받은 줄로 믿으라
그리하면 너희에게 그대로 되리라
막 11:24

십자가를 사모하는 기도

평화와 사랑의 왕이신 주님! 주님께서 온 인류에게 평화를 주시기 위해 이 천년 전 예루살렘에 입성하시며 찬송과 영광을 받으시던 그 주님을 오늘 저희가 여기서도 찬미하게 하심을 감사합니다.

우리를 다스리시기 위하여 이 땅에 임하시고, 하나님 나라가 이루어 감을 생각할 때 감사와 찬양을 드립니다. 저희들의 아집과 고집이 깨어지고, 우리 속에 온전한 하나님 나라가 이루어지게 하여 주옵소서.

사랑의 주님! 십자가의 진리를 교회가 가져야 할 마르지 않는 샘물임을 믿사오니, 이 생수로 죄에 빠져 허덕이는 목마른 영혼들을 구원할 수 있도록 축복해 주옵소서. 길을 잃었던 영혼들이 주님 앞으로 돌아올 때, 십자가의 사랑이 얼마나 크고 놀라운지를 보여줄 수 있는 교회가 되게 하여 주옵소서. 저희 교회도 고난의 십자가를 지신 주님을 생각하며, 십자가의 진리를 전하고자 애쓰는 교회가 되게 하옵소서. 또한 저희의 이웃들을 위해서 기도드립니다. 하나님 나라의 확장을 인하여 하나님의 복음을 그들에게 전할 수 있는 복된 입술과 복된 발이 되게 하셔서 이웃에게 하나님을 증거할 수 있는 저희들이 되게 하여 주옵소서. 또한 하나님의 교회의 지체된 저희도 서로 섬기며, 서로 사랑하라 하신 주님의 말씀에 순종하여 섬기고 사랑할 수 있는 저희가 되게 하여 주옵소서.

오늘도 말씀을 전하시는 목사님에게 함께 하여 주시고, 저희들로 말씀을 깨닫는 시간이 되게 하옵소서. 저희들의 수고로 하나님의 나라가 더욱 확장되게 하시며, 저희가 더 많은 은혜를 체험하게 하시며, 저들로 하나님의 성호를 찬양하는 일을 평생에 쉬지 않도록 축복하여 주옵소서.

예배의 시종을 주님께 의탁하옵고, 예수 그리스도의 이름으로 기도드립니다. 아멘.

> 당신은 기도한 뒤에는 기도한 것 이상으로
> 실천할 수 있지만, 기도할 때까지는
> 결코 기도한 이상으로 실천할 수 없다.
> 존 번연

복음 전도를 위한 기도

진리의 길을 보여 주시는 하나님! 주님의 영원하신 나라를 기대하며 예배드리게 하신 은혜에 감사합니다. 이 시간 저희의 모든 삶을 전폭적으로 드리며, 그 은혜에 감사하는 시간이 되게 하여 주옵소서.

먼저 저희의 죄를 고백합니다. 예수님의 고난을 망각하고 저희에게 맡겨진 십자가를 외면한 채 인간의 욕망과 헛된 목적을 위하여 살아온 죄를 용서하여 주옵소서. 우리 속의 거짓된 마음들을 성령의 능력으로 변화시켜 주옵소서. 주님의 은혜 안에 살면서도 늘 교만한 습성을 버리지 못하는 저희들을 긍휼히 여기사 용서하여 주시기를 원합니다.

인간의 몸을 입으시고 이 땅에 오셔서 십자가에 달려 죽으시기까지 하나님의 영광을 나타내고자 하셨던 주님처럼, 저희들도 주님의 영광을 위하여 겸손의 삶을 실천할 수 있는 주님의 사람이 되게 하여 주옵소서. 약한 자를 보면 제자들의 발을 씻기셨던 주님처럼 진정으로 섬길 수 있는 마음을 주시고, 슬픔과 괴로움 속에서 한숨짓는 자들을 보면서 정성을 다해 주님의 위로를 심어줄 수 있는 저희들이 되게 하여 주옵소서.

교회의 머리가 되시는 주님! 주님의 몸 된 교회를 이곳에 세우셔서 죄 중에 헤매던 영혼들을 참 생명의 길로 인도할 수 있는 등대가 되게 하여 주심을 감사드립니다. 교회가 생명을 구원하는 등대임을 잊지 않게 하시고, 죄악에 빠진 영혼들을 살리기 위해서 늘 기도하고 전도하는 교회가 되게 하여 주심을 감사드립니다. 교회에 발을 들여놓는 자마다 낙심과 좌절이 변하여 새로운 희망을 얻게 하시고, 병든 심령들이 치료받는 주님의 능력이 나타나는 교회가 되게 하옵소서.

교회를 위하여 주님께서 친히 세우신 목사님을 늘 성령으로 붙들어 주시고, 교회를 섬기며 양들을 보살피기에 부족함이 없도록 능력으로 채워 주옵소서. 예배의 시종을 주님께 맡깁니다. 저희 심령이 주님의 말씀을 받을 때마다 성령의 뜨거운 역사가 있게 하여 주옵소서.

예수 그리스도의 이름으로 기도 드립니다. 아멘.

> 어려운 환경에서 기도하고 싶은 마음마저 없다면
> 우리는 짐승만도 못한 사람들이 아닐 수 없다.
> 칼뱅

기도의 은사를 사모하며

아바 아버지가 되셔서 우리의 모든 삶을 주장하시고, 간구할 때마다 거절치 않으시며 허락하시는 응답의 하나님 감사합니다. 이 시간 저희들의 예배와 찬양 중에 함께 하시며, 말씀 의지하여 기도하오니 응답하여 주옵소서.

은혜의 하나님! 주님께서 쓰시는 사람은 주님과 많이 대면하는 기도의 사람임을 생각할 때, 저희들이 이 시간 주님께 드리는 기도가 주님의 보좌를 움직이는 기도가 되게 하시고, 기도에 깊이 빠져들수록 저희에게 향하신 주님의 뜻이 무엇인지를 깨닫는 시간이 되게 하여 주옵소서.

더 많은 기도와 더 깊은 기도를 드리기 위하여 몸을 깨뜨릴 수 있는 저희들이 되게 하시고, 기도를 통해서 주님의 무한한 능력과 신비를 체험할 수 있는 저희들이 되게 하여 주옵소서. "내 집은 만인이 기도하는 집"이라 하셨사오니, 기도가 차고 넘치는 교회가 되게 하시고, 기도의 능력과 응답이 강하게 나타나는 교회가 되게 하여 주옵소서.

이 시간 주님께 기도하면서, 행여 경박한 기도로 주님의 마음을 아프게 하는 일이 없도록 저희의 중심과 입술을 성령의 능력으로 붙들어 주시기를 원합니다. 주님의 몸 된 교회를 위하여 세움을 받은 직분 자들도 기도의 종이 되게 하심으로, 불꽃처럼 살 수 있는 종들이 되게 하여 주옵소서.

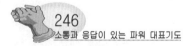

기도로 말씀을 준비 하셔서 단 위에 서시는 목사님을 붙드시고, 주님의 오묘하신 말씀이 증거 될 수 있도록 입술을 지켜 주옵소서. 이 예배를 위하여 봉사하는 손길들에게 복 주시고, 하나님의 전에서 큰 상급을 받을 수 있도록 은혜로 더하여 주옵소서.

저희를 죄에서 구원하신 주 예수 그리스도의 이름으로 기도 드립니다. 아멘.

> 늙어 갈수록 기도를 더 많이 하라.
> 그러해야 신령한 일에 냉랭해 지지 않는다.
> 죠지 뮬러

전도목표 달성을 위하여

사 랑의 하나님 감사합니다. 이 시간 주님 앞에 전도 목표 달성을
위해 기도하옵니다. 우리가 세상에서 살면서 지은 죄가 많사오
니 먼저 용서하여 주시고, 특히 안 믿는 사람들 앞에서 하나님의 자녀답
지 못했던 언행과 행실을 용서하여 주옵소서.

그리스도를 믿음으로 구원을 얻은 우리들이 자신의 체험적인 신앙과
확신을 가지고 열심히 전도 할 수 있도록 하여 주시고, 한 생명을 얻으
면 천하보다 더 귀한 것을 얻었다고 하셨사오니, 멸망의 길로 가고 있는
불쌍한 형제와 이웃들을 생명의 길로 인도하는데 부족함이 없도록 하여
주옵소서. 땅 끝까지 이르러 내 증인이 되라 하신 주님의 명령을 받아
빛과 소금의 역할을 다하는 저희들이 되게 하옵소서. 복음을 전파할 때
에 많은 열매 맺게 하여 주옵소서.

저희들이 주님께서 도와주실 줄 믿고 전도의 목표를 정하였사오니, 이
루어 질 수 있도록 노력하며, 주님이 함께하여 주심을 믿사오며, 예수님
의 이름으로 기도합니다. 아멘.

기도하는 교회가 되도록

많고 많은 사람들 중에 저희들을 구속해 주시고 하나님 자녀로 삼아 주시고 하늘나라의 소망을 주심을 감사드립니다.

그러나 자녀답게 살지 못함을 용서하여 주시옵소서. 잘못된 우리의 언행을 반성하게 하시고, 그리스도인으로서의 새로운 언행으로 많은 사람들에게 덕을 세우는 생활이 되게 하여 주시옵소서.

이 시대를 바라볼 때 우리들은 마땅히 깨어 기도할 때이므로 나라와 민족, 교회와 가정을 위한 기도의 운동이 날마다 일어나게 하시고, 기도에 응답 많이 받는 교회로 소문나게 하여 주시옵소서.

세우신 목사님 능력의 장중에 붙들어 주시고 건강 주셔서 성령 충만, 말씀 충만 주셔서 양떼들을 먹이기에 부족함이 없게 하시고, 수고하시는 목사님들과 전도사님들도 능력으로 붙들어 주셔서 은혜 가운데 거하게 하시고, 그 가정들 위에도 주의 평강이 넘치게 하여 주시옵소서.

또한 부족한 저희들에게 천국복음 전달자가 되게 하심을 감사드립니다. 어두움에 처한 백성들에게 복음을 주셨사오니, 이제부터 저희들은 복음의 빚을 갚을 수 있도록 말씀으로 충만케 하여 주셔서 이 놀라운 지상 명령을 기쁨으로 순종하게 하여 주시옵소서.

예수님의 이름으로 감사하며 기도드립니다. 아멘.

교회의 하나 됨을 위한 기도

저 희들을 죄악의 세상 가운에 내버려두지 않으시고 또 다시 하나 님께로 불러주신 섭리와 사랑에 감사합니다. 하나님의 성호를 찬양할 수 있는 귀한 성도의 직분을 허락하신 은혜에 감사합니다. 주님 의 자녀로 삼으사 저희로 하나님을 아버지라 부르게 하신 은혜에 감사 합니다. 저희의 삶에 기쁨과 사랑이 넘쳐나게 도와주옵소서. 주님만을 바라보게 하시고 저희에게 하나님이 지으신 이 산과 들이 푸르름을 더 해 가는 것처럼 저희의 삶에도 희망과 사랑이 넘치게 도와주옵소서.

때때로 저희가 주님의 섭리와 계획에 순종하지 못하고, 육신이 약하여 저희의 영이 원하는 대로 실천하지 못했으며, 의지가 약하여 선한 일을 이루지 못하였음을 용서하여 주옵소서.

교회의 머리가 되시는 주님! 교회를 위해서 기도드립니다. 하나님의 자녀로 이루어진 교회가 세상에서 방황하면서 인생의 무거운 짐을 지고 고통하는 심령들에게 주님이 약속하신 신령하고 기름진 복을 나눠줄 수 있게 하시고, 안식과 평안을 심어줄 수 있는 교회가 되게 하여 주옵소 서. 주님의 몸 된 교회가 솔선하여 허물이 있는 곳을 치유하고, 모자란 곳을 채우며, 분열된 곳을 하나 되게 하는데 최선을 다하게 하시고, 주 님의 영광을 높이 드러낼 수 있는 교회가 되게 하여 주옵소서.

주님께서 세우신 기관들마다 하나님의 섭리에 순종하여 선하신 계획을 이루게 하시고, 특별히 기관을 감당하는 기관장들 위에 하나님의 사랑과 은혜가 늘 충만하게 역사 하여 주옵소서. 저희 교회가 자신을 드리신 주님의 사랑을 본받아, 하나님의 영광을 나타내기에 최선을 다할 수 있는 복된 교회가 되게 하여 주옵소서.

주님이 기뻐 받으시는 향기로운 기도를 드릴 수 있도록 인도하여 주시고, 이 시대를 향한 주님의 음성을 저희가 알 수 있도록 지혜를 더하여 주옵소서.

예수 그리스도의 이름으로 기도 드립니다. 아멘.

어려움으로부터 구원받기 위해 여러 가지 방법을
강구하는 것은 잘못된 신앙이다.
참된 싱앙은 오직 한 가지 방법, 곧 필요할 때마다
하나님 앞에 나아가 지혜를 달라고
기도하는 방법만을 따른다.
데이비드 딕슨

말씀으로 풍성하기를 원하며

고마우신 하나님! 이 땅에 평화를 주시고, 이 귀한 결실의 달을 저희에게 허락하심을 감사합니다. 찬송과 영광을 주님께 드리며 귀한 예배를 드리게 하신 것도 감사합니다. 온갖 열매를 맺는 이 계절에서 저희에게도 삶의 열매가 있기 하시고 믿는 자의 사명을 잘 감당하도록 축복하여 주옵소서. 주님의 자녀다운 인격을 갖게 하시고, 마귀의 유혹에 빠지지 않도록 하여 주옵소서. 세속의 시험에 들지 않도록 저희를 보호하여 주옵소서.

사랑의 하나님! 이 교회의 문턱을 밟는 자들마다 마음이 뜨거워지게 하시고, 주님의 사랑으로 충만하게 하시며, 말씀으로 풍성해지는 주의 백성들이 되게 하여 주옵소서. 주님의 몸 된 교회는 예수 그리스도를 주님으로 고백하는 무리들이 모이는 교회이며, 그 교회가 세상 안에 있으나 세상에 속하지 아니한 교회가 되게 하시고, 성령이 주장하시는 위로의 공동체가 되게 하여 주옵소서. 모든 성도가 교제하며 떡을 떼며 함께 기도하는 교회가 되게 하여 주옵소서.

은혜의 하나님! 이 사회가 어려워질수록 서야 할 자리를 잃고 있는 사람들이 많습니다. 인간의 능력에는 한계가 있음을 깨닫게 하시고 주님의 은혜에 의지해서 살수밖에 없음을 절감하게 하옵소서. 생활이 어렵고 고달프다고 해서 생을 달리 하는 사람들이 없게 하시고, 이제껏 주님을 모르고 살았다면 주님 앞으로 돌아오는 역사가 있게 하여 주옵소서.

　복 주시는 하나님! 이 시간 가정마다 선포되는 주의 말씀으로 큰 은혜를 받게 하시고, 소망의 빛으로 충만케 하셔서 더욱 힘 있는 믿음으로 살아 갈 수 있는 성도들이 되게 하옵소서. 예배의 시종을 주님께 맡기오며, 예수 그리스도의 이름으로 기도 드립니다. 아멘.

> 사람들이 하나님께서 성경을 통해 말씀하신다는
> 사실을 염두에 두지 않을 때, 하나님께서는 기도를
> 통해 그들이 말하는 것을 별로 기억하지 않으신다.
> 윌리엄 거널

충성을 다짐하는 기도

거룩하신 주님! 이 시간 주님의 고난을 생각하며 감사를 드립니다. 주님의 고난과 죽음으로써 저희가 구원을 받고, 믿음으로 주 앞에 예배드릴 수 있는 특권을 주심을 감사합니다. 주님의 영이 지금도 우리 속에서 강하게 역사하사 어리석은 것을 지혜롭게, 약한 것을 강하게, 맥빠진 상태에서 의욕과 용기를 얻게 하여 주심을 믿습니다.

저희의 낙심함을 용서하시고 기도로 승리하신 주님을 생각하게 하심으로 기도하게 하여 주옵소서. 구습을 좇는 옛 사람을 버리고 새 사람의 거룩한 옷을 입혀 주옵소서. 이전의 것은 지나가게 하시고 새 것을 보게하여 주옵소서. 그리하여 십자가의 신앙을 가진 자로 새롭게 살아갈 수있도록 축복하여 주옵소서.

주님 원하옵기는, 저희 모두가 주님의 사랑을 본받아 실천할 수 있는 사랑의 본이 되게 하여 주옵소서. 말씀과 진리로 날마다 바르게 성장하게 하시며, 주님이 분부하신 전도와 선교에 힘을 다하여 실천할 수 있는 저희들이 되게 하여 주옵소서. 또한 믿음의 일이라면 주저하지 않고 할 수 있게 성령의 능력을 입혀주시고, 사랑의 수고와 봉사에 몸을 드려 실행하며, 인내로써 소망을 이루어 가는 거룩한 자녀가 되게 하옵소서.

교회의 머리되시는 주님! 주님의 몸 된 교회를 위하여 충성을 다하는 제직들을 기억하시고, 저들의 수고를 통하여 온 교회가 성령으로 충만해

지고, 주님의 크신 영광이 드러나게 하여 주옵소서. 믿음의 아름다운 열매가 알알이 맺혀지는 기쁨의 역사가 있게 하옵소서.

특별히 주님의 교회가 분열이 가득한 이 사회를 성령의 하나 되게 하시는 역사로 치료할 수 있게 하옵소서. 미움과 다툼이 쉼 없이 일어나는 곳에서 주님의 사랑을 심어줌으로써 한 마음 한 뜻으로 통일을 이룰 수 있는 역할을 감당하는 교회가 되게 하여 주옵소서.

예수님의 이름으로 기도 드립니다. 아멘.

평안을 얻는 한 자기 방법은 기도로 하나님의
약속을 탄원하고, 하나님께 그 필적을 보여주는 것이다.
하나님의 그분의 말씀의 감독자이시기 때문이다.
토마스 맨톤

용기를 구하는 기도

할렐루야! 거룩하신 하나님을 찬양합니다. 오늘도 주님의 택한 백성들이 주님의 전에 모여 주님을 찬양할 수 있도록 하신 은혜에 감사합니다. 이 세상의 고통스러운 현실을 생각하면 절망이지만 저희들을 붙들고 계시는 주님의 사랑을 생각할 때 샘솟는 기쁨을 감사합니다. 말할 수 없는 평안의 기쁨을 맛보게 하여 주옵소서.

의로우신 하나님! 저희의 불의함을 용서하여 주시고, 큰 믿음을 더하여 주옵소서. 이 시간 우리를 새롭게 하여 주사, 마음도 새롭게 하시고 저희의 삶 또한 날마다 새롭게 하여 주옵소서.

거룩하신 하나님! 이 험한 세상에서 세상의 사람들에게 복음을 전할때 강건한 믿음을 주사 낙심하지 않게 하시며, 어려운 일을 당할 때마다 주님의 십자가를 더 굳세게 붙잡아 조금도 흔들림이 없게 하여 주옵소서. 슬픔과 고통 중에 있는 심령들에게 위로와 평안을 허락하사 더욱더 주님을 사모할 수 있도록 인도하여 주옵소서.

주님의 교회를 위하여 달음질하던 발걸음이 뒤쳐지지 않게 하시고, 어쩔 수 없음을 핑계 삼는 식어 가는 열정들이 되지 않게 하여 주옵소서. 이 세상에서 강함과 용기를 잃지 않게 하셔서, 늘 주님을 신뢰하는 복된 삶을 살게 하여 주옵소서.

말씀을 사모하여 피곤한 몸을 이끌고 주님의 전으로 달려 나온 저희

들에게 이 시간도 송이 꿀보다 더 단 말씀으로 저희 심령을 가득 채우셔서, 주님의 말씀을 먹고사는 것이 인생의 최대 행복이 되게 하여 주옵소서.

예배의 시종을 주님께 맡깁니다. 비록 이 자리에 참석한 심령은 적을지라도 주님께서 저희가 드리는 예배를 향기롭게 받아주실 줄로 믿사옵고, 거룩하신 예수님의 이름으로 기도 드립니다. 아멘.

성도들이 아침 일찍, 저녁 늦게, 오랜 시간동안 기도하지 못하기에, 복음은 느린 속도로 머뭇거리며 늑장을 부리고 있다.

교회교육을 위하여

민 음을 주시는 하나님! 폭염과 무더위를 참고 이기어 비로소 약속의 절기를 얻게 하심을 감사드립니다. 인내의 결실이 이처럼 달고 보람된 것임을 깨닫게 하시고, 무엇보다도 신실한 믿음으로 하나님께 나아가도록 하옵소서.

이 시간 육신의 고통을 가지고 나아온 심령들이 있사오니 주님의 치료하시는 광선으로 치료하여 주시고, 마음의 상처를 가지고 나아온 심령들을 주님의 사랑으로 어루만져 주옵소서.

소망을 주시는 주님! 이 어려운 시대에 교회의 교육이 더욱 중요함을 깨닫습니다. 하나님의 뜻을 찾고 구현하며 행하는 교육이 되게 하시고, 어린이와 청소년과 청년의 삶을 변화시키는 교육이 되게 하여 주옵소서. 교회의 교육이 올바른 목표와 방향으로 향해 갈 수 있도록 좋은 지도자들을 세워 주시고 그들을 통하여 이 땅에 온전한 사상과 세계관에 입각한 인물들이 꾸준히 늘어가게 하여 주옵소서.

주님! 이 시간도 저희의 따뜻한 손길을 기다리며 뜨거운 사랑을 원하고 있는 심령들이 있습니다. 저들의 기다림을 외면하지 않는 저희들이 되게 하시고 저들의 고통과 외로움에 힘써 동참할 수 있는 사랑을 주옵소서.

오늘도 단 위에 서신 목사님 위에 함께 하사 준비하신 말씀을 힘 있

게 전하게 하시고 주님의 능력이 나타나고 성령의 역사가 강하게 일어
나는 시간이 되게 하여 주옵소서. 예배를 돕는 성가대와 예배위원, 봉사
위원들에게도 성령으로 충만함을 허락하여 주옵소서.

승리하는 예배로 인도하실 줄 믿고, 예수 그리스도의 이름으로 기도
드립니다. 아멘

결코 지지 않는 한 비밀스런 저 태양은 새벽을 고대하는
사람의 마음에서 비로소 떠오른다. 기도실에서 헐떡이며
하나님을 찾는 사람은 하나님 나라의 깊숙하고
고요한 새벽의 분위기를 맛보게 된다.

교회학교 교사를 위하여

사랑이 많으신 아버지 하나님! 우리 교회에 주일학교를 세워주시고 여러 교사들을 허락해 주셔서 감사합니다. 이 모든 것이 하나님의 은혜요 또한 하나님의 계획임을 알게 하옵소서. 먼저 모든 주일학교 기관들이 하나님의 은혜 가운데 부흥 성장하는 기관들이 되기를 기도합니다. 한 기관도 세상 닮아가지 않도록 도와주시고 말씀 중심, 복음 중심으로 성장하게 해 주옵소서.

멀티미디어 시대에 상대적으로 주일학교 시설이 위축되는 경향이 있지만, 저희는 과학적인 인간의 수단보다 하나님의 능력을 믿습니다. 세상을 좇아가기 위해 발버둥치는 주일학교가 아니라 말씀대로 가르치는 주일학교, 주님을 따라가는 주일학교가 되게 하옵소서.

또한 교사들에게 신령한 눈을 뜨게 하셔서 세상의 학문을 가르침이 아니라 하나님의 진리의 말씀을 선포하는 선지자적인 사명감을 갖게 하옵소서. 올바르게 심겨진 말씀의 씨앗이 사람을 변화시키고, 하나님 나라의 일꾼을 만든다는 비전을 갖게 하옵소서.

눈물로 씨를 뿌리는 자는 정영 그 단을 거둔다고 하셨사오니, 눈물로 기도하는 교사가 되게 하시고, 정성으로 말씀의 씨앗을 심는 교사의 직분을 잘 감당하게 하옵소서.

예수님의 이름으로 기도합니다. 아멘.

교육기관의 발전을 위하여

하 나님 아버지 감사합니다. 저희들을 사랑하셔서 영원한 복음주시고자 이곳에 저희 교회를 세우셨으며, 불신자들을 구원하기 위하여 저희들로 증인을 세우셨으니, 저희 교회를 구원의 방주로 부족함 없이 하여 주옵소서.

우리 교회 모든 교육 기관의 발전을 위하여 계획하며 기도하는 목사님과 모든 교역자들에게 주님의 은혜와 말씀과 기도의 능력이 충만케 하여 주시옵소서. 각 교육기관마다 금년에 계획한 교육 목표와 전도의 목표를 넘치게 감당할 수 있도록 은총 베풀어 주시고, 온 교우가 하나가 되어서 마지막 때에 어린이나 청소년이나 장년이나 노년이나 모두 말씀으로 무장하여 익은 곡식 거두어들이는 추수꾼들이 되게 하옵소서.

우리 주위에는 어린아이로부터 노년에 이르기까지 하나님을 모르고 믿지 않는 이들이 너무 많습니다. 저희 성도들이 말씀 교육으로 무장하여 저들을 구원하는 영혼 구조대가 되게 하옵소서.

예수님 이름으로 기도 드립니다. 아멘.

수련회를 위한 기도

하 나님의 은혜를 찬양합니다. 주님이 주시는 힘으로 살다가 예배로 함께 모이게 하심을 감사합니다. 오늘도 저희들의 예배를 기뻐 받아 주옵시며, 한없는 기쁨의 시간이 되게 하여 주옵소서.

전교인 수련회를 위하여 간구하오니, 기획에서 집행까지의 모든 과정을 주님께 맡깁니다. 오고가는 행로에 주의 천사로 돕게 하셔서 안전하게 하시고, 은혜 중에 행사가 진행 될 수 있도록 인도하여 주옵소서. 많은 성도들이 교제의 계기로 삼게 하시고, 인간관계의 형통함을 주셔서 서로 용납하며 이해하게 하시고, 그리스도의 사랑으로 용서의 훈련을 감당하는 수련회가 되게 하옵소서.

특별히 말씀의 사역을 감당하시는 목사님과 강사들을 기억하시고, 믿음과 말씀과 성령으로 충만케 하셔서 육이 죽고 영이 사는 소망의 시간들이 되게 하여 주옵소서. 회개의 운동이 일어나게 하시며, 결단의 은혜가 있게 하여 주옵소서. 이 일을 위하여 모든 성도들이 협력하게 하시고, 주의 사역에 동참할 수 있도록 시간들을 허락하여 주옵소서. 이번 행사로 인하여 더욱 연합하게 하심으로 구제하고 선교하며, 전도하는 일에 더욱 뜨거워지게 하옵소서.

저희 교회를 축복하여 주옵소서. 베드로의 신앙 고백 위에 교회를 세우신 것과 같이, 저희 성도들의 헌신적인 믿음이 교회를 견고하게 하며

부흥시킬 수 있도록 인도하여 주옵소서.

　오늘 하나님의 말씀을 전하시기 위하여 기도와 눈물로 준비하신 목사님을 기억하여 주옵소서. 성도를 아끼고 사랑하는 마음으로 복음을 증거하실 때 믿음으로 받게 하옵소서. 하나님의 말씀을 생활에 푯대로 삼게 하셔서, 치우치지 않게 하시며 침륜에 빠지지 않게 하시므로 승리를 보장하여 주옵소서.

　예수 그리스도의 이름으로 기도 드립니다. 아멘.

> 구하라. 만약 우리가 구하는 대로 받지 못한다면,
> 찾으라. 만약 찾는데도 받지 못한다면,
> 그때는 두드려라.
> 토마스 맨톤

선교사를 위한 기도-1

황무지 같은 이 땅 위에 복음의 씨앗을 뿌려 주시고 교회를 세우시고 구원의 역사로 열매 맺게 하시니 감사와 찬송을 드립니다. 주님께서 저희들을 위하여 당하신 십자가의 고통을 생각하며 복음의 동역자가 될 수 있도록 은혜를 주옵소서.

저희들은 작은 십자가 앞에서도 지기를 싫어서 회피하고 다가서지 않았던 지난 날을 회개합니다. 복음의 결단이 있도록 용기를 주옵소서. 찬송과 기도로 성령의 은혜와 도우심을 간구하는 심령 위에 흡족한 은혜를 베풀어 주옵소서. 예배 중에 임하시는 주님의 은혜가 생수같이 흐르게 하여 주옵소서.

선교사역을 주관하시는 하나님! 이 땅 위에 흩어져 주님 나라의 확장을 위해 헌신하시는 많은 선교사님들을 위해서 기도드립니다. 오늘 저희들이 일일이 선교 현장에는 동참하지 못한다 할지라도 눈물의 기도와 물질로 그 분들과 동역 하게 하시며, 주님의 나라가 이 땅에 이루어지기까지 이 같은 관심과 열정이 식어지지 않게 하옵소서. 가까운 이웃에게도 주님의 사랑을 증거할 수 있는 저희들이 되게 하여 주옵소서.

은혜의 하나님! 오늘도 주님의 말씀을 선포하시는 목사님을 성령의 능력으로 붙들어 주시고, 저희들이 주님의 말씀에 새롭게 다짐하는 시간이

되게 하여 주옵소서. 또한 예배를 주관하는 예배 위원들과 봉사하는 모든 손길 들 위에도 성령님께서 함께 하실 줄 믿습니다. 저희의 예배를 기쁘게 받아 주옵소서.

예수 그리스도의 이름으로 기도 드립니다. 아멘.

어린아이는 가슴에 품은 생각을 기도하지 못한다.
다만 울음을 터뜨릴 뿐이다.
그러면 어머니는 그 울음소리 속에서
아이의 배고픔을 알게 된다.
사무엘 러더포드

선교사를 위한 기도-2

사랑의 하나님! 하나님의 형상으로 우리를 창조해주셔서 감사드립니다. 또한 모든 인류의 소망이 되시는 주님께서 부족한 저희들에게 각각의 능력과 달란트대로 해야 할 일을 주셨음을 감사드립니다.

저희들로서는 할 수 없는 일들이 능력의 주님 안에서는 가능할 수 있음을 믿고 고백합니다. 우리가 최선을 다하여 감당하도록 붙들어 주옵소서.

땅 끝까지 이르러 내 증인이 되라고 하신 주님의 말씀을 듣고 우리와 다른 기후와 음식, 토양에서 어려운 환경을 극복하며 주님의 일을 하고 있는 선교사들을 위해 이 시간 기도합니다. 그들에게 더욱더 영육 간에 강건한 힘을 더하여 주시고 그들의 가정을 축복하여 주시고, 함께 하여 주시옵소서. 각각 그 나라의 방언에 익숙해져 그들과 대화하며 그들을 이해하는 데 언어의 장벽이 없게 도와주시옵소서.

주님의 말씀을 전파할 때 주님의 능력과 기사로써 오지의 많은 사람들이 주님의 살아 계심을 느끼고 주님을 믿게 하옵소서. 더욱이 이런 일들을 위해 물질적으로 어려움이 없도록 돕는 손길이 끊이지 않게 하시고, 돕는 손길들 위에 복 내려 주옵소서.

저들의 어려움을 아시는 능력의 주님, 오지에서의 모든 애로사항을 타

개하여 주시고, 복음전파의 능력을 주시고 영적인 지혜와 권세를 충만히 부어 주셔서 각각의 임지에서 맡기어진 사명을 부족함 없이 잘 감당하게 도와주옵소서.

예수님 이름으로 기도합니다. 아멘.

어린아이는 울면서 세상에 태어난다.
마찬가지로 기도도 그 양식이나 규칙을 배우는
것이 아니라, 새 생명의 원리 자체로부터 자동적으로
흘러나오는 것이다.
윌리엄 거널

민족을 위한 기도-1

사 랑과 은혜가 충만하신 하나님 아버지! 지난 한 주간도 저희를 지켜 주셔서 은혜 중에 살게 하시다가 다시금 주님 앞에 나와 예배 드리게 하시니 감사합니다. 우리의 예배가 신령과 진정으로 드려지는 영적인 제사가 되도록 인도하여 주옵소서.

여러 모습으로 부족한 저희들을 또 다시 인도하여 주시니 감사합니다. 저희들의 그릇된 생각과 실언, 실수가 있었던 시간들을 회개하오니 용서하여 주옵소서. 속된 삶을 살 수 밖에 없는 연약한 저희들을 용서하시고, 무거운 죄악들을 깨끗케 하시어 정결 된 삶을 살아갈 수 있도록 인도하여 주옵소서. 저희에게 믿음을 주셨지만 저희는 믿음대로 살지 못했습니다. 저희가 십자가의 은혜를 의지하여 통회하오니, 성령의 권능을 내리셔서 인간의 정욕은 죽고 예수 그리스도의 구속의 은총만이 충만하게 하옵소서.

나라와 민족, 사회와 이웃을 위하여 기도드립니다. 저희가 살아가는 이 나라를 지켜 주옵소서. 아직도 남북이 분단된 채 서로 다른 사상과 이념을 가지고 살아가고 있습니다. 올해에는 반드시 민족의 통일이 이루어지게 하시고, 이산의 아픔이 치유되게 하여 주옵소서.

저희 교회도 부흥케 하시되 더욱 건강하고 성숙한 교회가 되게 하옵소서. 저희 한국 교회가 아시아를 복음화 시키는 주역이 되게 하시고,

세계에 흩어진 교회들이 주안에서 하나 되어 복음의 빛으로 감당케 하옵소서. 저희 교회와 각 선교 기관, 교육 기관을 강건케 하셔서 주어진 사명을 감당하게 하시며, 당회와 제직회의 효과적인 정책 결정과 시행을 통하여 온 교회가 크게 성장하게 하옵소서.

새해에는 소원을 가지고 기도하는 모든 일들이 이루어지게 하시고, 결단한 마음이 변치 않게 하시고, 계획한 일들이 성취되게 하옵소서. 우리에게 마음의 평강, 가정의 화목, 교회의 부흥, 그리고 나라의 평화를 주옵소서.

예수님의 이름으로 기도 드립니다. 아멘.

하나님은 당신의 기도가 얼마나 진실하고
간절한 마음에서 우러나오는 것인지를 주목하신다.
하나님께서는 상하고 애통해 하는 마음을 사랑하신다.
토마스 브룩스

민족을 위한 기도-2

저 희의 주홍 같은 죄를 주님의 보혈로 씻으신 은혜에 감사합니다. 주님의 귀하신 은혜만을 사모하여 이 자리에 왔사오니, 저희의 기도를 들어 응답해 주옵소서. 성령님의 도우심으로 저희의 소망을 가리는 모든 것들과 싸워서 이길 수 있도록 하옵소서. 주님의 사랑 안에 거하기를 원합니다. 주님의 사랑을 늘 느끼며 살아가는 저희가 될 수 있도록 함께 하여 주옵소서.

역사의 주관자가 되시는 주님! 위기에 처한 이 민족을 불쌍히 여기시고 지켜 주시기를 원합니다. 주의 백성들이 주님의 뜻대로 살지 못한 죄를 회개하고 하나님 앞으로 돌아 올 수 있도록 하시며, 특히 남과 북의 위정자들이 하나님을 두려워하게 하시고, 예레미야와 같은 주의 종들이 많이 나와 부르짖음으로 하나님의 영광이 나타나게 하옵소서. 이권 다툼에 눈이 어두운 위정자들을 불쌍히 여기시고, 상처받은 국민의 마음을 헤아릴 수 있게 하여 주옵소서.

교회도, 죽어가는 영혼들을 위하여 기도하게 하시고, 영적인 힘을 잃은 교회는 비웃음을 살 수 밖에 없다는 것을 깨달아 강력한 생명의 빛을 발할 수 있는 교회가 되게 하여 주옵소서. 오늘 이 시간 성령의 충만함을 받기 위하여 영적으로 목마른 영혼들이 주님의 전으로 모였사오니, 저희 모두에게 하늘의 예비하신 주님의 은혜를 충만히 내려 주옵소서.

축복과 진리의 영광을 보게 하여 주옵소서. 범사에 감사하며, 기도로 호흡하는 저희들이 되게 하시고, 주님의 사랑으로 늘 충만하도록 복 주옵소서.

오늘도 말씀을 예비하신 목사님 위에 축복하사 강건함으로 붙들어 주시고, 주님의 귀한 능력으로 저희에게 주님의 말씀을 증거 하실 때에 힘 있는 말씀, 권세 있는 말씀이 되도록 은혜로 더하여 주옵소서.

예수 그리스도의 이름으로 기도 드립니다. 아멘.

자주 기도하라. 왜냐하면 기도는 영혼의 호흡이요,
하나님께 드리는 희생 제물이며,
사탄에게는 두통거리가 되기 때문이다.
존 번연

민족을 위한 기도-3

목 자 되시어 저희를 늘 인도하시는 주님의 은혜에 감사합니다. 오직 주님만이 우리의 방패시요, 힘이십니다. 오늘 이 시간도 주님이 사랑으로 인도하여 주옵소서. 예배에 승리를 주옵소서.

사랑의 주님! 저희의 마음을 주님께 열게 하시고, 강팍했던 심령에 부드러운 마음을 주셔서 옥토가 되게 하시고, 주의 흡족한 은혜의 단비로 새롭게 하여 주옵소서.

은혜로우신 하나님! 하늘이 높아지고 오곡이 무르익는 계절이 옵니다. 저희 인생의 삶도 무르익게 하여 주옵소서. 그 은혜를 감사하며 찬양할 수 있게 하여 주옵소서.

능력의 주 하나님! 이 사회를 위하여 저희가 먼저 바로 서게 하여 주옵소서. 온 교회와 성도들이 도탄에 빠진 이 나라와 백성을 위하여 눈물의 회개를 할 수 있도록 도와주옵소서. 미스바 회개운동 같은 회개운동이 방방곡곡에서 일어나게 하여 주옵소서. 그리하여 하루 속히 이 나라가 복음화 되고, 이 민족이 복음화 되어서 하나님 앞에 인정받는 이스라엘 백성같이 복 받는 민족이 되게 하여 주옵소서.

주님! 저희 교회가 세운 목표가 있습니다. 결실의 계절을 맞이하여 목표한 모든 일들이 열매 맺게 하시고 주님의 영광을 나타낼 수 있도록 축복하여 주옵소서. 경제적으로 어려운 때를 당하여 저희의 마음이 연약해질까 두렵사오니, 성령님께서 저희의 마음을 주장 하사 모든 일에 담대하게 실천해 갈 수 있도록 도와주옵소서.

오늘 이 시간 단 위에 세우신 목사님을 붙들어 주셔서, 저희들에게 생명의 말씀을 전하실 때에 성령 충만, 말씀 충만, 은혜 충만하여 저희들 심령 심령이 변화 받게 하시고, 놀라운 역사가 있게 하여 주옵소서.

예수 그리스도의 이름으로 기도 드립니다. 아멘.

외식하는 자가 기도할 때, 그 마음 속에
품고 있는 생각이란
그는 기도할 마음이 조금도 없다는 것이다.
조셉 케릴

민족을 위한 기도-4

하나님 아버지 감사와 영광을 드립니다. 우리 대한민국 땅에서 예수 그리스도를 구주로 믿고 고백하며 섬기는 천만 성도들을 주님의 품으로 안아주시니 감사드립니다.

백여 년 전 순교의 씨앗으로 인해 믿음의 열매들을 맺게 하시며, 이제 복음을 수출하는 나라로 바뀌게 하심도 감사드립니다. 하지만. 아직도 이 나라의 75%의 백성들은 하나님을 모르고 있습니다. 이 민족을 불쌍히 여기셔서 온전히 주님만 섬기는 나라가 되게 하옵소서.

요나의 외침으로 니느웨 성 전체가 구원을 받았던 것처럼, 이 땅에도 회개의 역사가 다시 일어나 온 백성이 주 앞으로 돌아오는 영광스런 광경을 우리로 보게 하여 주옵소서. 그리하여 세계에서 예수 믿는 사람이 제일 많은 나라, 선교사를 제일 많이 파송하는 나라, 하나님이 주는 복을 가장 많이 받아 누리는 나라가 되게 하옵소서.

특별히 세우신 이 나라 대통령에게 은총을 주시고, 하나님의 지혜를 얻어 다스리는 지도자가 되게 하시며, 국무총리 이하 말단 공무원에 이르기까지 국민을 내 형제와 같이 나라 일을 내 일과 같이 봉사하는 공무원이 되게 하여 주시옵소서. 무엇보다 하나님 제일주의로 살아가는 복음의 대국이 되게 하여 주시옵소서.

예수님의 이름으로 기도 드립니다. 아멘.

대학입시를 위한 기도

귀한 날을 허락하신 하나님! 주님께서 저희를 기도하게 하시려고 부르신 것을 알게 하심을 감사합니다. 주님의 사랑으로 충만하여 주옵소서. 주님께서 저희에게 주신 사명을 감당하도록 인도하여 주신 것을 감사합니다. 주님의 은혜 가운데 늘 거하도록 은총 베풀어 주옵소서.

이제 얼마 있지 않아서 저희의 자녀들이 대학입시라는 큰 관문을 통과해야 하는 시기에 와 있습니다. 그 동안 꾸준히 인내하며 학업에 전념하며 힘써온 시험 준비가 헛되지 않게 하시고, 기쁨의 열매를 맺을 수 있도록 함께 하옵소서. 성실하게 공부해온 학생들에게 평강과 담대함을 허락하시고, 마지막까지 최선을 다하게 하여 주옵소서.

은혜의 주 하나님! 믿음의 눈을 뜨게 하셔서 저희의 삶을 되돌아 볼 수 있도록 하시고, 헛되고 잘못된 것을 진실하게 주님의 전에 고백하게 하시니 감사합니다. 무릇 여호와를 의지하고 의뢰하는 사람은 복을 받을 것이라 하셨으니, 저희가 주님을 의뢰하며 의지합니다. 주님의 은혜와 능력 속에서 언제나 살게 하시고, 믿음이 없는 세대에 더욱 큰 믿음을 갖게 하여 주옵소서.

이 시간 특별히 참석하지 못한 성도님들을 위해서 기도드립니다. 어느

곳에 있든지 이곳을 기억하게 하시고, 잠시라도 주님께 기도할 수 있는 은혜를 허락하여 주옵소서. 이 세대는 주님을 멀리하도록 유혹하지만, 담대하게 뿌리치고 주님의 전으로 나아올 수 있도록 인도하여 주옵소서. 저희에게 믿음을 더하여 주옵소서.

오늘 특별히 말씀을 전하시는 목사님을 성령의 능력으로 붙들어 주시고, 많은 사람들이 시련을 겪는 이 때에 소망의 메시지가 될 수 있도록 하여 주옵소서. 기도해야만 하는 이 절박한 때에 기도하기를 쉼으로 말미암아 믿음이 시들어가지 않도록 하여 주옵소서.

거룩하신 예수 그리스도의 이름으로 기도 드립니다. 아멘.

그러면 어떻게 할꼬 내가 영으로 기도하고 또 마음으로
기도하며 내가 영으로 찬미하고 또 마음으로 찬미하리라
고전 14:15

남북통일을 위한 기도

지금도 살아계시며 인류역사를 주관하시는 아버지 하나님. 우리가 여호와의 의를 따라 감사하며 지극히 높으신 하나님을 찬양합니다. 한 주간도 평안과 안전으로 지켜주시고 인도하여 주셔서 하나님의 존전에 나와 예배를 드리게 되었음을 감사드립니다.

남북의 긴장 상태 속에서도 하나님의 인도와 보호하심으로 평안을 허락하심을 감사합니다. 오늘까지 저희들을 지켜 주심으로 기동하며 호흡함을 감사합니다. 남북이 속히 하나 되게 하시고, 평화의 방법으로 통일이 되어 그리스도의 화해의 복음과 사랑으로 하나 되게 하여 주옵소서. 저들에게도 신앙의 자유를 주시고, 구속의 충만한 은혜를 받게 하여 주옵소서. 너무나 많은 젊은이들이 군복무의 수고를 감당하오니, 파수군의 경성함이 허사가 되지 않도록 지켜 주옵소서.

기도의 은혜를 베푸시는 아버지! 저희 교회가 죽어 가는 인류를 향하여 간구할 때 복음의 사역을 감당할 수 있도록 복 내려 주옵소서. 성도들의 생활을 축복하셔서 물질의 풍요로움을 허락하시고, 복음을 위한 헌신에 부족함을 느끼지 않도록 은총을 베풀어주옵소서. 선교의 큰 비전 속에 가까운 이웃을 잃어버리지 않게 하옵소서. 그리스도의 향기에 취해 구속의 은혜로 인도되게 하옵소서. 인생의 한계를 만날 때마다 주 앞에 나와 기도하오니, 홍해를 가르신 하나님께서 저희들의 앞길을 열어 주옵

277

소서.

　교회를 위하여 간구합니다. 연합하여 선을 이루기를 원하시는 하나님 아버지! 저희 온 교회가 하나 되게 하시고, 하나님의 크신 뜻과 의를 이루게 하여 주옵소서. 하나님의 교회를 치게 하셨사오니, 지체의 사명을 감당하게 하여 주옵소서. 저희 교회에 앞장서서 헌신하시는 주의 사자들과 장로님, 권사님들, 또한 여러 제직들과 기관장들이 있습니다. 각자의 역할에 충성하게 하시고, 기관마다 분야마다 활성화되게 하셔서 복음의 풍성한 결실을 할 수 있도록 축복하여 주옵소서. 하나님의 말씀으로 하나 되기를 원합니다.

　예수 그리스도의 이름으로 기도 드립니다. 아멘.

너희도 우리를 위하여 간구함으로 도우라
이는 우리가 많은 사람의 기도로 얻은 은사를 인하여
많은 사람도 우리를 위하여 감사하게 하려 함이라
고후 1:11

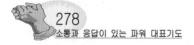

북한동포를 위한 기도

사 랑과 은혜의 주님! 주님을 찬양하게 하시니 감사합니다. 이 시간 성령을 보내셔서 주님이 기뻐 받으시는 향기로운 예배회가 되도록 인도하여 주옵소서. 주의 은혜와 사랑으로 저희 심령이 풍성해지고 충만케 하여 주옵소서. 세상적인 걱정이나 두려움은 모두 사라지게 하시고, 한나와 같이 기도에 취할 수 있는 복된 시간이 되게 하여 주옵소서.

사랑이 풍성하신 하나님! 오늘도 저희들의 모습은 세상의 욕심과 생각을 그대로 가지고 나왔음을 발견합니다. 주님의 희생으로 용서받고 살아온 저희들이 다시 한 번 주님께 죄를 자백하며 회개하오니, 진노를 거두시고 불쌍히 여기사 용서하여 주옵소서.

거룩하신 하나님! 이제는 한국 교회도 복음을 수출하고 선교하는 교회가 되었지만, 북녘 땅의 내 동포는 주님께 예배를 드리고 싶어도 자유롭게 예배를 드리지 못하고, 하나님의 성호를 마음껏 찬양할 수 있는 자유도 없사오니, 교회가 진정으로 내 동포 내 형제를 가슴에 끌어안고 주님께 울부짖으며 기도할 수 있는 교회가 되게 하여 주옵소서. 전도와 선교를 사치로 하지 않도록 하시고, 주의 십자가로 감당케 하옵소서. 성령의 능력을 힘입어 영혼을 불쌍히 여기는 마음으로 힘쓸 수 있도록 도와주옵소서.

주님의 몸 된 교회를 위하여 자신의 일보다 더욱 애쓰고 힘쓰는 손길들을 기억하시고, 저들의 몸을 드리는 봉사 위에 이 교회가 날로 든든해지고, 주님의 빛을 환하게 드러내는 복된 교회가 되게 하여 주옵소서. 날마다 새로운 은혜로 함께 하셔서 새로운 각오와 결심으로 신앙의 무장을 하게 하여 주옵소서.

성령의 불길로 태우사 거룩한 산 예배가 되게 하여 주옵소서.

임마누엘 되시는 예수님의 이름으로 기도 드립니다. 아멘.

> 모든 기도와 간구로 하되 무시로 성령 안에서 기도하고
> 이를 위하여 깨어 구하기를 항상 힘쓰며
> 여러 성도를 위하여 구하고
> 엡 6:18

가난한 이들을 위한 기도-1

사랑과 은혜가 풍성하시며 언제나 저희들에게 복 주시기를 원하시는 거룩하신 하나님 아버지 주님의 은혜에 감사드립니다.

이 세상에 많은 사람들 가운데 육신적으로 헐벗고 굶주린 자들이 있습니다. 그들을 불쌍히 여기시고 긍휼히 여겨 주옵소서. 그리고 우리가 그들을 위해 해야 할 일을 구체적으로 깨닫게 하옵소서. 먼저 그들을 위하여 눈물로 기도하게 하시고, 우리가 할 수 있는 작은 일부터 사랑을 행동으로 옮기며, 그들에게 예수님의 이름으로 선행을 베풀게 하옵소서.

그리고 부모 잃고 아픈 가슴을 가지고 살아가는 어린 소년소녀 가장들에게 힘을 주시옵소서. 먼저 예수님을 영접하게 하시고 주님에게 향하는 마음을 가질 수 있도록 도와주시옵소서. 모든 생활이 궁핍한 중에 있사오니 주님께서 그들을 늘 지켜 주시고 넉넉하게 채워 주시기를 원합니다.

또한 우리들에게는 깨달을 수 있는 영을 주셔서 그들을 위하여 무슨 일부터 도와야 하는지 생각할 수 있는 지혜를 허락하여 주시옵소서. 하나님 우리는 부족하고 연약합니다. 주님이 도와주시지 아니하시면 이 모든 일을 감당할 수 없사오니, 주님이 동행하여 주시고 이루어 나갈 수 있는 은혜를 내려 주시옵소서.

모든 고난 받는 자들의 참된 이웃이 되시는 우리 주 예수 그리스도의
이름으로 감사하며 기도드립니다. 아멘.

하나님께서는 당신의 기도가 얼마나 우아하고 균형이
잡혔으며, 얼마나 내용이 다양해야 하는지를
조금도 헤아리지 않으신다.
또 당신의 기도가 얼마나 감미로운 목소리로 진행되고,
또 얼마나 논리적으로 연결되어야 하는 지도 전혀
개의치 않으신다.

가난한 이들을 위한 기도-2

고아와 과부와 가난한 자들의 벗이 되시는 하나님 아버지, 이 시
간 하나님의 자비와 긍휼을 구하며 기도합니다.

이 땅에는 불편한 몸을 갖고 힘들게 살아가는 사람들이 많이 있습니
다. 먼저 선천적인 불편함을 갖고 사는 사람들의 마음을 위로해 주시옵
소서. 그들의 불편함 때문에 일어날 수 있는 원망이 사라지게 하옵소서.
그리고 지체 부자유자 중에 80% 정도가 후천적인 사람들이라고 합니다.
우리도 뜻하지 않은 일들을 통해 그런 어려움을 격을 수도 있다는 사실
을 생각하며 조금이나마 그들의 아픔을 나의 아픔으로 받아들이게 하옵
소서. 그들에게 하나님의 사랑을 전하기 원합니다.

그리고 부모 없는 슬픔을 누르고 살아가는 어린 고아들과 그들을 돌
보는 고아원을 위해 기도합니다. 먼저 어린 마음들을 위로하여 주시고,
그들에게 담대함을 주셔서 자신의 인생을 힘 있게 개척해 나가게 하옵
소서, 또한 연로하신 분들을 돌보는 양로원을 위해 기도합니다. 맡은 자
들이 사랑으로 섬기며 성실하게 자신의 사명을 감당하게 하옵소서.

우리 믿는 모든 성도들에게 이 시간 성령 하나님께서 역사하셔서 그
리스도의 사랑을 깨닫게 하시며, 우리도 그 사랑 본받아 선한 삶을 살게
하옵소서. 소외된 자들의 참된 이웃이 되게 하옵소서.

예수님의 이름으로 기도합니다. 아멘.

해외에 있는 이들을 위한 기도

사 랑의 하나님 감사합니다. 그리 길지 않은 기간을 통해 한국교회
를 부흥케 하시고, 교회로 인해 한국의 발전을 이루게 하심을
감사합니다. 또한 국력의 신장으로 인해 기업들과 많은 인재들을 해외로
배출케 하심도 감사드립니다.

우선 학업과 미래의 꿈을 이루기 위해 타국에서 공부하는 유학생들을
위해 기도합니다. 그들의 최종 목적이 학업이 아니라 그 수단들을 통해
하나님께 영광을 돌리는 것임을 기억케 하옵소서. 함께 공부하는 타민족
학생들에게 우리 유학생들을 통해 그리스도를 영접하는 기회를 날마다
허락하여 주시길 원합니다.

공부하는 데 있어서 지혜를 주셔서 머리가 될지언정 꼬리가 되지 않
게 하시고, 강건한 체력을 허락하사 원하는 기간 내에 학업을 마칠 수
있도록 인도하시길 기도합니다.

또한 회사의 필요에 의해 해외에서 근무하는 지체들을 위해 기도합니
다. 현지의 기업 환경이나 비즈니스 문화의 차이로 인해 어려움을 겪지

않게 하여 주옵소서. 날마다 말씀을 통해 지혜를 얻게 하사, 현지에서도 인정받는 자들로 세워주시길 기도합니다. 이들이 다시 한국에 돌아와서도 회사에서 없어서는 안 될 자들로 존귀케 하옵소서.

또한 이들을 보내고 노심초사하는 고국의 가족들에게도 평안을 허락하옵소서. 그래서 걱정보다는 기도로 그들을 중보하게 하옵소서. 우리가 어디 있든 우리와 함께 하겠다고 약속하신 그리스도 예수의 이름으로 기도합니다. 아멘.

> 기도 없는 하루는 축복 없는 하루이며,
> 기도 없는 일생은 능력 없는 일생이다.
> 하나님과 보낸 한 시간은, 인간과 보낸
> 일생만큼의 가치보다 더 의미가 있다.

소외된 자들을 위한 기도

먼 저 천지만물을 창조하시고 우리의 죄로 죽을 수밖에 없는 우리들을 구속하여 주시고, 이 세상에서 빛과 소금의 역할을 감당할 수 있도록 역사하시는 성부, 성자, 성령 하나님께 영광 돌리며 그 은혜에 감사합니다.

소년 소녀 가장들과 무의탁 노인, 그리고 고아들이 많이 있습니다. 이외에도 정부나 사회단체로부터, 그리고 가정으로부터 소외된 사람들이 너무 많습니다. 이런 현실을 볼 때 제사장과 레위인 처럼 고개를 돌리지 않게 하시고, 사마리아인처럼 가까이 다가가서 따뜻한 마음과 사랑을 나눌 수 있는 저희들이 되게 해 주옵소서.

소외된 심령들에게 소망을 주셔서 현재의 삶을 비관해서 좌절하지 않게 하시고, 낙심하여 절망에 이르지 않게 하옵소서. 좌절하기 전에, 낙심하기 전에, 절망하기 전에 먼저 창조주이신 하나님을 찾을 수 있는 지혜를 주시기를 원합니다. 또한 앞에 가로막혀 있는 걸림돌을 디딤돌로 만들 수 있는 삶의 지혜도 함께 주옵소서.

현재 처해 있는 고난과 역경의 삶을 단련의 기회로 여기며, 하나님의 뜻이 이루어지기를 겸손한 마음으로 참고 기다리며 기도하는 영혼들이 되게 해 주옵소서.

주님이 친히 저희들의 목자가 되셔서 푸른 초장과 쉴 만한 물가로 인도해 주옵소서. 예수님의 이름으로 기도합니다. 아멘.

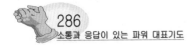

제 6 부
성구
묵상 기도

어린아이가 우는 것과 갓 거듭난 새신자가
기도하는 것은 똑같다.
어린아이는 우는 것을 누구에게서 배우는 것이 아니라,
자연적으로 알게 된다.

마태복음 묵상기도

임마누엘의 주님

마태복음 1:21

"아들을 낳으리니 이름을 예수라 하라 이는 그가 자기 백
성을 저희 죄에서 구원할 자이심이라 하니라"

주 권적인 섭리로 자기 백성을 양육하시고 다스리시는 하나님. 저희
의 대선지자시며 유일하신 대제사장이시오, 영원하신 왕 예수 그
리스도를 이 땅에 보내 주셨음을 감사드립니다. 저희로 아브라함과 다윗의
자손 예수 그리스도를 내 인생의 왕으로 모시고 살게 하옵소서.

나의 뒤에는 하나님의 영원한 섭리가 있음을 보는 안목을 갖고 살게 하
시며, 제 인생에 어려운 일, 풀 수 없는 난제에 봉착했을 때, 성급히 대하
지 않고 심사숙고할 수 있기를 원합니다. 무엇보다 하나님 말씀에 적극 순
종함으로써 모든 일을 지혜롭고 여유 있게 처리할 수 있는 사람이 되게
하옵소서.

저의 중심을 보시는 하나님, 저의 속사람을 새롭게 하사 사랑과 용서로
관용을 베풀 수 있게 하시고, 하나님 보시기에 의로운 마음으로 간주되게
하옵소서. 사람의 평을 의식하기 전, 하나님이 뭐라고 말씀하실 지 항상
먼저 생각하는 신앙적 의식구조를 갖게 하여 주옵소서. 하나님께서 늘 저
와 함께 하시는 이 놀라운 은혜를 감사드리오며, 예수님의 이름으로 기도
드립니다. 아멘.

만왕의 왕이신 주님

마태복음 2장 2절

*"유대인의 왕으로 나신 이가 어디 계시뇨 우리가 동방에서
그의 별을 보고 그에게 경배하러 왔노라 하니"*

만왕의 왕이시며 만유의 주가 되시는 하나님 아버지, 존귀와 영광을 주께 돌립니다. 온 인류의 구세주이신 예수님의 발 앞에 경배하오니, 예수 그리스도 안에 있는 지혜와 지식의 보화, 그리고 신성의 모든 충만을 체험케 하여 주옵소서. 주님 주신 이 귀한 것들을 바로 사용하여 하나님의 영광을 높이 찬양할 수 있게 하여 주옵소서.

주님, 주께서 언제나 제 인생의 주인이요 인도자이시길 원합니다. 저도 동방의 박사들처럼 진리에 대해서 가난한 마음, 준비하는 마음, 열심히 찾고 구하는 마음으로 살아갈 수 있는 힘을 주옵소서. 이 부족한 죄인은 메시야의 오심을 머리로만 고대할 뿐, 가슴과 생활로는 아직 준비가 안 되었음을 회개하나이다. 저의 삶이 주께서 도래하실 때, 기쁨으로 맞이할 수 있을 정도로 순수하고 성실하게 하옵소서.

불꽃같은 눈으로 은밀한 곳까지 보시는 하나님, 하나님 앞에서 거룩하고 흠 없는 삶으로 영광을 돌리기 위해 고난까지도 기쁨으로 여길 줄 아는 성숙한 모습으로 저를 키워주옵소서.

예수님의 이름으로 기도 드립니다. 아멘

독생하신 주님

마태복음 3:17

"하늘로서 소리가 있어 말씀하시되 이는 내 사랑하는 아들이요
내 기뻐하는 자라 하시니라"

선 하심과 인자하심이 영원하신 하나님, 죄 많은 저를 천국의 백성
으로 삼아 주신 것을 감사드립니다. 구원의 감격을 잃고 타성에
젖어 신앙생활 해 온 저를 용서하여 주옵소서. 그리스도와 함께 죽었다
가 다시 살아났으며 구원을 받은 하나님의 자녀가 된 사실을 드러내는
증인된 삶을 살게 하옵소서.

하나님, 이 세상이 죄로 관영하였습니다. 저마다 자신의 영광과 안락
을 추구합니다. 이러한 때, 우리 국가가 방향감각을 찾을 수 있게 하시
고, 한국 교회가 영적으로 쇠퇴하지 않도록 붙잡아 주옵소서. 그러기 위
해서 먼저 그리스도인들이 자신을 갈고 닦는데 힘쓰며, 매일의 생활이
자제와 절제의 생활로 일관되게 하옵소서.

구원의 하나님, 저의 중심을 주관하사 하나님을 기쁘시게 해 드릴 것
에 관해 진지하게 하여 주옵소서. 늘 하나님 앞에 선 단독자로 선택과
결단을 바로 하기를 원합니다. 이 땅에 사는 날 동안 제 자신의 자존심
과 명예만을 세우지 말게 하시고, 하나님의 뜻과 영광만을 생각할 줄 아
는 겸손과 지혜를 주옵소서.

예수 그리스도의 이름으로 기도 드립니다. 아멘.

시험을 이기신 주님

마태복음 4:10

"이에 예수께서 말씀하시되 사단아 물러가라 기록되었으되 주
너의 하나님께 경배하고 다만 그를 섬기라 하였느니라"

만 물의 주인이신 하나님 아버지, 아버지에 의해 이 세상에 있는
모든 존재들이 유지되며, 성령의 도우심으로 이제까지 제가 살
고 있음을 믿고 감사를 드립니다.

광야와 같은 이 세상에 사는 동안 저희가 받는 유혹과 시련을 이길
힘을 주옵소서. 삼킬 자를 찾아 두루 다니며 우는 사자처럼 기회를 엿보
고 있는 마귀의 올무에 넘어지지 않도록 정신을 차리고 근신하여 기도
하고 말씀에 순종하기를 힘쓰는 사람이 되길 원하오니 도와주옵소서.

말씀으로 능력을 행하시는 주님, 제가 주야로 주의 말씀을 묵상하여
말씀으로부터 오는 위로와 평안을 누리며, 참으로 세상이 알지 못하는
신령한 능력을 힘입어서 날마다 승리하는 삶을 살 수 있게 하옵소서.

'나를 따라오라'고 하시는 나의 주님, 주 되시는 예수님의 뜻에 따라
제 자신의 모든 것을 포기하는 결단력을 갖기를 원하나이다. 지나간 시
절의 잘못된 가치관과 삶에서 돌이키는, 전 인격의 몸부림으로 살기를
간절히 원하오며, 예수 그리스도의 이름으로 기도 드립니다. 아멘.

빛이 되신 주님

마태복음 5장 16절

"이같이 너희 빛을 사람 앞에 비춰게 하여 저희로 너희 착한 행실을 보고 하늘에 계신 너의 아버지께 영광을 돌리게 하라"

만복의 근원이신 하나님, 제가 무엇이관데 이 세상에 살고 있으면서 이미 하늘나라의 복을 누리며 살게 하시니 참으로 감사합니다. 저의 내적인 마음과 영혼의 상태가 이 신령한 복을 누리며 살기에 합당케 하옵소서. 저에게는 아무런 의가 없사오니 주의 의와 평강과 희락으로 채워 주옵소서.

자비하신 주님, 이 세상은 비록 죄로 오염되어 있지만 여전히 하나님의 깊은 관심과 사랑의 영역 속에 있음을 믿습니다. 미천한 저를 택하신 족속이요 왕 같은 제사장이요 거룩한 나라요 주님의 백성으로 삼아 주셨사오니, 저에게 주신 빛을 사람 앞에 비춰게 하여, 저희로 하늘에 계신 아버지께 영광을 돌릴 수 있는 거룩한 사명과 의무를 감당할 힘을 주옵소서.

평화의 왕이신 아버지, 이 죄인의 삶이 마음의 악을 씻어버리고, 깨끗한 행위로 구별되게 사는 정직한 삶이 되도록 인도 하옵소서. 핍박하는 자에게 그리스도 안에서 더욱 적극적인 사랑을 베푸는 사람이 되게 하옵소서. 그리하여 날마다 주의 온전하심에 가까워지길 원합니다. 예수님의 이름으로 기도 드립니다. 아멘.

선한 것을 더하여 주시는 주님

마태복음 6장 33절
"너희는 먼저 그의 나라와 그의 의를 구하라 그리하면
이 모든 것을 너희에게 더하시리라"

은밀히 저의 모든 것을 보시고 계시는 하나님 아버지, 사람의 눈만을 의식하느라, 참된 가치를 보고 계시는 하나님을 망각해 온 죄를 용서하여 주옵소서. 오직 하나님만을 의지하는 신실한 심령으로 하나님의 의만 나타내게 하옵소서. 하나님 아버지에 대한 믿음과 아버지의 주권을 철저히 인정하는 생활태도에서 벗어나지 않게 하옵소서.

은혜로우신 아버지, 주의 은혜를 얻어 하나님을 아버지라 부를 수 있게 된 것에 늘 감격하나이다. 하나님의 위엄과 자비와 영광이 만방에 드러나길 소원합니다. 저의 생각이 언제나 나 자신의 유익이 먼저가 아니라 하나님을 향한 영광이 우선될 수 있게 하옵소서.

온 우주 만물의 주인이신 하나님, 제가 가진 모든 것은 하나님께로부터 온 것임을 믿습니다. 제가 소유하고 있는 물질을 다스리지 못하여 결국 돈과 함께 멸망을 받을까 조심하게 하옵소서. 하나님이 주신 모든 것으로 선한 일에 열심을 내며 이웃을 구제하는 일에 더욱 힘쓸 수 있게 하옵소서.

예수님의 이름으로 기도 드립니다. 아멘.

생명의 문이신 주님

마태복음 7장 12절

"그러므로 무엇이든지 남에게 대접을 받고자 하는 대로
너희도 남을 대접하라 이것이 율법이요 선지자니라"

거룩하신 하나님, 신령한 은혜를 날마다 저에게 베푸심을 감사드립니다. 믿는 자라고 하면서 실제 생활에 있어서는 믿음과는 달리 모순 된 행동을 일삼아 온 죄를 용서하여 주옵소서. 가정과 교회와 사회에서 사랑과 이해보다는 비판과 판단이 앞설 때가 많사오니 주여, 저의 성품을 변화시켜 주옵소서.

하늘에 계신 아버지여, 하나님께서 저에게 베푸시는 사랑을 무엇으로 다 표현할 수 있겠습니까? 그 하나님께 인내심과 신뢰감을 갖고, 구하고 찾고 두드리는 기도의 사람으로 세워 주옵소서. 기도할 때마다 성령님께서 저에게 기도할 수 있는 마음을 주시길 간절히 기도드립니다.

생명의 문이신 주님, 겉보기에 거창한 멸망의 문을 기웃거리지 않도록 저를 붙잡아 주셔서 좁은 문, 영생의 문으로만 드나들게 하옵소서. 주께서 말씀하신 먼저 남을 대접할 수 있게 하시고, 먼저 남을 존중할 줄 아는 삶을 살게 하옵소서. 하나님의 말씀을 준행함으로써 더 굳건한 믿음을 갖길 원합니다.

예수님의 이름으로 기도 드립니다. 아멘.

우리의 희망이신 주님

마태복음 8장 17절

"이는 선지자 이사야로 하신 말씀에 우리 연약한 것을 친히
담당하시고 병을 짊어지셨도다. 함을 이루려 하심이더라"

말씀의 권세자이신 주님, 주의 말씀으로 위로와 소망과 지혜를 얻게 하심을 감사드립니다. 저희로 예수 그리스도의 절대적인 능력과, 이에 미칠 수 없는 인간의 한계성을 확실히 구별할 줄 아는 겸손한 신앙인이 되게 하옵소서.

주님, 제가 예수님을 따르고자 할 때, 많은 고난과 역경을 경험합니다. 때로는 두려움과 낙심에 빠질 때도 있나이다. 인생의 풍랑과 바람이 불어도 결코 넘어지지 않는 믿음과 용기를 더하여 주옵소서.

사랑의 하나님, 제가 주님을 따르는 자로 마땅히 십자가를 지고 주를 좇아야 함을 압니다. 날마다 일마다 자기 희생과 자아의 포기를 두려움 없이 할 수 있기를 원합니다. 주님을 위해서는 고난까지도 기쁨으로 감당하려는 굳센 의지와, 신앙을 위해 생명까지라도 포기하려는 용기와 결단을 주옵소서.

한 생명을 온 천하보다 귀하게 여기시는 주님, 사람의 영혼을 구하는 일을 위해서라면 어떤 희생을 치르더라도 감수하기를 원하오니 힘을 주옵소서. 예수님의 이름으로 기도 드립니다. 아멘.

죄인을 부르시는 주님

마태복음 9장 13절

"너희는 가서 내가 긍휼을 원하고 제사를 원치 아니하노라
하신 뜻이 무엇인지 배우라 내가 의인을 부르러 온 것이 아니요
죄인을 부르러 왔노라 하시니라"

권세가 무한하시고 자비가 풍성하신 하나님 아버지, 하나님 앞에 엎드려 겸손하게 은혜를 구합니다. 먼저 하나님의 섭리와 뜻을 발견하도록 저의 영안을 열어 주옵소서. 제가 비록 생로병사의 고난의 과정을 걸어가고 있을지라도 주 앞에 믿음으로 나아갈 때 새 인생, 새 소망을 발견할 수 있음을 믿나이다.

죄인을 부르시는 주님, 예수님의 부르심은 죄로 인해 병들고 잠든 영혼을 깨우고, 새롭게 하는 능력이 있음을 이 백성이 깨닫게 하옵소서. 그리하여 자기 밖에 모르는 이기심과 증오심, 경쟁심을 버리고 이웃에 대한 관심과 사랑으로 마음이 바뀌게 하옵소서.

생명의 주인이신 아버지, 믿음으로 세상을 보고, 제 자신을 보기를 원합니다. 하나님의 나라와 의를 위해 제 자신의 모든 것을 바칠 수 있는 참된 얼굴이 되길 원합니다. 함께 웃고 함께 우는 참된 인간애를 발휘하길 원합니다. 이 모든 일은 그리스도 예수의 사랑이 강권함을 받을 때만 가능할 것을 믿습니다. 주의 사랑으로 일깨워 주옵소서.

예수님의 이름으로 기도 드립니다. 아멘.

지혜로우신 주님

마태복음 10장 16절

"보라 내가 너희를 보냄이 양을 이리 가운데 보냄과 같도다
그러므로 너희는 뱀같이 지혜롭고 비둘기 같이 순결하라"

지혜로우신 하나님, 결점 투성이인 저를 부르사 하늘나라의 복음 역사를 계승시키며 발전시키고자 하시니 감사합니다. 성령께서 친히 저를 도우사 제가 복음을 전하다가 박해와 고난을 당한다 할지라도 분노하거나 실망하지 말고 조용히 기도함으로써 슬기롭게 대처하게 하옵소서.

거룩하신 하나님, 사람을 두려워하는 저의 믿음 없는 태도를 고치사 심판주이신 하나님을 두려움으로 섬기게 하옵소서. 입술로만 예수를 믿는 것이 아니라, 저의 말과 행동과 삶 전체가 하나님의 뜻에 합당하게 사는 것이 되기를 원합니다. 말씀의 검으로 세상의 세력과 욕망을 잘라 제거할 수 있는 담대함을 주옵소서.

주님, 참으로 하늘나라의 지혜는 사람들이 볼 때에는 어리석어 보이지만, 영적인 눈으로 볼 때에는 선으로 악을 이기고 승리하는 비결이 될 수 있음을 믿사옵니다. 뱀같이 지혜롭고 비둘기 같이 순결한 마음을 저에게 주사 간교한 악의 유혹을 물리치고 진리를 심어갈 수 있게 하옵소서. 예수님의 이름으로 기도 드립니다. 아멘.

평안을 주시는 주님

마태복음 11장 28절

"수고하고 무거운 짐 진자들아 다 내게로 오라 너희를 쉬게 하리라"

빛 과 진리이신 주님, 이 부족한 죄인의 삶의 모습을 통해서 하나님 나라의 통치와 영광이 드러나길 원합니다. 악인의 힘과 권력은 역사에서 사라져 버리지만, 의인의 양심은 영원히 살아있음을 믿습니다. 이 연약한 것을 붙드사 우유부단하고 세상과 타협하는 자세로 살 것이 아니라 하나님 앞에서 사명에 최선을 다하는 성실한 사람으로 살게 하옵소서.

죄인의 친구요 구세주이신 하나님, 주님께 감사와 찬양을 드립니다. 하나님의 구원의 기쁨을 누리며, 낙망하지 않고 믿음에 굳게 서서 말씀대로 살기를 원합니다. 수고하고 무거운 짐 진자를 부르시는 주님, 지금 이 시간도 죄의 짐을 지고 고통하며 살아가는 사람이 너무도 많습니다. 그들에게는 또한 장차 임할 무서운 심판이 있음을 생각하면 민망한 마음을 금할 길 없습니다.

죄인을 의인되게 하시고 죄악 가운데 신음하는 자에게 진정한 안식과 평안을 주시는 주님, 그들로 주 앞에 나오게 하사 주님 주시는 사죄의 은총을 받게 하옵소서. 나아가 사랑하는 마음으로 인생의 고난을 기쁨으로 짊어지고 살아가게 하옵소서. 예수님의 이름으로 기도 드립니다. 아멘.

형제 되신 주님

마태복음 12장 50절

"누구든지 하늘에 계신 아버지의 뜻대로 하는 자가 내 형제요 자매요
모친이니라 하시더라"

자비하신 하나님, 아버지의 영광을 찬양하오며 사모하나이다. 신앙생활을 한다고 하면서 긍휼과 자비의 마음이 없이 형식적인 신자의 노릇만 해온 죄를 용서하여 주옵소서. 금지사항에만 민감하여 소극적인 신앙인이 되지 말고, 보다 열정적인 자세로 하나님의 일을 위해 매진할 수 있는 적극적인 신앙인이 되게 하옵소서.

한 영혼의 아픔을 깊이 이해하시는 하나님, 저에게 예수님과 같이 겸손하며, 인자함으로 연약한 영혼들을 돌보고자 하는 마음을 주옵소서. 주께서 주신 말씀을 정죄나 심판의 방편으로 오용치 말고 주의 사랑과 은혜, 긍휼과 자비를 선포하는 도구로 선용케 하옵소서. 그리고 제 자신의 편견과 그릇된 가치관을 배제시키고 항상 예수께서 무엇을 말씀하시고자 하셨는가를 분별하려고 노력하게 하옵소서.

주님, 이 땅에 사는 모든 사람들이 하나님 뜻대로 행하는 성도가 되어 예수 그리스도 안에서 한 형제, 한 지체로 살게 하옵소서.

예수님의 이름으로 기도 드립니다. 아멘.

복음이신 주님

마태복음 13장 23절

"좋은 땅에 뿌리웠다는 것은 말씀을 듣고 깨달은 자니 결실하여
혹 백 배 혹 육십 배 혹 삼십 배가 되느니라 하시더라"

메시아를 영접하는 은혜를 누리며 살게 하신 아버지 하나님, 하나님의 주권과 통치를 찬양하며 감사하나이다. 저에게 복음을 주셨사오니, 하나님 나라의 비밀을 깨달을 수 있게 하옵소서. 말씀을 듣고 깨달아 결실하는 자가 되길 원합니다. 세상에 대한 욕심과 염려를 매일 말씀으로 이기며 해결해 나갈 수 있는 힘을 주옵소서.

저를 복음의 일꾼으로 세워주신 주님, 이 세상에서 가라지 때문에 곡식이 피해를 당하고 어려움을 겪는다 할지라도 용서하고 인내하며 주님의 재림을 기다리게 하옵소서. 구원받은, 이 복되고 기쁜 감격으로 헌신하며 하나님 나라의 거룩한 삶을 살기를 원하오니, 하나님의 은혜와 성령의 역사가 늘 함께 하시옵기를 간절히 기도하나이다.

살아 계신 주님, 복음 역사가 사람 보기에는 비록 작고 미미한 것 같을지라도 그 속에는 생명이 있어 결국 성장하여 세계에 영향을 미치게 됨을 믿습니다. 말씀을 듣고 깨달아 혹 백 배 혹 육십 배 혹 삼십 배의 결실을 가져오게 하옵소서.

예수님의 이름으로 기도 드립니다. 아멘.

안위가 되시는 주님

마태복음 14장 27절

"예수께서 즉시 일러 가라사대 안심하라 내니 두려워말라"

구원을 베푸시는 능력의 주님, 물속에서 허우적거리는 베드로처럼 나약한 자를 구원해 주심을 감사드립니다. 이제는 저의 체질이 믿음의 체질로 바뀌게 하옵소서. 혹 어려움과 절망의 밑바닥에 처할지라도 제 수완으로 대처하지 않게 하시고 믿음으로 극복하게 하옵소서. 제 감각, 경험, 이성을 넘어서 예수님을 붙잡고, 하나님에게만 사로잡히기를 원하나이다.

"안심하라 내니 두려워 말라"고 하신 주님. 이 시대가 너무나 비도덕적이고 비윤리적입니다. 이 죄인도 돈이나 명예 그리고 세상적인 조건 때문에 인격과 신앙을 저버릴까 두렵사오니 강한 팔로 붙잡아 주옵소서. 주께서 주신 사명을 위해 목숨까지도 바칠 각오를 주옵소서. 그리고 제 인생의 목적은 오직 하나님의 영광이요, 제 인생의 기초는 진리이게 하옵소서.

인류를 통찰하시며 보호하시는 하나님, 저도 주님의 눈으로 저의 이웃과 민족의 현실을 바라보며, 예수님의 마음을 품어 이웃들의 필요를 채우는 신자로 살기를 원합니다. 저에게 필요한 것을 주님이 채워 주시고, 주고 또 주어도 모자람이 없는 풍성함을 경험케 하옵소서.

예수님의 이름으로 기도 드립니다. 아멘.

마음을 아시는 주님

마태복음 15장 11절

"입에 들어가는 것이 사람을 더럽게 하는 것이 아니라
입에서 나오는 그것이 사람을 더럽게 하는 것이니라"

죄인을 불쌍히 여기시는 사랑의 하나님, 그 크신 사랑을 감히 형언할 수 없나이다. 사랑의 대상과 방법에 있어서 제한이 없으신 예수님의 사랑이 저에게 차고 넘치기를 간구합니다. 제 속에 가득 찬 이기심, 잘못된 습관, 세속적 관심을 성령의 불로 태우사 하나님 말씀 중심으로 바꿔지게 하옵소서.

외형적 형식보다 내용을 귀하게 보시는 하나님, 저는 세련된 형식주의자보다 부족한 듯 보이지만 진실한 신자가 되길 원합니다. "입에 들어가는 것이 사람을 더럽게 하는 것이 아니라 입에서 나오는 그것이 사람을 더럽게 하는 것"이라고 하신 주님, 외형적으로 드러나는 육체적인 단장보다는 오직 마음에 숨은 속사람을 온유하고 심령의 썩지 아니할 것으로 가꿀 수 있게 하옵소서.

진리이신 하나님, 저에게는 진리와 거짓을 구별할 수 있는 영적 통찰력이 부족합니다. 그래서 스스로 모순을 범하고 있는 영적 소경과 같사오니 불쌍히 여겨 주옵소서. 말씀 속에 감추어 진 비밀을 깨달을 수 있는 이해력과 지식을 주옵소서.

예수님의 이름으로 기도 드립니다. 아멘.

참 스승이신 주님

마태복음 16장 25절

"누구든지 제 목숨을 구원코자 하면 잃을 것이요 누구든지
나를 위하여 제 목숨을 잃으면 찾으리라"

살아 계신 하나님 아버지, 제가 주를 따른다고 하면서도 정직과 겸손이 부족했음을 고백하나이다. 입술로 예수를 주라 시인할 뿐만 아니라, 마음으로 십자가와 부활의 도를 굳게 믿는 참 신자가 되기를 원합니다. 저의 신앙의 근거를 오직 주님의 십자가 죽음과 부활의 사실에 두기를 소원합니다.

주님, 솔직히 저의 믿음은 아직 도전과 모험이 없이 제 자신의 능력의 노예가 되어 조건과 환경을 따지는 범주에 머무르고 있사오니 저의 이 병리적 자세를 치료하여 주옵소서. 믿음으로 제가 할 수 없는 것을 하고, 알 수 없는 것을 알고, 볼 수 없는 것을 볼 수 있게 하옵소서.

인류의 영원한 스승이신 주님, 이 못난 것을 주의 제자로 삼으신 것을 감사드립니다. 어떻게 해서라도 저의 뜻보다 주님의 뜻을 더 존중하고 행하는 제자, 제가 져야 할 십자가를 기꺼이 지는 제자, 앞서 가신 예수님을 따라가는 제자로 성장시켜 주옵소서. 이렇게 온전한 헌신과 고난에 대한 적극적인 태도로, 날마다 하나님의 차원에서 만사를 보며 살기를 원하오며, 예수 그리스도의 이름으로 기도 드립니다. 아멘.

변화시키시는 주님

마태복음 17장 2절

"저희 앞에서 변형되자 그 얼굴이 해같이 빛나며
옷이 빛과 같이 희어졌더라"

존귀하신 하나님 아버지, 아버지의 영광과 권능을 찬양합니다. 부족한 죄인이 이 시간 영광의 주, 고난의 주이신 예수님을 우러러 앙망하며 두렵고 떨림으로 부복하나이다. 언제 어디서나 늘 주님의 존전에 서 있는 제 자신을 인식하게 하옵소서.

믿음이 없고 패역한 세대에서 저를 불러주신 하나님, 저에게 살아있는 믿음을 주옵소서. 저희 경험을 의지하거나 저의 능력을 믿는 것에 습관화 된 이 버릇을 고쳐 주옵소서. 겨자씨만한 믿음도 없는 이 죄인을 불쌍히 여기사 생명력 있는 믿음으로 주님 주시는 무한대한 힘을 덧입을 수 있게 하옵소서.

주님, 저는 하나님 나라의 삶을 살고 있으나, 아직 완전한 하나님 나라의 삶이 아니기 때문에 이 세상의 법과 의무를 이행해야 함을 압니다. 모순과 갈등, 부조리, 부도덕이 판을 치고 있는 현실을 살고 있습니다. 하지만 겸손과 청빈과 절제의 모습을 지니고 하나님의 뜻을 드러내며 살고자 하오니 힘을 주옵소서. 하나님의 뜻 안에 자신을 철저히 복종시킴으로 주의 마음에 합당한 일을 꾀할 수 있길 바라오며, 예수님의 이름으로 기도 드립니다. 아멘.

용서의 주님

마태복음 18장 35절

"너희가 각각 중심으로 형제를 용서하지 아니하면
내 천부께서도 너희에게 이와 같이 하시리라"

천국을 유업으로 허락하신 하나님, 천국 시민다운 모습을 갖추지 못한 저의 죄를 용서하여 주옵소서. 제가 진정 겸손한 사람이 되어 내 자신을 과대평가하거나 지나치게 과소평가 하지도 않게 하옵소서. 성령의 도우심을 받아 교만해지는 마음을 날마다 쳐서 복종시킬 수 있기를 원하오니 받아 주옵소서.

주님, 인간조건에 따라서 사람을 대하는 것이 오늘날의 세태입니다. 저도 알게 모르게 남을 실족케 할까 두렵사오니 말로나 행실로 남을 낙심케 하거나 넘어뜨리지 않도록 다스려 주옵소서. 사람의 겉모양을 보고 함부로 평하는 오만한 짓을 하지 않게 하옵소서.

저의 죄를 용서해 주신 주님, 주께로부터 받은 이 용서의 심정으로 도저히 용서할 수 없는 일에 대해서까지도 용서할 수 있는 마음을 주옵소서. 신자로서 소극적으로 시비곡절을 가리는 것보다 적극적으로 하나님의 뜻 안에서 합심하여 기도 할 수 있게 하옵소서. 이 시대에 참된 용서의 문화를 이루어 가게 하옵소서.

예수님의 이름으로 기도 드립니다. 아멘.

의의 길로 인도하시는 하나님

마태복음 19장 29절

"또 내 이름을 위하여 집이나 형제나 자매나 부모나 자식이나 전토를 버린
자마다 여러 배를 받고 또 영생을 상속하리라"

크신 섭리와 은혜 가운데 저를 인도하시는 하나님, 저에게 복된 가정을 허락하심을 감사드립니다. 먼저 가정 안에서 천국 시민으로서의 영광에 찬 생활을 향유할 수 있게 하옵소서. 온 식구의 마음과 뜻과 혼이 하나가 되는 복되고 즐거운 집이 되게 하옵소서. 불화와 갈등의 요인들이 주께서 세우신 가정의 윤리와 법도 안에서 다 소멸되게 하옵소서.

어린아이와 같은 순수하고 겸손한 신앙을 원하시는 주님, 제가 주님을 바로 따르기 위해 버려야 할 것이 무엇인지 때마다 일마다 자세히 가르쳐 주옵소서. 주님이 보시기에 부족한 것이 무엇일까 늘 생각할 수 있는 의식을 갖게 하여 주옵소서.

의의 길로 인도하시는 하나님 아버지, 제가 예수님을 믿으면서도 세상을 좋아하기 때문에 세상 것을 놓지 않으려고 근심하며 슬퍼할 때가 많습니다. 성령이여 저를 도우사 자신을 비우는 자, 정함 없는 세상의 재물에 소망을 두지 않고 하나님 나라에 소망을 두는 자가 되게 하옵소서. 예수님의 이름으로 기도 드립니다. 아멘.

고난의 길을 가시는 주님

마태복음 20장 28절

"인자가 온 것은 섬김을 받으려 함이 아니라 도리어 섬기려 하고
자기 목숨을 많은 사람의 대속물로 주려 함이니라"

은혜로우신 하나님 아버지, 아무 것도 받을 자격이 없는 저에게 절대적이고 무조건적인 은혜를 베풀어 주심을 감사드립니다. 제 자신이 먼저 된 자로서 나중 된 자로 생각지 않게 하시고 나중 된 자로 먼저 된 은혜를 받고 있다고 여기며 살게 하옵소서.

영광의 부활을 바라보며 고난의 길을 가신 주님, 저도 영원한 기쁨의 나라를 바라보며 광야와 같은 이 세상의 길을 갈 수 있기를 원합니다. 영광의 관을 꿈꾸기 전 십자가의 쓴 잔을 달게 마실 수 있는 사람이 되게 하옵소서.

주님, 지금도 저 밖에는 큰 죄악과 불순종으로 실패한 자리에 있는 자들이 너무도 많습니다. 그들 모두가 다시 일어나 하나님의 품으로 돌아올 수 있는 은총을 베풀어 주옵소서. 종의 도를 친히 보여주신 주님, 성도들이 모이는 곳에는 언제나 천국의 질서 체계로서 서로 섬기기를 먼저 하고 서로 종이 되기를 힘쓰게 하옵소서. 사람 위에 군림하여 다스리려고 하는 귀족적 자세를 버리게 하옵소서.

예수님의 이름으로 기도 드립니다. 아멘.

부흥케 하시는 주님

마태복음 21장 22절

"너희가 기도할 때에 무엇이든지 믿고 구하는 것은
다 받으리라 하시니라"

우리 인생의 왕으로 찾아오신 주님, 겸손과 평화의 주님을 제 마음 깊이 영접합니다. 세상의 모든 일들을 주관하시며 예지의 능력을 소유하신 주께서 이 죄인을 다스려 주옵소서. 위선과 이기심을 제하시고 진실과 사랑으로 하나님과 사람 앞에 서게 하옵소서.

주님, 이 땅에는 헐벗고 상처투성인 영혼이 너무 많이 있습니다. 제가 비록 부족하지만 사랑과 위로로 그러한 인생을 구원의 길로 인도하길 원합니다. 저에게 힘을 주사 말씀 선포와 증거로 큰 능력의 역사를 이룰 수 있게 하옵소서.

한국 교회를 이처럼 부흥케 하신 주님, 언제부터인지 한국 교회가 그 본질을 자꾸만 상실해 가고 있습니다. 저들의 신앙과 교회의 모습이 모든 군더더기를 벗게 되고 본연의 모습으로 회복되기를 원합니다. 그저 종교행위만 무성할 뿐 실질적인 신앙의 열매는 없는 교회가 되지 않게 하옵소서. 저들의 열매는 개인적일 뿐 아니라 민족적이며 역사적이게 하옵소서. 이 민족의 장래를 짊어지고 나가는 살아 있는 교회, 빛을 발하는 교회가 되게 하옵소서. 예수님의 이름으로 기도 드립니다. 아멘.

우리를 택하여 주신 주님

마태복음 22장 14절

"청함을 받은 자는 많되 택함을 입은 자는 적으니라"

죄 인을 부르신 하나님, 주님의 음성을 듣고 주님께 나가기는 하나 제 자신의 편리한 대로 제 방식대로 처신할 때가 너무 많습니다. 저의 이 사고 방식을 바꿔 주옵소서. 주님이 입혀 주시는 예복을 입고 주님 마음에 합한 자세로 서게 하옵소서.

영원하신 주님, 저에게 복된 미래를 약속하심을 감사드립니다. 이런 큰 은총을 받고도 현세에만 얽매여 하나님의 것을 하나님께 드리기를 기피할 때도 있사오니 저의 이 못된 습성을 고쳐 주옵소서. 하나님께 마음과 온 영혼을 다하여 예배하고 또 나아가 하나님의 백성들을 잘 섬길 수 있기를 원합니다. 신앙생활과 현세의 삶 사이에서 서로 핑계치 않고 진리대로 살게 하옵소서.

아버지 하나님, 제가 주의 말씀을 들을 때마다 자신을 비우고 낮은 마음으로 성경의 계시를 편견 없이 받아들이게 하옵소서. 그리하여 먼저 하나님을 뜨겁게 사랑하게 하옵시며, 그 결과 제 자신과 이웃을 바로 사랑함으로 대강령을 실천케 하옵소서. 사랑이 없으므로 인해 울리는 꽹과리 같은 껍데기만의 행동은 하지 않게 하옵소서.

예수님의 이름으로 기도 드립니다. 아멘.

겸손의 모범이 되신 주님

마태복음 23장 12절

"누구든지 자기를 높이는 자는 낮아지고 누구든지 자기를 낮추는
자는 높아지리라"

영광과 권세를 한 몸에 지니신 하나님 아버지, 이 죄인이 지금까지 외면적인 것에만 치중하고 율법의 근본인 내면적인 의미와는 전혀 다른 어긋난 삶을 살 때가 많았음을 고백합니다. 사람을 의식하는 인본주의적 사고를 제하여 주옵소서. 이제는 율법의 외형적인 면보다 율법의 근본인 의(義)와 인(仁)과 신(信)을 중시하게 하옵소서. 그리하여 공평한 판단, 자비, 성실로 하나님을 섬기게 하옵소서.

최고의 겸손과 봉사를 실천해 보이신 주님, 저가 우리 주 예수를 본받음으로써 제 자신을 낮추는 자가 되기를 원합니다. 참된 겸손과 봉사의 모범을 많은 사람들에게 드러낼 수 있게 하옵소서. 교만한 자를 꺾으시고 겸손한 자를 높이시는 하나님의 방도를 기억하게 하옵소서.

암탉이 병아리를 모음같이 저희를 사랑하시고, 염려하시며, 보호하시는 주님, 오늘 이 위기의 상황에서 주의 날개 그늘 아래 피하기를 원합니다. 밖으로의 유혹, 안으로의 갈등, 끊임없이 찾아드는 이 모든 위기를 슬기롭게 이기도록 하옵소서

예수 그리스도의 이름으로 기도 드립니다. 아멘.

심판주 되시는 하나님

마태복음 24장 44절

"이러므로 너희도 예비하고 있으라 생각지 않은 때에
인자가 오리라"

세 상 끝 날까지 우리와 함께 하시겠다고 약속하신 주님, 주님의
섭리보다는 인간의 생각을 앞세우고, 하나님 나라의 영광보다는
성전의 화려함을 보아온 죄인을 용서하여 주옵소서. 저의 영을 강하게
하사 더 이상 겉으로 드러나는 화려함과 웅장함에 마음을 빼앗겨 보다
중요한 것을 올바로 바라보지 못하는 경우가 없게 하옵소서.

심판주이신 하나님 아버지, 처처에 난리와 난리의 소문, 기근과 지진,
거짓 선지자와 적그리스도, 신자들의 박해 등 말세의 징조를 봅니다. 주
여, 이러한 때에 미혹에 빠지지 않도록 붙잡아 주시고 끝까지 참고 견딜
수 있는 힘을 주옵소서.

주 하나님, 갈수록 세상 일로 많이 얽혀 있어 신앙생활이 큰 위기에
처하게 됨을 괴로워합니다. 나라가 번영하고 교회가 부흥할수록 오히려
영적인 침체가 옴을 절감합니다. 아버지, 이러한 때에 성도의 사랑이 깊
어지고 성도가 서로 돕고 보살피게 하시며, 복음 전파에 힘쓰고, 저 악
한 종들처럼 살지 말고 재림 대망의 신앙을 간직하며, 술 취하지 않고
방탕하지 않게 하옵소서.

예수님의 이름으로 기도 드립니다. 아멘.

신랑 되신 주님

마태복음 25장 13절

"그런 즉 깨어 있으라 너희는 그날과 그 시를 알지 못하느니라"

만 유의 주이신 하나님, 아무 것도 아닌 이 죄인에게 재능과 기술과 재산과 지혜와 시간과 기회들을 풍성히 주심을 감사드립니다. 이 모든 것이 제 것이 아니므로 하나님의 뜻대로 사용하기를 원합니다. 하나님이 제게 주신 은사를 잘 살리고 활용해서 하나님을 섬기는 사람으로 살게 하옵소서.

신랑 되신 주님, 밤이 깊고 모두 졸며 자는 때에 저를 매순간 깨우쳐 주옵소서. 평안한 시대일수록 조심하며, 낙심하지 않도록 성령께서 늘 함께 하옵소서. 제 등과 제 기름을 제가 준비하는 신앙적 자립심을 주옵소서. 무엇보다 기름 곧 신앙의 내용은 결코 빌려올 수 없다는 것을 명심하게 하옵소서. 등잔 곧 신앙의 형식만 갖춘 불 꺼진 신앙이 되지 않도록 저를 깨워 주옵소서.

다시 오실 주님, 저는 그날에 오른 편 사람이 되기를 원합니다. 그날을 기다리며 이웃을 섬기고 사랑을 실천하며 서로 돕고 살아가게 하옵소서. 주께서 이미 저에게 베푸신 신령한 은혜를 남들에게 내어 줌으로 더욱 풍성해지는 복을 내려 주옵소서. 대접받기보다는 대접하기를 좋아하는 성품을 갖기 원하옵고, 예수님의 이름으로 기도 드립니다. 아멘.

해방자이신 주님

마태복음 26장 52절

"이에 예수께서 이르시되 네 검을 도로 집에 꽂으라 검을
가지는 자는 다 검으로 망하느니라"

인류의 진정한 해방자이신 주 하나님, 주님을 기쁘시게 하기보다 노엽게 할 때가 더 많았던 이 죄인을 용서하여 주옵소서. 하나님의 섭리는 그 어떤 방해 세력에도 불구하고 이루어짐을 믿습니다. 오늘 이 사단의 흉계가 극에 달할지라도 하나님의 뜻에 순복하며 굳건히 서게 하여 주옵소서.

사랑이 풍성하신 주님, 저는 제 스스로의 힘으로는 제 신앙을 지킬 힘이 없음을 고백합니다. 결코 자기 신뢰에 빠지지 말고 주님만을 의지하는 믿음을 주옵소서. 십자가에서 찢기신 몸과 흘리신 피만이 저를 구원하실 수 있음을 알고 감사할 뿐입니다.

고난을 달게 받으신 주님, 저도 주님같이 하나님의 뜻을 따라 고난의 길도 달갑게 순종하게 하옵소서. 주님만이 온 우주의 영원한 왕이심을 믿습니다. 이 불완전하고 모순투성이인 저를 받으시고 주 뜻대로 쓰옵소서. 모나고 일그러진 것을 다듬어 주시고, 이기적이고 기만적인 기질을 고쳐 주옵소서. 진리의 말씀을 담아 감당할 만한 인품을 가진 주님의 사역자가 되게 하옵소서.

예수 그리스도의 이름으로 기도 드립니다. 아멘.

공의의 심판주이신 주님

마태복음 27장 46절

"제 구시 즈음에 예수께서 크게 소리 질러 가라사대 엘리 엘리
라마 사박다니 하시니 이는 곧 나의 하나님, 나의 하나님,
어찌하여 나를 버리셨나이까 하는 뜻이라"

죄인을 구원하시기 위해 친히 고난 받으신 주님, 제가 지금까지 얼마나 많은 죄를 지었는가를, 후회하는 것이 아니라 주님께서 저의 죄를 용서하실 것을 믿으며 솔직히 고백합니다. 또한 예수님은 나의 구주가 되시고, 나의 주인이 되심을 믿습니다. 이제는 마음과 생각과 행동으로 죄 범하지 않도록 도와주시고, 사단의 화살에 맞지 않도록 하나님의 전신갑주로 무장하며 살겠나이다.

제가 선 위치를 잘 아시는 주님, 저는 그리스도와 바라바 사이에서 바른 선택을 하며 살기를 원합니다. 양심에 들려오는 하나님의 음성과 책망을 무시해 버리고 대중이 가는 길을 따라가는 잘못을 범치 않게 하옵소서. 어둠이 아니라 빛을, 불의가 아니라 의를, 미움이 아니라 사랑을 선택할 수 있는 힘을 저에게 주옵소서.

공의로 심판하시는 하나님, 욕을 받으시되 대신 욕하지 않으시고, 고난을 받으시되 위협하지 아니하신 주님을 바라봅니다. 친히 저의 죄를 담당하신 예수님을 본받아 살기를 원하옵고, 예수님의 이름으로 기도 드립니다. 아멘.

십자가를 대신 지신 주님

마태복음 28장 20절

"내가 너희에게 분부한 모든 것을 가르쳐 지키게 하라 볼지어다
내가 세상 끝 날까지 항상 너희와 함께 있으리라 하시니라"

하늘과 땅의 모든 권세를 가지신 만왕의 왕이신 주님, 주께서 권위로써 저에게 명하시고 능력으로 저희를 지키심을 감사드립니다. 살아 계신 주님을 제 중심에 모시고 늘 기쁨에 넘친 생활을 하길 원하오니 받아 주옵소서. 무엇보다 주와 가장 가까운 관계를 유지하기 위해 주와 함께 하는 경건의 시간을 좀더 확장하도록 노력하게 하옵소서.

약한 자를 들어 강한 자를 부끄럽게 하시는 주님, 제가 비록 사람들의 눈에는 비천하게 보일지라도 하나님 앞에서 귀하게 쓰임 받는 도구가 되게 하옵소서. 살아 계신 주님, 저는 하나님의 위엄으로 인해 두려워하고, 주님의 사랑으로 인해 기뻐하나이다. 주님 주신 복음으로 기쁨이 충만하여 그 소식을 전하는 일을 신속히 할 수 있게 하옵소서.

제 대신 십자가를 지신 주님, 제가 저의 십자가로 인해 근심이 있긴 하지만 결국에는 이 근심마저도 기쁨이 되고야 말 것을 믿사옵니다. 자기 십자가를 지고 나를 따르라고 하신 주님께서 저에게 힘을 주사 이 십자가를 지고 갈 수 있게 해주실 것을 믿사옵고, 예수 그리스도의 이름으로 기도 드립니다. 아멘.

마가복음 묵상기도

나를 부르신 주님

마가복음 1장 15절

"가라사대 때가 찼고 하나님 나라가 가까웠으니 회개하고
복음을 믿으라 하시더라"

생명의 은혜를 베풀어주신 주님, 그 크신 은혜를 찬양하며 감사드립니다. 좋은 일이 있으면 그것이 마치 전부 내 공적인냥 은근히 자신을 드러냄으로 예수님의 영광을 가로챈 죄를 용서하여 주옵소서. 이제는 주와 함께 옛 사람이 장사되고 새 생명 가운데서 행하게 하옵소서.

주의 자녀들이 이 땅에서 당하는 고통을 다 아시는 주님, 제가 예수님 안에 있으면 언제나 승리할 것을 확신합니다. 주님의 겸손을 본받아 살므로 "너는 내 사랑하는 아들이라 내가 너를 기뻐하노라"는 인정을 받을 수 있는 사람 되게 하옵소서.

아무 인간 조건도 보지 않으시고 저를 부르신 주님, 부르심에 진정으로 응답한 사람은 인간조건에 관계없이 능력 있는 삶을 살 수 있는 것을 믿습니다. 주의 부르심에 언제나 아멘으로 응답하며 순종할 수 있게 하옵소서. 주어진 일에 그 누구보다도 성실하게, 묵묵히 일하여 착하고 신실한 종으로 인정받기를 원합니다. 눈가림으로나 노예근성으로가 아니라 그 일 자체가 즐겁고 행복한 것이 되게 하옵소서. 일할 수 있는 때를 적극 선용할 것을 다짐하오며, 예수님의 이름으로 기도 드립니다. 아멘.

나의 중심을 보시는 주님

마가복음 2장 21절

"생베 조각을 낡은 옷에 붙이는 자가 없나니 만일 그렇게 하면
기운 새것이 낡은 그것을 당기어 헤어짐이 더하게 되느니라"

인생문제의 진정한 해결자가 되시는 하나님 아버지, 쉽게 절망하고 낙심하는 저의 불신앙의 죄를 용서하여 주옵소서. 예수님 안에서 진정한 해결이 가능함을 믿고 예수님께 문제를 들고 나가는 저희가 되게 하옵소서. 모든 짐을 내려놓기를 원하시는 주님 앞에 다 내려놓고 인생을 다시 시작하게 하옵소서.

외적인 행위보다 내적인 심령상태를 중시하시는 주님, 저의 믿음은 말보다 실천을 앞세우는 신앙이기를 원합니다. 마음과 행동으로 예수님을 신뢰하여 주님의 복된 선언을 받을 수 있게 하옵소서. 주님, 현대인들은 속사람은 변화되지 않고 겉 사람만 다듬기에 정신이 없습니다. 우리 온 민족의 옛 습관, 사고방식, 고정관념이 깨어지게 하옵소서.

구원의 은총을 베푸시기를 기뻐하시는 주님, 제가 병든 자임을 인정함으로 주님이 나의 의원이 되시고, 제가 죄인임을 인정함으로 주께서 나의 구주가 되시며, 주님 앞에 겸손히 무릎을 꿇고 엎드림으로 주님의 은혜를 받기를 원합니다. 저에게 은혜를 풍성케 하사 주의 일에 헌신하게 하옵소서.

예수님의 이름으로 기도 드립니다. 아멘.

말씀을 주시는 하나님

마가복음 3장 35절

"누구든지 하나님의 뜻대로 하는 자는 내 형제요
자매요 모친이니라"

노하시기를 더디 하시고 자비와 긍휼이 풍성하신 주 하나님, 제가 지금까지 살아오면서 회개하기보다 오히려 사소한 일에 이유와 구실을 내세워 분노할 때가 많았음을 고백합니다. 이제는 주변 사람들을 짓누르는 태도를 버리고 주님처럼 사람을 살리기 위해 불쌍히 여기는 마음을 갖고 살게 하옵소서. 그리하여 제가 가는 곳에 주변 모든 사람들이 생동감이 넘치는 분위기가 되게 하옵소서.

저에게 말씀을 주신 주님, 혹 제가 마음이 완악한 자를 만날지라도 주의 말씀의 깊은 의미를 정확하게 가르칠 뿐만 아니라 불쌍히 여기면서 안타까워하신 주님의 심정을 가지고 전하게 하옵소서. 저의 소견이나 수완을 전하는 것이 아니라 사람을 변화시키는 능력의 말씀을 전하게 하옵소서.

이 어려운 시대에 저희를 제자로 부르신 주님, 제가 주님의 뜻을 앞세우므로 영적으로 바른 관계를 지켜가기를 원합니다. 제자의 길은 결코 순탄하거나 쉬운 길이 아님을 명심합니다. 자신을 포기하고 전적으로 주님께 의탁함으로 온전히 주를 따르는 신실한 제자가 되게 하옵소서. 예수님의 이름으로 기도 드립니다. 아멘.

열매를 주시는 하나님

마가복음 4장 20절

"좋은 땅에 뿌리웠다는 것은 곧 말씀을 듣고 받아 삼십 배
육십 배와 백 배의 결실을 하는 자니라"

능력과 권세로 만사를 주관하고 계시는 하나님 아버지, 오늘도 먼저 주의 말씀을 듣기를 원합니다. 제가 주의 말씀을 듣고, 마음에 새기며 그대로 실천에 옮길 수 있는 힘을 주옵소서. 받은 말씀으로 인해 환난이나 핍박이 올지라도 끝까지 인내하며 말씀을 붙잡고 소망 중에 살게 하옵소서. 유혹과 욕심 편에 서지 말게 하시고 언제나 말씀 편에 굳게 섬으로 승리하게 하옵소서.

빛이신 주님, 저희를 세상에 빛으로 세워 주셨음을 감사드립니다. 자신을 숨기거나 감추는 헛된 일을 하지 않게 하시고 자신의 위치를 바로 알아 등경 위에 있는 등불로서 주변을 환하게 밝히는 삶을 살게 하옵소서.

하늘에 계신 하나님, 하나님의 나라는 지금도 계속 확장되고 있음을 믿습니다. 제가 사는 동안 하나님의 나라에 참여함으로 풍성한 은혜를 받을 수 있기를 원하오니 이 풍진 세상을 사는 동안 늘 함께 하옵소서. 저의 마음 속에 하나님의 나라를 건설할 수 있게 하옵소서. 주의 나라는 내 주 예수 모신 곳임을 믿사옵고, 예수님의 이름으로 기도 드립니다. 아멘.

나를 세우시는 주님

마가복음 5장 41절

"그 아이의 손을 잡고 가라사대 달리다굼 하시니 번역하면 곧 소녀야
내가 네게 말하노니 일어나라 하심이라"

지 극히 높으신 하나님, 혼미한 이 세대 속에서 날마다 저를 만나
주심을 감사드립니다. 마귀가 우는 사자 같이 두루 다니며 삼킬
자를 찾는 이때에 주의 능력으로 저를 강건케 하사 마귀의 궤계를 물리
쳐 이길 수 있게 하옵소서. 그러기 위해서 늘 깨어 기도하며 말씀으로
무장하게 하옵소서.

저희 인생을 주관하시는 하나님 아버지, 인간의 삶 속에는 불합리하고
부당한 고통과, 원인을 알 수 없는 재난이 많습니다. 언제 어디서나 제
가 하나님의 전능하시고 자비로우신 손길을 확신함으로 보호받게 하옵소
서.

가정에 평안을 주시는 주님, 저희 가정을 그리스도를 주인으로 모시는
가정으로 세워 주심을 감사드립니다. 세상의 재물보다 주님의 뜻을 소중
히 여김으로 바른 삶을 살게 하옵소서. 때로는 인간적인 희망이 없는 절
망이 찾아올지라도 주님께 참된 희망을 두고 늘 찬송하는 가정이 되게
하옵소서. 먼저 저 자신부터 영적 무지와 나태 그리고 게으름에 빠지지
않게 하옵소서.

예수 그리스도의 이름으로 기도 드립니다. 아멘.

목자 되시는 주님

마가복음 6장 34절

"예수께서 나오사 큰 무리를 보시고 그 목자 없는 양 같음을
인하여 불쌍히 여기사 이에 여러 가지로 가르치셨더라"

전 능하신 하나님, 제게 필요한 것을 날마다 공급해 주심을 감사드립니다. 하나님께서 풍성히 주셨음에도 불구하고 욕심에 빠져 시기와 질투와 불건전한 경쟁심에 가득한 저의 죄 됨을 용서하여 주옵소서. 저에게 필요한 것은 저의 힘이나 재주가 아니라 하나님의 능력임을 믿사오니, 주여! 저에게 그 능력을 주옵소서.

거룩하신 하나님, 오늘 저는 불의가 관영한 이 세대를 살고 있습니다. 저에게 용기를 주사 불의한 것은 죽음도 두려워하지 않고 지적하는 하나님 중심의 인물이 되게 하옵소서. 저의 상황이나 환경이 어떠하든 결코 불의를 용납하거나 타협하지 않게 하옵소서.

선한 목자이신 주님, 지금도 목자 없는 양같이 유리하는 자들이 참으로 많습니다. 그들의 영이 굶주리고 있사오니 제가 그들에게 말씀의 꼴을 먹일 수 있는 작은 목자가 되게 하옵소서. 잃은 양을 찾아 산을 넘고 강을 건너는 수고를 보람 있게 감당할 수 있게 하옵소서. 날마다 저와 동행하시는 하나님.

예수님의 이름으로 기도 드립니다. 아멘.

나의 귀를 열어주시는 주님

마가복음 7장 34절

"하늘을 우러러 탄식하시며 그에게 이르시되 에바다 하시니
이는 열리라는 뜻이라"

말씀을 주신 하나님, 말씀의 권위에 복종함으로 저의 삶이 온전케 되기를 원합니다. 형식이나 의식에 매달려 말씀의 근본정신을 망각하는 잘못을 범치 않게 하옵소서. 형식보다 내용을 먼저 갖추기 위해 저의 중심을 주께 온전히 드리기를 원합니다. 이 사회의 어떤 관습일지라도 하나님의 말씀보다 더 큰 권위를 두지 않도록 저의 중심을 붙잡아 주옵소서.

마음이 청결한 자를 찾으시는 주님, 진정한 더러움이란 육체적이고 물질적인 것이 아니라 도덕적이며 영적인 것임을 믿습니다. 제 마음과 의지를 주관하사 저의 내면이 깨끗하도록 지켜 주옵소서. 제 영이 깨끗해야 제 삶이 깨끗하게 될 줄을 믿습니다.

간구하는 자의 음성을 들으시는 주님, 저는 기도생활이 너무나 소극적입니다. 주 앞에 온전히 부복하여 주의 도우심을 구할 수 있도록 기도의 영을 부어 주옵소서. 저의 영혼의 눈을 밝게 하셔서 신령한 세계를 깊이 멀리 높이 볼 수 있는 사람 되게 하옵소서. 저의 삶의 모든 필요를 채우시고 형통케 하시는 예수님의 이름으로 기도 드립니다. 아멘.

치료자가 되시는 주님

마가복음 8장 35절

"누구든지 제 목숨을 구원코자 하면 잃을 것이요, 누구든지 나와
복음을 위하여 제 목숨을 잃으면 구원하리라"

저희 인생을 불쌍히 여기시는 자비하신 하나님, 주님께서는 저를 감찰하시며 저의 궁핍함을 알고 계시며, 저에게 연민을 느끼고 계심을 믿습니다. 저에게 충분한 마음의 안정과 보다 더 조용하고 침착하고 겸허한 자세를 주옵소서, 제 주위의 현실이 암담하고 고통스럽게 보일지라도 주님만을 의지하는 믿음을 더하여 주옵소서.

저희 인생의 치료자 되시는 주님, 치유의 권능을 확신하고 그 크나 큰 축복을 묵상하며 이웃에게 간증하여 모두 함께 하나님께 영광을 돌리게 하옵소서. 때로는 그 모든 감격과 기쁨을 절제하며 스스로 묵상할 수 있게 하셔서 받은바 은혜를 소멸하지 않게 하옵소서.

온전케 하시는 주님, 제 속에 있는 불신앙적인 요소가 제거되기를 원합니다. 그리하여 하나님 앞에서 온전한 신앙을 가꾸어 가게 하옵소서. 저는 하나님에 의하여 선택받은 자이며, 하나님을 위해 성별된 자오니 저로 위탁받은 일을 완수하도록 능력을 베풀어 주옵소서. 그리스도의 장성한 분량에 이를 수 있기를 원하옵고, 예수님의 이름으로 기도 드립니다. 아멘.

화목케 하시는 주님

마가복음 9장 50절

"소금은 좋은 것이로되 만일 소금이 그 맛을 잃으면 무엇으로 짜게 하리요 너희 속에 소금을 두고 서로 화목하라 하시니라"

부활의 산 소망이 되시는 주님, 하나님의 말씀과 예수 그리스도의 증거만을 전파하길 원합니다. 주님의 증인된 저는 오직 주의 말씀만을 전하고 저의 생각이나 뜻을 전하지 않게 하옵소서. 뿐만 아니라 주께서 분부하신 것에 절대적인 순종을 보일 수 있게 하옵소서.

믿음이 있는 자를 기뻐하시는 주님, 이 믿음 없는 세대에 제가 믿음의 본을 보이는 사람으로 살기를 원합니다. 주님 제가 믿나이다. 저의 믿음 없는 것을 도와주옵소서. 모든 일에 항시 믿음으로 구하고 조금도 의심하지 않는 사람으로 살아갈 수 있게 하옵소서.

부활이요 생명이신 주님, 십자가의 죽음과 부활은 삼위일체 하나님의 능력으로 이루어진 구속의 사역임을 믿습니다. 이제는 제가 어디 가든지 그리스도를 주인으로 모신 사람답게, 하나님을 아버지라 부르는 사람답게 열린 마음을 가지고 모든 사람을 대할 수 있게 하옵소서. 저를 세상의 빛과 소금으로 세우신 주님, 저의 삶이 부패치 않는 소금이 되게 하옵소서.

예수님의 이름으로 기도 드립니다. 아멘.

섬김의 본이신 주님

마가복음 10장 45절

"인자의 온 것은 섬김을 받으려 함이 아니라 도리어 섬기려 하고
자기 목숨을 많은 사람의 대속물로 주려함이니라"

고난과 섬김의 본을 친히 육체로 보여주신 하나님, 제가 주님 앞에 설 때 언제나 어린아이처럼 순수하고 진실한 모습을 갖게 하옵소서. 그리하여 어린아이를 뜨겁게 사랑하셨던 주님의 사랑의 마음을 읽을 수 있게 하옵소서. 주님, 저의 마음이 때 묻지 않은 순박한 마음으로 존속되기를 소원합니다.

영원한 안식을 이 땅에서 사모하게 하시는 하나님, 저에게 육신의 안식처인 가정을 주심과 그 위에 영적인 가정을 주심을 감사드립니다. 저의 온 식구가 하나님의 뜻대로 살아갈 수 있도록 제가 영적인 큰 힘을 나타내 보일 수 있게 하옵소서. 그리고 영적인 모든 가족들과 잘 협력하여 주의 뜻을 이루어 갈 수 있게 하옵소서.

창조주 하나님, 주님을 본받아 섬기는 종이 되게 하시고, 많은 사람들을 위하여 언제나 솔선하여 봉사하며 희생하는 삶을 살기를 원합니다. 현재도 하나님 나라의 시민이지만 장차 영원한 하나님 나라에 들어가게 될 것을 믿습니다. 이 땅에 사는 동안도 하나님 나라의 질서를 준수하길 다짐하며, 예수님의 이름으로 기도 드립니다. 아멘.

나에게 귀 기울여 주시는 주님

마가복음 11장 24절

"그러므로 내가 너희에게 말하노니 무엇이든지 기도하고
구하는 것은 받은 줄로 믿으라 그리하면 너희에게 그대로 되리라"

만 왕의 왕 되시는 하나님, 이 죄인을 구원해 주시기 위해서 높은
위엄의 보좌를 버리시고 스스로 낮아지신 은혜를 베풀어주신 것
을 감사드립니다. 제가 주님을 따른다고 하면서 제 육신의 필요를 채우
기 위해 따르는 것이 되지 않기를 원합니다. 겉만 화려하게 꾸미고 외식
하면서 열매 맺지 못하는 인생이 아니라 성령의 풍성한 열매를 맺는 저
희가 되게 하옵소서.

교회의 머리가 되신 주님, 교회를 다른 목적으로 사용하지 않도록 한
국교회를 지켜주시기를 원합니다. 모든 성도들이 힘을 모아 교회의 순결
성을 끝까지 지켜가게 하옵소서. 자신들의 몸이 하나님의 영이 거하시는
성전임을 알고서 각자의 몸을 추악한 죄악으로 더럽히지 않게 하옵소서.

기도하는 음성에 귀를 기울이시는 주님, 주님의 응답은 항상 최선인
것을 믿습니다. 응답이 즉각적이든 오랜 후이든 때론 그 일이 이루어지
지 않을지라도 감사함으로 주를 신뢰케 하옵소서. 그리고 제 자신의 기
도가 과연 하나님의 뜻에 합당한가를 검토해 보기를 원하옵고, 예수님의
이름으로 기도 드립니다. 아멘.

궁극적인 승리를 주시는 주님

마가복음 12장 30절

"네 마음을 다하고 목숨을 다하고 뜻을 다하고 힘을 다하여
주 너희 하나님을 사랑하라 하신 것이요"

택한 자에게 사명을 주시는 하나님, 이 죄인은 택함을 받고도 사명을 망각하고 살 때가 너무 많습니다. 때로는 사악하고 비겁하며 정직하지 못할 때도 있었사오니 이 모든 죄를 용서하여 주옵소서. 저는 주의 종이 되었사오니 주님을 위하여 고난과 박해와 죽음을 각오할 수 있는 사람 되게 하옵소서.

궁극적인 승리를 가져다주실 주님, 하나님이 맡기신 일을 위해 많은 환난과 핍박을 받고 심지어 순교하게 될지라도 승리는 주께 있음을 믿습니다. 주께서는 믿는 자에게는 귀하고 보배로운 산 돌로 나타나시지만 믿지 않는 자에게는 부딪히는 돌과 거치는 반석으로 나타남을 믿습니다. 항상 살아있는 모습을 보여 줄 수 있길 원합니다.

산 자의 하나님이신 주님, 저를 부활신앙의 토대 위에 굳건히 세워 주옵소서. 제가 가진 명예나 지위보다도 그리고 부나 권세보다도 심지어 저의 가족이나 친지들보다 더 하나님을 사랑하길 원하오니 주의 사랑으로 저를 강권하여 주옵소서. 저는 열심히 산다고 하지만 저로 인해 다른 사람이 가슴 아파하는 일이 없게 하옵소서. 예수님의 이름으로 기도 드립니다. 아멘.

역사의 주관자이신 주님

마가복음 13장 33절

"주의하라 깨어 있으라 그 때가 언제인지 알지 못함이니라"

저의 중심을 보시는 전지하신 하나님, 제가 외적인 화려한 조건들만 내세우다 책망을 받지 않도록 속사람을 가꿔가게 하옵소서. 오늘 이 불안한 세상에 소망을 두고 살다가 거짓 진리에 미혹되지 않도록 저를 붙잡아 주옵소서. 그리하여 세상에 굴복하지 않고 나중까지 견딜 수 있게 하옵소서.

주님, 영적인 가치가 뒤바뀌고 세상이 극도로 악해졌습니다. 이러한 때일수록 제가 세상에 대한 미련을 온전히 버릴 수 있게 하시고 하나님의 절대주권과 사랑을 믿고 환난의 날을 감해 주시도록 기도할 수 있게 하옵소서.

역사를 주관하고 계시는 주님, 격동하는 역사의 흐름 속에서 하나님의 징조를 보는 눈을 갖기를 원합니다. 그 날과 그 때는 아무도 모른다고 하셨으니 영적 긴장을 풀지 않고 하나님께서 맡기신 일을 충성스럽게 감당할 수 있게 하옵소서. 제가 환난의 시련을 당할 때에 주께서 지키사 염려하며 좌절하는 일이 없게 하시고 온전한 믿음을 소유하게 하옵소서. 사랑의 주님, 주께서 원하시는 사랑은 부모나 처자식에 대한 사랑보다 훨씬 더 우선적임을 기억하오며, 예수님의 이름으로 기도 드립니다. 아멘.

나의 진심을 원하시는 주님

마가복음 14장 8절

"저가 힘을 다하여 내 몸에 향유를 부어 내 장사를
미리 준비하셨느니라"

인간의 진심을 받으시는 주님, 주님을 위해 자신의 옥합을 깨트린 여인의 신앙을 저도 본받기를 원합니다. 저의 옥합이 무엇인가를 알게 하시고 또한 기꺼이 바칠 수 있는 믿음을 주옵소서. 행여나 남이 하고 있는 봉사에 대해 뒤에서 비난하는 죄를 범치 않도록 저를 다스려 주옵소서.

영의 일을 우선순위에 두기를 원하시는 주님, 일이 분주한 때일수록 어떤 일을 먼저 할 것인가 하는 우선순위를 잘 경정하는 지혜를 주옵소서. 이러한 때에 친히 기도의 본을 보여주신 주님, 제가 저의 연약함과 한계성을 바로 알고 전폭적으로 하나님께 매달려 기도할 수 있게 하옵소서. 주의 뜻에 온전히 순종하기 위한 영적인 투쟁에 승리하게 하옵소서. 예수님의 기도하시는 모습을 본받아 간절하고 열심 있는 기도생활을 하길 원하오니 믿음을 주옵소서.

전능하신 주님, 제가 연약하여 범죄 할 때가 많습니다. 그 때마다 믿음의 새 출발을 하게 하옵소서. 주어진 나날이 날마다 새로워지는 희망 찬 하루하루가 되기를 간구합니다. 저의 약점을 잘 아시는 예수님의 이름으로 기도 드립니다. 아멘.

거역한 자를 받으시는 주님

마가복음 15장 34절

"제 구 시에 예수께서 크게 소리 지르시되 엘리 엘리 라마 사박다니
하시니 이를 번역하면 나의 하나님 나의 하나님
어찌하여 나를 버리셨나이까 하는 뜻이라"

구원의 주 하나님, 주님의 극진하신 사랑에 감사와 영광을 돌립니다. 주님께서 당하신 고난은 자신의 죄로 인한 것이 아니라 바로 나의 죄로 인한 것이라는 것을 생각할 때에 더욱 가슴이 메어지게 됩니다. 이제 주님께서 벌 받으심으로 저는 용서되었고 주님께서 죽으심으로 저는 영생을 얻게 된 것을 믿습니다. 주님, 저는 죄악 된 세상에서 믿음으로 살다가 피곤하여 낙심하기 쉽습니다. 그러나 이 때야 말로 예수님의 고난에 동참하고 십자가의 은혜를 덧입을 수 있는 가장 좋은 기회인 것을 알게 하옵소서.

자기에게 거역한 자를 참으신 주님, 십자가에 못 박히시기까지 죄인을 참으신 주님의 크신 사랑에 감격하여 눈물이 납니다. 제게도 죄인들을 향해 제가 죽기까지 참을 수 있는 참 사랑을 허락하여 주옵소서.

사죄의 은혜를 덧입을 수 있도록 새롭고 산길이 열리게 하신 주님, 예수께서 묻히심으로 저의 죄도 장사된 것을 믿습니다. 주안에서 다시 살게 된 저는 이제 더 이상 죄의식에 시달릴 필요가 없음을 믿사옵고, 예수님의 이름으로 기도 드립니다. 아멘.

나와 동행하시는 주님

마가복음 16장 16절

"믿고 세례를 받는 사람은 구원을 얻을 것이요,
믿지 않는 사람은 정죄를 받으리라"

죽음을 정복하시고 부활하신 주님, 인류의 가장 큰 불행과 적인 사망을 이기심을 감사드립니다. 주님의 부활은 모든 성도의 첫 열매인 것을 믿습니다. 장차 새 몸으로 부활하게 될 때까지 주께서는 늘 저와 함께 하심을 믿습니다. 저의 삶 속에서 주님께서는 분명히 함께 해 주시겠다고 하셨는데도 때론 영안이 어두워서 주님의 존재를 깨닫지 못 하고 실의와 좌절에 빠져서 점점 세상의 절망으로 빠져 가는 일이 많사 오니 저를 불쌍히 여겨 주옵소서. 이후로 믿음의 눈을 떠서 저와 함께 동행하시는 주님을 바라보게 하옵소서.

만민에게 복음을 전파하라고 하신 주님, 제가 부활신앙으로 온 천하에 다니며 만민에게 복음을 전파하는 선교사가 되기를 원합니다. 지금도 이 땅에는 하나님의 사랑을 배반하고 주님을 섬기지 않는 이들이 너무도 많사오니 주여, 저들을 구원하여 주옵소서.

만민의 구세주이신 주님, 불신자들이 주님의 크신 구원을 결코 등한히 여기지 않게 하옵소서.

예수의 이름으로 기도 드립니다. 아멘.

누가복음 묵상기도

약속을 이루어 주시는 주님

누가복음 1장 79절

"어두움과 죽음의 그늘에 앉은 자에게 비춰고
우리 발을 평강의 길로 인도하시리로다"

역사의 주가 되시는 하나님 아버지, 주의 역사는 인간의 이성과 논리를 초월하심을 깨닫습니다. 저의 믿음이 확실한 진리의 지식 위에 세워지기를 원합니다. 그리하여 하나님 앞에서 의롭고 경건하게 하나님을 기쁘시게 하는 삶을 살 수 있는 사람 되게 하옵소서. 사람의 지식 또는 과학으로 증명될 수 없는 말씀일지라도 성경에 기록된 모든 내용은 살아 계신 하나님의 말씀으로서 반드시 성취되고야 만다는 것을 꼭 믿게 하옵소서.

약속을 믿고 기다리는 자에게 반드시 그 약속을 이루시는 주님, 제가 이 악한 시대에 하나님 앞에 인정받는 삶을 살기를 원하오니 붙잡아 주옵소서. 하나님께서 현재 나를 궁휼히 여겨 주시기 때문에 현재의 내가 존재한다는 사실을 인식하고 그 은혜에 감격하는 삶을 살아갈 수 있게 하옵소서.

크신 주님, 제가 사람 앞에서가 아니라 하나님 앞에서 큰 자가 되기를 원합니다. 하오니 저에게 인간적인 지혜나 능력이 아니라 위로부터 하나님의 지혜와 능력을 입게 하여 주옵소서. 제 주변에 많은 믿음의 사람들과 이것을 나누길 원하옵고, 예수님의 이름으로 기도 드립니다. 아멘.

다시 오시는 주님

누가복음 2장 14절

"지극히 높은 곳에서는 하나님께 영광이요 땅에서는
기뻐하심을 입은 사람들 중에 평화로다"

세상을 다스리는 주 하나님, 하나님의 통치는 세상의 법과 권세에 의한 것이 아니라 의와 사랑에 의한 것임을 믿습니다. 이 백성이 나라와 권세와 영광을 아버지께 돌리는 자세로 살게 하옵소서. 비록 현실이 아무리 어렵다 할지라도 은혜와 진리로 다스리는 의와 평강의 왕을 기다리며 하나님의 구속역사에 동참할 수 있게 하옵소서.

다시 오마 약속하신 주님, 저의 간절한 기다림은 주님의 재림하심입니다. 저의 일생이 오직 하나님께만 소망을 두며 고독한 투쟁 속에 하나님께서 맡기신 일에 충성을 다 할 수 있게 하옵소서. 지금 이 시간 주님이 오시더라도 당황치 않고 맞이할 수 있게 하옵소서.

온전케 하시는 주님, 저의 인격과 신앙의 정상을 통하여 강하여지고 온전케 되기를 원합니다. 균형 있는 성장이 이루어지도록 주님께서 늘 일깨워 주옵소서. 하나님의 은혜와 진리 안에서 끊임없이 성장해 가기 위해 언제나 하나님 아버지의 뜻에 우선을 두게 하옵소서.

예수님의 이름으로 기도 드립니다. 아멘.

성령의 충만을 주시는 주님

누가복음 3장 16절

"나보다 능력이 많으신 이가 오시나니 나는 그 신들메를 풀기도 감당치 못하겠노라
그는 성령과 불로 너희에게 세례를 주실 것이요"

애통하고 회개하는 자에게 용서의 은총을 베푸시는 주님, 회개보다는 축복에 관심이 많았던 저의 잘못을 용서하여 주옵소서. 비록 회개의 메시지가 듣기 싫을지라도 기꺼이 받아 진정으로 슬퍼하며 잘못을 끊는 진지한 결심을 할 수 있게 하옵소서. 저에게도 주의 말씀이 임하게 하시고, 성령의 감동과 확신을 갖게 하사 삶의 본을 보이며 담대하게 전파할 수 있게 하옵소서.

순종이 제사보다 낫다고 하신 주님, 제가 하나님의 구속 사역의 권위 아래 철저히 순종하는 사람으로 살기를 원하오니 성령의 능력을 주옵소서. 나아가 제가 하나님의 큰 능력을 받아 백성들의 인기를 얻을 때 자신을 부인하고 겸손히 그리스도만을 증거하게 하옵소서.

영광을 세세토록 받으시기에 합당하심 하나님 아버지, 모든 죄인이 구원에 이르는 것을 통하여 궁극적으로 하나님께만 영광이 돌려지기를 원하옵니다. 그리스도를 통하여 죄인이 구원받는 역사가 하나님의 절대적인 주권에 달려 있음을 믿사오니 허락하여 주옵소서.

예수님의 이름으로 기도 드립니다. 아멘.

십자가를 지고 따르라시는 주님

누가복음 4장 8절

"예수께서 대답하여 가라사대 기록하기를 주 너의 하나님께
경배하고 다만 그를 섬기라 하였느니라"

만 물을 통하여 오직 영광을 받으실 존귀하신 주 하나님, 저로 성
령 충만한 사람이 되게 하사 나의 뜻대로 움직이지 아니하고
성령의 도구가 되어 성령의 인도하심에 온전히 순종할 수 있게 하옵소
서. 그러기 위해서 먼저 제 자신이 죄인임을 깨달아 늘 회개하는 심령을
지닐 수 있게 하시고 언제나 말씀에 순종하려는 겸손한 자세를 갖게 하
옵소서.

십자가를 지고 나를 따르라고 하신 주님, 마귀 사단은 항상 저를 육신
과 물질, 명예와 권세에 얽매이게 하여 십자가의 고난을 회피하도록 유
혹하고 있사오니, 제가 성령과 말씀으로 무장케 하옵소서. 그리하여 시
험을 이기며 십자가의 고난을 사랑하며 나아갈 수 있게 하옵소서.

살아 계신 주님, 제가 언제나 하나님의 주권과 권능의 말씀을 앞세우
며 살기를 원합니다. 저의 삶이 하나님의 영광을 드러낼 수 있으며 아울
러 하나님을 기쁘시게 하는 진실 된 사람이 되게 하옵소서. 이 백성의
구원은 오직 하나님께로부터 오는 것임을 분명히 알아 죄악을 회개하며
하나님만을 의뢰하게 하옵소서.

예수 그리스도의 이름으로 기도 드립니다. 아멘.

죄인을 부르시는 주님

누가복음 5장 32절

"내가 의인을 부르러 온 것이 아니요
죄인을 불러 회개시키러 왔노라"

거룩하시고 전능하신 주님, 죄인으로서의 참된 자아를 발견하오니 제 인생의 분명한 방향과 사명을 주옵소서. 제 자신을 위해 고기 낚는 인생보다 하나님의 영광을 위해 사람을 취하는 복된 인생이 되게 하옵소서.

은혜로우신 주님, 죄 사함의 권세는 오직 주께 있음을 믿사옵니다. 원하시면 저의 추한 죄를 깨끗게 하실 수 있나이다. 십자가의 보혈로 정결케 해 주옵소서. 그리하여 저의 무기력한 인생이 능력 있는 인생으로 바뀌게 하옵소서. 주님, 저는 실상 주님을 위해 모든 것을 버리는 것이 아니라 오히려 주님의 이름을 빙자하여 물질과 명예를 얻으려고 합니다. 저의 이 죄 된 마음을 변화시켜 주옵소서. 모든 욕심을 버리고 구세주이신 예수님과 더불어 하나님 나라의 기쁜 삶을 살아가게 하옵소서.

외식하는 자를 엄하게 책망하시는 주님, 제가 낡은 전통이나 율법적인 생각에 얽매여서 형식만을 따르는 건조한 사람이 아니라, 새 포도주이신 예수님을 모시고 제 안에 활활 타오르는 불길을 가진 영적 삶을 살기를 원하옵고, 예수님의 이름으로 기도 드립니다. 아멘.

새 역사를 창조하시는 주님

누가복음 6장 36절
"너희 아버지의 자비하심 같이 너희도 자비하라"

적극적으로 양들의 생명을 보살피시는 주님, 저는 비록 부족하고 실수가 많을지라도 예수님을 배우고 따르는 생활을 하길 원합니다. 그 동안 소극적으로 신앙 생활한 것을 회개하오니 용서와 사랑을 베풀어주옵소서. 영원한 안식을 주실 주님, 제가 새로운 피조물로 인정을 받게 되고 영원한 안식의 삶을 현재의 삶 속에서도 맛볼 수 있는 자가 되게 하옵소서. 거룩한 주의 날, 하나님께 대한 예배는 물론이고 보다 적극적이고 구체적으로 선한 일을 행하고 남에게 사랑을 베풀 수 있게 하옵소서.

절망적인 시대 배경 가운데서 오히려 새 역사를 창조하시는 주님, 제가 중대한 결정을 내리기 전, 먼저 하나님의 뜻을 구하는 간절한 기도를 드리는 기도의 사람으로 살기를 원합니다. 그리하여 마음이 가난하고 의에 주리며 상한 마음을 가진 복 있는 인생을 살게 하옵소서.

사랑의 하나님, 제가 하나님의 사랑에 기초한 새 계명을 지키길 원합니다. 원수를 사랑하고, 미워하는 자를 선대하며, 저주하는 자를 축복하며 기도해 줄 수 있는 사람으로 변화시켜 주옵소서.

예수 그리스도의 이름으로 기도 드립니다. 아멘.

영혼의 치료자이신 주님

누가복음 7장 50절

"예수께서 여자에게 이르시되 네 믿음이 너를 구원하였으니
평안히 가라 하시니라"

영혼과 육체의 완전한 치료자이신 주님, 주님은 모든 허물과 죄와 사망으로부터 능히 모든 인간을 구원하실 수 있는 능력의 구세주이심을 믿습니다. 제가 주님의 능력을 의지하고 말씀에 근거한 마음으로 살게 하옵소서. 아울러 예수님을 상관으로 모시고 그 명령에 절대 복종코자 하는 그리스도 예수의 좋은 군사로 서게 하옵소서.

인간의 마음을 깊이 이해하시고 위로하시는 주님, 저를 불쌍히 여겨 주옵소서. 제가 살았으나, 관속에 누워있는 청년과 같습니다. 저를 말씀으로 일으켜 세워 주옵소서. 제가 스스로의 무가치함과 무능력을 알고 주님의 권위를 절대적으로 의지합니다.

살아 계신 주님, 세례 요한과 같이 메시야의 길을 예비하는 사명인의 위대한 인생을 살 수 있도록 도와주옵소서. 그리하여 어두운 이 시대를 지키는 선구자가 되어 하나님의 구원의 빛을 이 땅에 나타내길 원합니다. 정치, 군사, 경제, 교육, 문화 등 이런 모든 분야가 할 수 없는 근원적 문제를 주께서 풀어 주옵소서.

예수님의 이름으로 기도 드립니다. 아멘.

한 생명을 귀하게 여기시는 주님

누가복음 8장 21절

"예수께서 대답하여 가라사대 내 모친과 내 동생들은 곧
하나님의 말씀을 듣고 행하는 이 사람들이라 하시니라"

하 나님 아버지, 저를 하나님 나라의 백성으로 삼으신 것을 감사드 립니다. 제게 들려주신 이 천국 복음을 제가 듣고 지키어 결실 하는 자가 되게 하여 주옵소서. 혹 교만하여 말씀을 듣기는 듣지만 교 만, 편견, 인간적인 생각 등으로 사단에게 말씀을 빼앗기지 않도록 지켜 주옵소서. 겸손하고 진실 된 마음으로 말씀을 공부하고 깊이 새겨 끝까 지 믿음으로 살게 하여 주옵소서. 복음 역사를 위해서라면 기꺼이 희생 과 섬김의 태도를 가지게 하옵소서.

사랑의 주님, 예수님의 보배로운 피로 저를 예수님의 참 가족이 되게 하신 것을 감사드립니다. 제가 육신의 가족보다 하나님의 말씀을 좇아 사는 믿음의 사람들을 더 사랑할 수 있게 하옵소서. 저로 어떤 형편 가 운데서도 믿음으로 사는 예수님의 참 가족이 되게 하옵소서.

한 생명을 천하보다 귀히 여기시는 주님, 오늘날 조직과 물질 위주의 사회에서 생명의 존엄성이 형편없이 땅에 떨어졌나이다. 인생들을 구원 하시기 위해 고귀한 목숨까지 바치신 예수 그리스도의 이름으로 기도 드립니다. 아멘.

치유의 근원이신 주님

누가복음 9장 24절

"누구든지 제 목숨을 구원코자 하면 잃을 것이요 누구든지
나를 위하여 제 목숨을 잃으면 구원하리라"

귀신을 제어하시며 병을 고치시는 능력과 권세를 지니신 주님, 주께서 저에게도 그러한 권세를 주사 때를 얻든지 못 얻든지 예수를 그리스도와 주로서 전파할 수 있게 하옵소서. 그리하여 이 백성 모두가 십자가의 용서와 사랑에 기초한 하나님 나라의 소식을 듣고 받아들이게 하옵소서.

만왕의 왕이신 주님, 아직도 많은 통치자들이 하나님을 두려워하지 않고 자신의 권력과 힘을 이용함으로써 하나님 나라의 의와 복음에 나타난 본질을 외면하고 하나님 나라의 통치를 거부하고 있사오니 그들에게 회개의 영을 불어 넣어 주사 주 앞에 굴복할 수 있게 하옵소서.

늘 겸손함으로 하나님 나라의 의를 구하고 그 나라의 주권과 통치를 받아들이려는 갈급한 심령으로 살기를 원하오니 은혜 내려 주옵소서. 주님께서는 복음을 반대하는 자들의 영혼까지도 아끼고 사랑하셨사오니 저도 그들에게 복음을 전하기를 원하오니 도와주옵소서. 그들에게 나갈 때 말씀만을 의지하고 다른 생각에 빠지지 않게 하옵소서.

예수님의 이름으로 기도 드립니다. 아멘.

죄인의 친구가 되시는 주님

누가복음 10장 19절

"내가 너희에게 뱀과 전갈을 밟으며 원수의 모든 능력을 제어할 권세를 주었으니
너희를 해할 자가 결단코 없으리라"

하 나님의 나라와 복음을 전파하도록 저희를 세워주신 주님의 크신 사랑을 감사드립니다. 복음이 널리 전파되기를 원하시는 하나님의 뜻과 그 일에 기꺼이 참여하려는 저의 의지가 연합되기를 원합니다. 제가 전도자로서 분명한 자세를 갖고 살겠습니다. 또한 일의 결과보다는 하늘나라의 생명책에 저의 이름이 기록된 것을 기뻐하겠습니다. 저의 생활자체가 허례허식으로 시간을 허비하지 말고 누구에게나 적극적으로 복음을 전파하는 사람 되게 하옵소서.

은혜로우신 주님, 비록 저에게 은사의 체험이 없을지라도 제가 말씀에 따라 경건한 생활에 힘쓰고 충성스럽게 봉사 잘하는 것을 더 큰 은사와 축복으로 여기기를 원합니다. 귀신이 저에게 항복하는 것보다 저의 이름이 하늘에 기록된 것을 더 기뻐하나이다.

죄인과 깊은 사귐을 갖길 원하시는 주님, 제가 형식만 지키는 신자가 아니라 성령 충만을 통해서 기쁘고 즐거운 심정으로 충성스러운 봉사자의 사명을 다하는 사람이 되게 하여 주옵소서.

예수님의 이름으로 기도 드립니다. 아멘.

나의 길에 빛 되신 주님

누가복음 11장 36절

"네 온 몸이 밝아 조금도 어두운 데가 없으면 등불의 광선이
너를 비출 때와 같이 온전히 밝으리라 하시니라"

저희의 기도를 들으시는 주님, 자기 것만 구하는 이기주의 신앙에 흐르기 쉬운 저에게 하나님의 영광과, 나라를 위하고 이웃을 위해 먼저 구할 수 있는 참된 기도를 드리게 하옵소서. 제가 참된 기도를 하기 위해서 먼저 남을 용서하는 관용을 갖게 하옵소서.

이 악한 시대에서 저를 구원해 주신 주님, 예수님만이 사단을 이길 수 있는 유일한 분이심을 믿습니다. 제가 늘 말씀으로 소제되고 수리된 마음으로 주님을 제 마음에 모시기를 원합니다. 제가 눈에 보이는 표적보다는 말씀을 공부하고 회개하는 생활을 하게 하시고, 주님만을 섬겨 영혼의 시력을 회복하게 하옵소서.

복음의 기쁜 소식을 저에게 먼저 들려주신 주님, 하나님의 복음은 등불과 같이 밝혀져 비추이고 있으며 숨겨져 있지 않음을 믿습니다. 이 땅의 모든 영혼이 복음의 빛을 받아 밝아지게 하시옵고 생명과 빛으로 충만케 하옵소서. 저의 심령 속에 하나님과 진리의 말씀을 깨닫는 빛이 어두워지지 않도록 지켜주옵소서.

예수 그리스도의 이름으로 기도 드립니다. 아멘.

시대의 징조를 보여주시는 주님

누가복음 12장 10절

"누구든지 말로 인자를 거역하면 사하심을 받으려니와
성령을 모독하는 자는 사하심을 받지 못하리라"

의 하나님, 세상의 핍박은 일시적이며 육체적인 고난이 있을 뿐이오나 정말 두려워해야 할 분은 영혼의 생명을 쥐고 계신 하나님이심을 제가 믿습니다. 평소에 언제나 하나님을 의식하며 살기를 원합니다. 외식하거나 잠깐 고통을 면하려고 비겁해지지 않게 하여 주옵소서. 먼저 주의 나라를 구하는 가운데 주의 오심을 기대하고 준비하는 삶을 살아갈 수 있게 하옵소서. 주님, 제가 세상의 의식주에 매이지 않기를 원합니다. 주님이 필요를 아시고 공급하실 것을 믿습니다.

영원한 기쁨과 복락을 예비하고 계시는 주님, 정신없이 돌아가는 세상에 마음이 빼앗겨 먹고 자고 즐기고 돈 버는 생활에 전념하다 주의 책망을 받을까 두렵사오니 저를 항상 깨어 기도하는 자로 세워 주옵소서. 하늘나라를 수단으로 이 세상의 이익을 추구하는 어리석은 자가 되지 않게 붙잡아 주옵소서.

시대의 징조를 보여주시는 하나님, 세상을 아는 것, 이상으로 하나님나라의 징조에 더 민감할 수 있게 하옵소서. 하나님께 대하여 부요하기를 원하옵고, 이 모든 말씀 예수 그리스도의 이름으로 기도 드립니다. 아멘.

긍휼이 풍성하신 하나님

누가복음 13장 3절

"너희에게 이르노니 아니라 너희도 만일 회개치 아니하면
다 이와 같이 망하리라"

회 개하기를 기다리시는 하나님, 멸망에서 구원받을 수 있는 가장 확실하고 유일한 길은 회개이며 그 회개의 유일한 문은 유일한 중보자 예수님뿐임을 믿습니다. 주님, 이미 찍혀 버렸어야 할 죄인을 예수님의 보혈로 생명을 연장시켜 주시니 감사합니다. 저로 회개의 열매를 맺는 생활을 할 수 있게 하옵소서. 회개하지 않으면 다시 용서받을 길이 없는 날이 이르고야 만다는 두려움을 늘 간직할 수 있게 하옵소서.

긍휼이 풍성하신 주님, 제가 율법의 근본정신은 무시하고 형식만을 좇는 신앙생활을 할 때가 많았음을 고백합니다. 형식보다 항상 근본정신을 먼저 생각하는 지혜를 주옵소서. 이미 저는 하나님 나라의 백성이 되었사오니 좁은 문으로 들어가기를 더욱 힘쓰기를 원합니다. 주님은 암탉이 새끼를 모음같이 문을 열어 놓고 늘 기다리고 계심을 알게 하옵소서.

저를 그리스도인 되게 하신 주님, 저의 삶이 그리스도인이라는 복되고 아름다운 이름을 걸어 놓고 그 이름에 합당치 못한 삶을 일삼지 않고 신앙인의 진정한 열매를 맺길 원하옵고, 예수 그리스도의 이름으로 기도 드립니다. 아멘.

기쁨이 되시는 주님

누가복음 14장 11절

"무릇 자기를 높이는 자는 낮아지고
자기를 낮추는 자는 높아지리라"

사랑하시는 주님, 제가 제 목숨보다 주님을 사랑할 뿐만 아니라 제 십자가를 지고 주님을 따를 수 있기를 원합니다. 십자가를 질 각오가 없이 안일과 유익만을 추구하는 자가 되지 않게 하여 주옵소서.

겸손의 도를 친히 몸으로 보여주신 주님, 높아지는 것은 낮아지는 데서 출발하며 자랑과 욕심은 창피와 타락을 가져다주며 겸손과 자기 부정은 명예로운 인정을 받게 됨을 늘 기억할 수 있게 하옵소서. 제가 물질, 체면보다는 사람을 더 사랑하게 해 주옵소서. 윗자리보다 주님 계신 곳을 사랑하게 하옵소서.

저의 참 기쁨이 되시는 주님, 그리스도의 은혜로 말미암아 값없이 주시는 구원을 얻어 하나님 나라의 시민이 됨은 큰 잔치에 비길 만큼 풍성한 생명의 향연인 것을 믿습니다. 제가 세상일을 버리고 잔치에 참여하겠습니다. 그리고 빨리 시내의 거리와 골목에 나가서 강권하여 사람을 데려 오기를 힘쓰겠습니다. 저를 천국잔치를 이루게 하는 심부름꾼으로 사용하여 주옵소서.

예수 그리스도의 이름으로 기도 드립니다. 아멘.

잃은 자를 찾으시는 주님

누가복음 15장 7절

"내가 너희에게 이르노니 이와 같이 죄인 하나가 회개하면
하늘에서는 회개할 것이 없는 의인 아흔 아홉을 인하여
기뻐하는 것보다 더 하리라"

잃은 자를 찾으시는 하나님. 주께서 의인을 부르러 오신 것이 아니라 죄인을 부르러 오셨음을 감사드립니다. 오늘 한국의 교회나 선교단체가 양을 찾되 말씀의 등불을 켜고 부지런히 방을 쓸 듯이 치밀하게 찾는 바른 전도의 자세를 가질 수 있게 하옵소서.

참 목자이신 주님, 양된 저희는 오로지 목자이신 주님만을 의지할 수밖에 없는 존재이옵니다. 언제나 죄인을 찾아 구원하시는 하나님의 지극한 사랑만을 신뢰하고 굳세게 살고자 힘쓰겠나이다. 제 행위를 자랑하지 않게 하시고 주님의 긍휼하심을 더 높이게 하옵소서. 제가 용기를 내어 저의 죄를 고백하고 일어나 주님 품에 돌아가겠습니다.

거룩하신 주님, 부족한 저를 죄인들의 영혼의 파수꾼으로 세우신 것을 감사드립니다. 제가 그들에게 복음을 전하지 아니하면 화가 미치게 됨을 기억하고 힘써 전도할 수 있게 하옵소서. 또한 죄를 회개하고 하나님 앞으로 나아간 인간들을 대하시는 하나님의 은혜로우신 용서와 사랑을 전하길 원하옵고, 예수님의 이름으로 기도 드립니다. 아멘.

충성된 자를 찾으시는 주님

누가복음 16장 10절

"지극히 작은 것에 충성된 자는 큰 것에도 충성되고
지극히 작은 것에 불의한 자는 큰 것에 불의 하니라"

주 만물의 주인이신 하나님 아버지, 제가 가진 모든 재물은 하나님으로부터 위탁받은 것임을 믿습니다. 제가 재물을 섬기지 않을 뿐 아니라 적극적으로 하나님을 섬기는데 재물을 사용하게 하옵소서. 결코 재물을 섬기는 도구로 하나님을 사용하는 어리석음을 범치 않게 하옵소서.

생명의 빛이신 주님, 저는 하나님의 진리를 알고 다가오는 세대를 기다리는 참다운 하나님의 자녀이기를 원합니다. 제가 이 세상일에는 어둡고 하나님의 일에는 밝은 사람이기를 원합니다. 지혜와 처세가 이 세대에만 국한된 사람을 본받지 않게 하옵소서. 주인의 뜻에 어긋나게 제멋대로 사는 청지기가 되지 않도록 늘 조심하겠나이다.

뿌린 대로 거두게 하시는 주님, 제가 나만을 위하여 사는 이기주의자의 비참한 말로를 당치 않기 위해 없는 자를 돌아보기를 힘쓰겠나이다. 물질에 대한 탐욕과 자기 안락에 빠지지 않도록 지켜주옵소서. 내 의의 하나님, 하나님께서는 그리스도의 십자가를 보시고 저를 의롭다 칭해 주심을 믿으며, 예수 그리스도의 이름으로 기도 드립니다. 아멘.

정결케 하시는 주님

누가복음 17장 2절

"저가 이 작은 자 중에 하나를 실족케 할진대 차라리 연자맷돌을
그 목에 매이우고 바다에 던지우는 것이 나으리라"

한 영혼을 천하보다 귀하게 보시는 주님, 저의 실수와 과오로 혹은 고의적으로 남을 넘어뜨릴까 염려되오니 저를 붙잡아 주옵소서. 형제가 죄를 범하거든 경계하고 회개하거든 용서 할 수 있게 하옵소서. 제 마음 속에 형제를 진정 위하는 마음이 떠나지 않기를 원합니다.

권세와 능력이 무한하신 주님, 살아 계신 하나님께서 크신 능력으로 저를 지키시고 계심을 감사드립니다. 제가 참 믿음을 가진다면 말할 수 없는 큰 능력이 나타날 수 있을 것을 믿습니다. 제가 겨자씨 만한 믿음일지라도 바른 믿음을 가질 수 있게 하옵소서. 제가 그 능력으로 주께 봉사하되 대가를 기대하지 않게 하시고 나의 몫을 주장하는 어리석음을 범치 않게 하옵소서.

정결케 하시는 주님, 저를 진리의 말씀으로 정결케 하옵소서. 십자가를 기꺼이 지고자 하는 믿음을 주옵소서. 하나님의 나라에 대한 바른 인식을 갖고 하나님의 통치에 늘 복종할 수 있게 하옵소서. 이 말세에 제가 종말론적인 바른 삶의 자세를 갖고 하나님의 거룩한 일을 이루어 드리기를 원하옵고, 예수님의 이름으로 기도 드립니다. 아멘.

신령한 세상을 보여주시는 주님

누가복음 18장 43절

"곧 보게 되어 하나님께 영광을 돌리며 예수를 좇으니
백성이 다 이를 보고 하나님을 찬양하니라"

아 들까지도 죽는데 내어 주시며 사랑하시는 하나님, 죄인들의 기
도를 들어주심을 감사드립니다. 저에게 항상 기도하고 낙심치
않는 믿음을 주옵소서. 끊임없이 인내심을 갖고 기도드릴 수 있게 하옵
소서. 하나님 앞에 두렵고 떨림과 통회하는 심정으로 기도하는 사람 되
게 하옵소서. 감사가 아닌 뽐내고 과시하는 기도를 하지 않도록 저의 입
술을 주장하옵소서.

거룩하신 주님, 하나님 앞에서는 제가 아무 것도 아님을 겸손히 고백
합니다. 어린아이가 부모에게 전적으로 의지하듯 하나님을 의지합니다.
하나님 나라를 위해 저의 것을 버리고 주를 좇기를 원합니다. 겉으로만
가장 윤리적이고 종교적이며 스스로 의로운 체 하는 사람이 되지 않게
하여 주옵소서.

신령한 세계를 계시해 주시는 주님, 심오한 영적 세계를 볼 수 있는
눈을 뜨게 하여 주옵소서. 세상일에는 둔하고 주님을 아는 지식에 예민
할 수 있게 하옵소서. 매사에 주님은 이럴 때 어떻게 하실까 생각하며
처신할 수 있게 하옵소서. 나날이 온전을 향해 성숙해 가기를 원하옵고,
예수 그리스도의 이름으로 기도 드립니다. 아멘.

충성된 자를 부르시는 주님

누가복음 19장 26절

"주인이 가로되 내가 너희에게 말하노니 무릇 있는 자는 받겠고
없는 자는 그 있는 것도 빼앗기리라"

죄인을 찾아오시는 주님, 사랑의 하나님, 제가 주님께 나아 갈 때 달려가는 열심, 적극적인 자세, 세상 것을 버리는 결단을 갖게 하옵소서. 예수님을 사모하는 심정으로 뜨겁게 하옵소서. 그리스도를 만난 뒤에 열매를 맺을 수 있는 사람 되게 하옵소서. 주님을 사랑하기 위해 환경을 극복할 수 있게 하옵소서.

우주 만물의 주인이신 주님, 다 주의 영광을 드러내기 위해서 지음 받은 것을 믿습니다. 제 자신도 주께 영광 돌려 드리기 위해 지음 받은 피조물입니다. 제 생명을 나로 받았사오니 하늘나라를 막연히 기다리는 안일한 삶이 아니라 충성스럽게 살고자 힘쓰겠나이다. 아무리 작은 것이라도 주님이 주신 일에 최선을 다하는 사람 되게 하옵소서.

사랑과 평화로 다스리는 주님, 오늘의 세계를 영적인 눈으로 볼 수 있는 안목을 갖게 하옵소서. 제가 지금 살고 있는 이 도성을 보면서 주님을 슬프시게 하고 있는 일이 무엇인가 살펴볼 수 있게 하옵소서. 이 민족이 하나님의 공의를 무시하지 않게 하시고 회개하는 민족 되게 하옵소서. 예수 그리스도의 이름으로 기도 드립니다. 아멘.

역사를 이루시는 주님

누가복음 20장 36절

"저희는 다시 죽을 수도 없나니 이는 천사와 동등이요
부활의 자녀로서 하나님의 자녀임이니라"

하늘과 땅의 모든 권세를 갖고 계신 주님, 주의 권세를 거역하는 죄를 범치 않기를 원합니다. 제가 선민으로서 마땅히 갖추어야 할 의와 공평과 믿음을 잃지 않게 하옵소서. 욕심에 빠져, 진리에 대하여 어둡게 되거나 약하게 되지 않도록 지켜 주옵소서. 진리 편에 서지 않는 삶은 고통의 삶이요 방황하는 삶인 것을 늘 명심할 수 있게 하옵소서.

저희를 구속하신 주님, 제가 그리스도의 피 공로로 말미암아 용서받게 된 것을 감사드립니다. 제가 짓는 죄는 용서받을 수 있지만 그 죄책은 면할 수 없는 것을 기억하고 절대 범죄하지 않도록 애쓰게 하옵소서. 저의 유익에서 벗어난 주님의 진리를 수행하게 하옵소서. 늘 진리만을 말하고 거짓을 다 버리게 하옵소서.

역사를 이루시는 주님, 제가 하나님의 형상을 입었으므로 충성심을 먼저 하나님께 드림이 마땅한 줄 아옵니다. 그러나 예수 믿는다는 핑계로 국가에 대한 의무를 소홀히 하지 않게 하옵소서. 하나님께 봉사와 감사와 영광을 드리며, 예수님의 이름으로 기도 드립니다. 아멘.

말세에 경종을 주시는 주님

누가복음 21장 34절

"너희는 스스로 조심하라
그렇지 않으면 방탕함과 술 취함과 생활의 염려로 마음이 둔하여지고
뜻밖에 그날이 덫과 같이 너희에게 임하리라"

중심을 보시는 주님, 제가 바리새인과 같은 형식주의자가 되지 않기를 기도드립니다. 진심으로 기도하고, 말씀 공부하고 헌금하게 하옵소서. 이 모든 일에 믿음과 정성이 겸비되어 주님을 기쁘시게 해드릴 수 있는 사람 되게 하옵소서. 늘 주 앞에 선 자세로 경건하고 의롭기를 원합니다.

말세의 경종을 주시는 주님, 이 시대의 종교적 타락과 윤리적 타락이 바로 말세의 징조인 것을 믿습니다. 무엇보다 교회에 대한 핍박은 외부적인 것보다 오히려 내부적인 부패가 더 크옵니다. 이러한 때, 제가 참고 견디며 인내하여 하나님 나라의 백성으로서 그 나라의 영광을 위해 존재하는 거룩한 백성이 되게 하옵소서.

역사의 징조를 통해 계시하시는 주님, 제가 이 세상에 마음을 빼앗기지 말고 언제나 말씀 중심, 기도 중심, 교회 중심의 삶을 통하여 땅 끝까지 복음 전하는 세계 선교의 사명을 위해 최선을 다 할 수 있게 하옵소서. 언제나 하나님 나라의 영광을 바라보며 살아가게 하옵소서. 예수 그리스도의 이름으로 기도 드립니다. 아멘.

피와 땀을 흘리신 주님

누가복음 22장 44절

"예수께서 힘쓰고 애써 더욱 간절히 기도하시니 땀이 땅에
떨어지는 피 방울 같이 되더라"

구속의 은총과 영원한 하나님 나라의 소망과 기쁨을 주신 아버지 하나님께 영광과 찬양을 돌립니다. 제가 항상 믿음을 통하여 하나님을 경배하고 찬양하는 일에 최선을 다하며 저의 삶이 경건하게 유지되도록 지켜주옵소서. 세상 적인 이익을 위해서 예수 그리스도를 따르다가 사단의 유혹에 넘어가는 어리석은 자가 되지 않게 하옵소서.

숨은 봉사자를 귀히 여기시는 주님, 제가 주의 일을 하다가 그 일이 정말 어려울 때 제 욕심을 따라 행동하는 가룟 유다 같이 되지 않게 은혜를 베풀어 주옵소서. 주님의 말씀대로 지켜 행함으로 인간적인 예상과 기대를 초월한 여러 가지 일들이 구속의 은총 속에서 기쁘게 성취되는 것을 맛보게 하옵소서.

몸과 피를 주신 사랑의 하나님, 죄인이 구원에 이르는 길은 주님의 대속의 피를 믿고 의지하는 길 뿐임을 믿습니다. 저에게 영적 통찰력을 갖게 하사 아버지의 뜻만을 찾고 그 뜻에 순복 할 수 있게 하옵소서. 제 욕심을 채우기 위한 기도를 함으로써 하나님 아버지의 영광을 가리는 경우가 없게 하옵소서.

예수님의 이름으로 기도 드립니다. 아멘.

새 생명을 허락하신 주님

누가복음 23장 46절

"예수께서 큰 소리로 불러 가라사대 아버지여 내 영혼을 아버지
손에 부탁하나이다 하고 이 말씀을 하신 후 운명하시다"

저의 허물과 죄를 담당하신 주님, 예수 그리스도의 고난과 죽으심은 온 인류를 대신한 죄의 형벌로서 구속의 완성을 의미하는 줄 믿습니다. 제 생각을 버리고 주님을 만나며 손해를 보더라도 진리를 말하고 순수성을 지켜갈 수 있게 하옵소서. 이 나라에 자기를 위해 남을 모함하는 백성이 없게 하옵소서.

사랑이 무한하신 주님, 자기를 죽이는 원수의 죄까지 용서해 주시기를 바라시는 주님의 기도의 정신을 제가 본받기를 원합니다. 원수도 미워하지 않으시고 사랑하시는 주님의 모습이 저의 모습이 되게 하옵소서. 저의 죄의 문제와 경건에 이르지 못하는 나쁜 심성을 고치기 위해서 간절한 심정으로 회개하오니 용서하여 주옵소서. 이제는 제가 죽고 그리스도만 저의 삶을 통해 나타나게 하옵소서.

새 생명을 허락하신 주님, 저의 삶은 그리스도와 함께 고난을 받을지언정 세상의 죄악과 불의에 빠져 타협하지 않기를 원합니다. 언제나 늠름하고 기상 있게 이 악한 세대를 거슬러 어두움을 비추는 빛의 사명을 다하기를 원하옵고, 예수님의 이름으로 기도 드립니다. 아멘.

새 힘을 주시는 주님

누가복음 24장 6절

"여기 계시지 않고 살아나셨느니라 갈릴리에 계실 때에
너희에게 어떻게 말씀하신 것을 기억하라"

사망 권세를 이기시고 승리하신 주님, 주님의 부활은 첫 열매임으로 저도 주님의 뒤를 이어 부활하게 될 것을 믿습니다. 사망이 결코 저를 주관할 수 없음으로 저는 담대히 주님의 고난의 발자취를 따르겠나이다. 또한 부활하신 주님께서 세상 끝 날까지 저와 함께 해주시겠다는 약속을 믿고 생명이 다 하는 날까지 부활의 주님을 증거 하는 일에 최선을 다하겠나이다.

말씀으로 새 힘을 주시는 주님, 말씀으로 저의 심령을 뜨겁게 하여 주옵소서. 제가 성경을 새롭게 공부하고 사명의 길로 되돌아 갈 수 있기를 원합니다. 말씀을 보는 눈이 열리게 하사 풍성한 은혜의 체험하게 하시며, 의와 평강과 희락이 넘치는 하나님 나라의 삶이 계속되게 하옵소서.

주님 쓸데없는 저를 구원하셔서 주님의 십자가와 부활의 증인으로 삼으셨으니 죄 사함의 복음을 전하게 하시고 세상 만민을 주님의 생명의 길로 인도하게 하옵소서. 나아가 복음의 능력으로 하나님의 영광이 드러날 때 절대로 교만하지 않게 하옵소서.

예수 그리스도의 이름으로 기도 드립니다. 아멘.

요한복음 묵상기도

생명의 주인이신 주님

요한복음 1장 14절

"말씀이 육신이 되어 우리 가운데 거하시매 우리가 그 영광을 보니
아버지의 독생자의 영광이요 은혜와 진리가 충만하더라"

생명의 주인이신 주님, 저에게 생명의 빛을 비추사 제 영혼이 소생하고 빛 된 인생을 살게 하신 것을 감사드립니다. 저는 이제 빛의 증거자가 되었사오니 주의 충만한 데서 은혜와 진리를 넘치도록 받아, 이것으로 모든 이에게 비출 수 있는 사람 되게 하옵소서. 그리하여 저로 인해 많은 사람들이 주를 영접할 수 있게 하옵소서.

세상 죄를 지신 주님, 인생의 근본 문제는 죄 문제임을 아옵니다. 제가 다른 사람과 대화할 때, 저의 말 보다 예수님의 구속의 사역을 전하기를 원합니다. 주님만이 거룩하신 하나님 앞에 나아갈 수 있는 새롭고 산 길인 것을 이 백성 모두가 깨닫게 하옵소서. 저는 주의 이 크신 사역을 전하기에는 너무도 부족한 사람임을 알고, 늘 증거자의 겸손을 잃지 않게 하옵소서.

비천한 종을 부르신 주님, 제 속에 메시야를 만난 감격이 넘치기를 원합니다. 그리하여 이 즐거움을 이웃 친구들에게 나누어 주고자 달려가는 발걸음이 되게 하옵소서. 예수님과의 인격적인 체험이 날로 더 깊어져 가기를 원하오며, 예수님의 이름으로 기도 드립니다. 아멘.

좋은 것으로 채우시는 주님

요한복음 2장 17절

"제자들이 성경 말씀에 주의 전을 사모하는 열심이
나를 삼키리라 한 것을 기억하더라"

세상만사의 진정한 해결자가 되시는 주님, 이 시대는 온갖 문제들로 뒤범벅이 되어 있습니다. 저마다 문제의식을 갖고 해결 방법을 말하고 있지만 좀처럼 나아지는 것이라곤 어디서도 찾아보기 힘듭니다. 진정한 해결은 주님께 있음을 믿고 이제는 주님께 내어놓고 믿음으로 기다리며 무슨 말씀을 하시든지 순종할 수 있게 하옵소서.

저희에게 가장 좋은 것들을 아낌없이 주시어, 저희의 생의 기쁨을 충만케 하시길 원하시는 주님, 제 의식이 예수님께 대한 완전한 확신과 기대로 가득하기를 원합니다. 예수님께서는 제가 주님을 아는 것보다 더 분명하고 정확하게 저를 온전히 알고 계심을 믿습니다. 저의 행동과 생각을 감찰하시는 주 앞에서 살아가게 하옵소서.

전능하시고 영원하신 하나님, 저에게는 모든 것을 제 자신으로부터 생각하고 사고하고 판단하고 행동하는 자기중심적인 자기주장의 의지를 꺾어 주옵소서. 때를 기다리며 오래 참고 준비하여 하나님의 선한 인도하심을 받기를 원합니다.

예수님의 이름으로 기도 드립니다. 아멘.

아들삼아 주신 하나님

요한복음 3장 36절

"아들을 믿는 자는 영생이 있고 아들을 순종치 아니하는 자는
영생을 보지 못하고 도리어 하나님의 진노가 그 위에 머물러 있느니라"

거룩하신 주님, 이 못난 죄인을 하늘나라의 백성으로 삼으신 것을 감사드립니다. 제 속에 하나님이 통치하심으로 오는 의와 기쁨과 평강이 넘치기를 원하오니 영적인 세계를 바로 이해할 수 있는 안목을 주옵소서. 신앙생활이 제도적이고 형식적인 외식주의로 흐르지 않게 붙잡아 주옵소서.

사랑하시는 주님, 참 사랑이신 주님을 이 시간 깊이 생각해봅니다. 무자격자요, 반역자인 저를 위해 그 고통 가운데 생명을 버리신 주님의 사랑이 제 마음에 부어짐을 느낍니다. 저에게 하나님을 사랑하며 이웃을 사랑하는 진실과 능력을 허락하옵소서. 제가 스스로의 힘으로는 남을 사랑할 수 없음을 분명히 아옵니다.

저를 부르사 귀한 일을 맡기신 주님, 비록 저의 일이 하찮고 보잘 것 없이 보일지라도 그것을 감사함으로 받아들이며 기쁨으로 감당하는 자세를 주옵소서. 제 자신의 의지와 역할을 분명히 아는 지혜를 갖기 원합니다. 남보다 낮은 뒷자리를 기꺼이 택할 수 있는 사람 되게 하여 주옵소서. 예수님의 이름으로 기도 드립니다. 아멘.

영원한 샘이 되신 주님

요한복음 4장 14절

"내가 주는 물을 먹는 자는 영원히 목마르지 아니하리니
나의 주는 물은 그 속에서 영생하도록 솟아나는 샘물이 되리라"

생수의 근원이 되시는 주님, 제 영혼이 주의 품에 안기게 됨을 감사드립니다. 주께서 주시는 물은 영원토록 제 속에서 솟아날 것을 믿습니다. 이 생수가 강같이 흘러 넘쳐 뭇 사람에게 공급되게 하옵소서. 지금도 영혼의 갈증을 채우지 못해 방황하고 있는 이들이 너무 많사오니 그들을 구원의 길로 인도할 수 있는 사람 되게 하옵소서.

신령과 진정으로 드리는 이 예배를 받으시기에 합당하신 주님, 제가 주님께 예배를 드릴 때, 온 마음을 다하며 하나님의 말씀에 계시된 하나님에 대한 명백한 지식을 갖고 예배드릴 수 있게 하옵소서. 또한 하나님 앞에 벌거벗은 듯이 다 내어놓고 회개함으로 용서의 기쁨을 얻을 수 있게 하옵소서.

믿음으로 영적 세계에 들어가게 하신 주님, 이 세계 안에서 누리는 기쁨은 무궁무진한 것을 압니다. 최고의 가치가 최고의 기쁨과 만족을 갖게 함을 깨닫습니다. 주님은 저에게 새로운 기쁨을 주실 뿐 아니라 새로운 일과 새로운 소망을 주심을 경험케 하심을 감사드립니다.

예수님의 이름으로 기도 드립니다. 아멘.

죄를 미워하시는 주님

요한복음 5장 39절

"너희가 성경에서 영생을 얻는 줄 생각하고 성경을 상고하거니와
이 성경이 곧 내게 대하여 증거 하는 것이로다"

위로의 주 하나님, 제 주변에는 위로 받기를 거절하며 홀로 살아가는 사람, 다시 희망을 갖는 것을 포기하며 새로운 일을 도전해 보지 않고 주어진 대로만 살아가는 사람이 많사오니 이들을 제가 주께로 인도할 수 있게 하옵소서. 이들 모두가 주안에서 삶의 소망과 새로운 생명을 얻게 하여 주옵소서.

생명과 심판의 권세를 가지신 주님, 저는 영생을 얻었고 심판에 이르지 아니하며, 사망에서 생명으로 옮겨졌음을 믿고 감사드립니다. 이 놀라운 은혜를 생각하며, 하나님의 뜻을 행하고 하나님을 높이기에 더욱 힘쓰기를 원합니다. 장차 다가올 심판의 날에 부끄러운 구원이 되지 않도록 저를 경책하여 주옵소서.

죄를 미워하시는 주님, 저에게는 죄를 미워하는 동시에 좋아하고 사모하는 마음이 숨어 있사오니 이 죄인을 불쌍히 여기사 죄악을 이길 수 있는 힘을 주옵소서. 정직한 마음으로 주를 찾사오니 믿음 더욱 주옵소서. 제가 말씀을 믿고 일어나 걸어가기를 원하옵고, 날마다 새 힘을 주시는 예수님의 이름으로 기도 드립니다. 아멘.

인생 항로에 선장되시는 주님

요한복음 6장 27절

"썩는 양식을 위하여 일하지 말고 영생하도록 있는 양식을
위하여 하라 이 양식은 인자가 너희에게 주리니
인자는 아버지 하나님의 인치신 자니라"

선한 목자 되시는 주님, 제가 주님의 목자적 심정을 배우기를 원합니다. 이 시대의 유리방황하는 무리들을 보고 민망히 여기는 태도를 갖게 하옵소서. 저들에게 나아가 생명의 말씀을 나누어 줄 수 있는 말씀의 사람으로 세워 주옵소서. 제 자신에게 있는 것을 다하는 헌신적 자세를 갖게 하여 주옵소서.

인생의 항로의 선장 되시는 주님, 제 인생의 항해 가운데 광풍이 끊임없이 찾아오고 있습니다. 광풍을 만날 때 오히려 제 신앙이 성장하는 계기가 되게 인내력을 주옵소서. 산 믿음, 큰 믿음으로 현실을 해결해 가는 능력의 사람으로 변화시켜 주옵소서. 나날이 믿음이 더 성장하여 예수님을 더욱 깊이 알아가게 하옵소서.

영원한 참 만족을 주시는 주님, 제가 지금까지 인생을 살면서 잘못된 동기로 인생을 살았던 때가 많았습니다. 이제는 썩는 양식을 위해서 일하지 아니하고 영생하도록 있는 양식을 위해 일하는 사람 되길 원합니다. 주님께서 저에게 참 만족의 길을 늘 제시하여 주옵소서.

예수 그리스도의 이름으로 기도 드립니다. 아멘.

때를 따라 일하시는 주님

요한복음 7장 6절

"예수께서 가라사대 내 때는 아직 이르지 아니하였거니와
너희 때는 늘 준비되어 있느니라"

때를 따라 일하시는 주님, 하나님이 주시는 때를 기다리며 순종하
지 못하고 서두르고 조급해 한 저의 불신앙적 태도를 용서하여
주옵소서. 지금 저에게 주어진 기회에 최선을 다하며 맡은 일에 충성을
다하겠나이다. 하나님의 뜻과 방법 하나님의 때를 따라 행동하는 제가
되게 하여 주옵소서.

공의의 하나님, 오늘날은 공의와 판단이 사라진 시대입니다. 많은 사
람들이 거짓과 형식과 물질과 권력에 사로잡혀 있나이다. 하오나 교회와
성도들은 이렇게 되지 않도록 주님 지켜주옵소서. 참으로 하나님을 경외
하고 사랑하며 사람을 존중하고 사랑하는 마음을 교회와 성도 모두에게
주옵소서.

빛과 진리 되신 주님, 제가 주의 진리를 알기 위해 주를 더욱 의지합
니다. 목마른 사슴이 시냇물을 찾듯 주의 진리를 사모하오니 주의 진리
로 저를 채우소서. 주께서는 복되며 기쁜 소식을 주었으니 이제도 이 복
음으로 저를 충만케 하옵소서. 그리하여 믿음과 성령의 사람으로 이 불
의한 세대를 살아가게 하옵소서.

예수 그리스도의 이름으로 기도 드립니다. 아멘.

참 자유를 주시는 주님

요한복음 8장 12절

"나는 세상의 빛이니 나를 따르는 자는 어두움에
다니지 아니하고 생명의 빛을 얻으리라"

용서하시는 주님, 주께서는 정죄 대신 용서하시는 자비하신 주님 이심을 믿고 감사드립니다. 저는 남의 잘못에 대해 돌을 들기는 잘 하지만 그 죄를 용서하거나 사죄의 예수님께로 잘 인도하지는 못합니다. 저에게 죄인을 영접해 주시는 주님의 사랑의 마음을 주옵소서. 그리하여 죄로 고민하는 친구를 도울 수 있는 사람 되게 하옵소서.

세상의 빛 되신 주님, 제가 빛 되신 주님을 따라 참 빛 가운데 사는 생활을 하길 원합니다. 저를 비추어 주옵소서. 이 빛으로 사람들의 마음 속에 있는 모든 어두움을 몰아내는 선한 일에 동참할 수 있기를 원합니다. 이 백성 모두가 백성 중에 현존하시는 참 등불이신 그리스도께로 향하게 하옵소서.

참 자유를 주시는 주님, 진리를 떠나서는 참 자유가 없음을 믿습니다. 제가 진리이신 주를 좇아 살므로 진정한 자유를 누릴 수 있게 하옵소서. 주께서 주시는 자유는 죄로부터의 자유요, 영원한 자유요, 완전한 자유임을 믿습니다. 제가 주님의 말씀에 순종하여 참 제자가 되고 참 자유를 누리게 하옵소서.

예수님의 이름으로 기도 드립니다. 아멘.

세상의 빛으로 오신 주님

요한복음 9장 4절

"때가 아직 낮이매 나를 보내신 이의 일을 우리가 하여야 하리라
밤이 오리니 그때는 아무도 일할 수 없느니라"

세 상의 빛으로 오신 주님, 주님 앞에서는 운명이란 존재할 수 없음을 믿습니다. 항상 밝은 생각을 하고 열심히 하나님의 일을 하는 사람 되게 하여 주옵소서. 저의 보잘 것 없는 인간 조건을 생각하며 좌절하는 어리석은 자가 되지 않게 하옵소서. 주님의 은혜의 빛 아래서 열심히 일하며 하나님께 영광을 돌려 드리게 하옵소서.

만 가지 은혜를 베풀어주신 주님, 제가 주님으로부터 헤아릴 수 없는 많은 은혜를 받고도 한 가지도 제대로 붙잡고 있지를 못합니다. 받은 은혜를 헤아려 보는 중에 저의 믿음이 더욱 커져 갈 수 있게 하옵소서. 언제 어느 때 누구 앞에서도 믿음을 담대히 고백할 수 있는 확신을 가짐으로 신앙의 방해꾼들을 이길 수 있게 하옵소서.

버림받은 자를 찾으시는 주님, 세상 끝날 때까지 믿음을 굳게 지키기를 원합니다. 지금까지 주님의 은혜를 수없이 배반해 온 죄를 용서하여 주옵소서. 주 앞에 엎드려 비오니 저의 영의 눈을 밝게 하사 주의 크신 위엄을 높이 찬양하는 신실한 자 되게 하여 주옵소서.

예수님의 이름으로 기도 드립니다. 아멘.

선한 목자이신 주님

요한복음 10장 9절

"내가 문이니 누구든지 나로 말미암아 들어가면 구원을 얻고
또는 들어가며 나오며 꼴을 얻으리라"

선 한 목자이신 주님, 주께서는 양인 저를 아시고 푸른 풀밭으로 인도하시며 저의 형편을 아시고 저의 필요를 채우심을 믿습니다. 주께서는 앞서 가시며 저를 인도 하시오니 주의 인도하심을 따라 어디든지 가겠나이다. 제가 항상 주의 음성을 듣고 참 목자이신 주님을 전적으로 신뢰할 수 있게 하옵소서.

양의 문이신 주님, 예수님을 통해서만 하나님께 나아갈 수 있음을 믿습니다. 주께서는 양인 저에게 생명을 얻게 하셨을 뿐만 아니라 저의 생명을 더욱 풍성케 하심을 믿습니다. 제가 날마다 그 풍성한 은혜와 넘치는 기쁨과 자유를 누리는 풍성한 삶을 살게 하옵소서. 근심과 걱정, 초조와 불안을 다 내어버리게 하옵소서.

제 구원의 보장이 되시는 주님, 주의 손에서 그 누구도 저를 빼앗을 수 없음을 믿습니다. 주님의 보호의 손이 곧 전능하신 아버지의 손임을 확신하며, 이 귀한 안정을 감사 찬양하오며 요동치 않는 자세로 주를 섬기기를 원합니다. 언제나 말씀의 약속과 권면에 귀 기울여 살게 하옵소서.

예수님의 이름으로 기도 드립니다. 아멘.

소통과 응답이 있는 파워 대표기도

부활이요 생명이신 주님

요한복음 11장 26절
"무릇 살아서 나를 믿는 자는 영원히 죽지 아니하리니
이것을 네가 믿느냐"

부활이요 생명이신 주님, 주안에서 부활의 소망과 새 생명을 얻어 살게 하심을 감사드립니다. 믿음으로 사는 자의 삶은 항상 밝고 희망찬 나날인 것을 믿습니다. 제 속에 소심하고 두려워하는 요소들을 다 제하시고 생명의 빛으로 충만케 하여 주옵소서. 하나님의 영광을 찬양케 하시고 주의 뜻을 따르기 위해 늘 순종케 하옵소서.

능력의 주 하나님, 주께서는 언제나 일하시고 계시오니 주와 함께 저도 늘 주의 일을 하는 생을 갖기를 원합니다. 저에게 주어진 시간을 낭비하지 않게 하시고 일할 수 있는 기회를 놓치지 않게 하여 주옵소서. 제가 무슨 일을 어떻게 할지 주께서 늘 가르쳐 주옵소서. 잘 감당할 수 있도록 힘을 주옵소서.

살아 계신 주님, 저의 삶 속에서 살아 계신 하나님을 섬기는 것보다 더 소중한 일이 없나이다. 제가 주의 일을 할 때 어느 한 순간도 저의 사욕을 채우기 위해 일하지 말게 하시고, 하나님의 말씀을 악용하는 일이 없게 하여 주옵소서. 급하고 어려운 일이 있어도 주의 뜻을 기다리며 살게 하옵소서. 예수님의 이름으로 기도 드립니다. 아멘.

한 알의 밀알이 되신 주님

요한복음 12장 24절

"내가 진실로 너희에게 이르노니 한 알의 밀이 땅에 떨어져 죽지 아니하면
한 알 그대로 있고 죽으면 많은 열매를 맺느니라"

존귀와 영광을 받으시기를 합당하신 주님. 저의 진심을 주께 드립니다. 저의 몸과 마음과 순결과 애정을 묶어서 바치오니 열납하여 주옵소서. 이로 인해 제 삶의 향기가 두루 퍼지게 하시고 아버지의 영광이 널리 전파되게 하옵소서. 제 마음을 주장하옵소서.

교만하고 죄악 된 인생들을 사랑과 평화로 다스리시는 주님, 주께서는 온유하고 겸손하신 왕이시며, 저의 죄를 지시고 비천한 자리까지 낮아지신 왕이십니다. 한 알의 밀이 땅에 떨어져 죽음으로 많은 열매를 가져오듯 희생이 있는 곳에 풍성한 열매가 있는 줄 아옵고, 저도 제 자신을 희생함으로 많은 열매를 맺기를 원합니다.

세상에 빛으로 오신 주님, 주께서는 죄와 사단의 권세를 파하심으로 인생들의 참 빛이 되시나이다. 제가 주의 빛 안에 거함으로 제 인생의 방향을 잃지 않기를 원합니다. 저는 빛의 자녀이오니 빛의 자녀에게 주시는 생명과 평화가 저에게서 넘치게 하옵소서. 어두움에 거하지 아니하고 빛이신 주와 함께 동행하게 하옵소서. 예수님의 이름으로 기도 드립니다. 아멘.

죄인을 섬기러 오신 주님

요한복음 13장 14절
"내가 주와 또는 선생이 되어 너희 발을 씻겼으니
너희도 서로 발을 씻기는 것이 옳으니라"

죄 많은 인간들을 섬기려 오신 주님, 주께서 친히 제자들의 발을 씻기시며 보이신 그 겸손의 도를 제가 감격스럽게 대합니다. 저도 주님처럼 제 자신을 비우고 겸손히 남을 섬길 수 있는 사람 되기를 원합니다. 크고자 하기 이전에 낮아짐으로 모든 사람의 종이 될 수 있도록 변화시켜 주옵소서.

저희를 귀하게 여기사 스스로 선택할 수 있는 의지를 주심을 감사드립니다. 저에게 지혜를 주사 옳고 복된 것을 선택할 수 있는 사람 되게 하옵소서. 어두움의 노예가 되거나 세상의 것의 눈이 어두워 어리석은 짓을 하지 않도록 막아 주옵소서. 저에게 회개의 기회를 주실 때, 제가 그 기회를 즉시 알아 돌이킬 수 있게 하옵소서.

사랑의 주님, 서로 사랑하라고 하신 크고 중한 계명을 명심합니다. 서로 사랑하는 것이 바로 그리스도 안에 머무는 것임을 믿습니다. 사람을 대할 때 서로 헐뜯지 말고 감싸주며, 연약할 때 도와주고, 곤경에 처한 자에게 물질을 나누어주며 격려하는 사랑의 실천자가 되게 하여 주옵소서. 언제나 주의 말씀을 명심하게 하옵소서. 예수님의 이름으로 기도 드립니다. 아멘.

구한대로 주시는 주님

요한복음 14장 13절

"너희가 내 이름으로 무엇을 구하든지 내가 시행하리니 이는
아버지로 하여금 아들을 인하여 영광을 얻으시게 하려 함이라"

길 이요 진리요 생명이 되신 주님, 제가 주님을 믿고 산다고 하면서도 제 속에 근심이 많습니다. 예수님을 굳게 믿음으로 제 마음이 더 이상 근심에 얽매이지 않게 하여 주옵소서. 주께서 주신 확실한 말씀 위에 굳게 서서 힘 있게 전진하기를 힘쓰겠나이다.

자비하신 하나님, 아버지께서 아들을 세상에 보내사 저에게 하나님을 알게 하시고 그를 통해 아버지께로 나아갈 수 있게 하신 것을 감사드립니다. 죄악 된 제가 하나님의 집에 갈 자격을 얻었사오니 이 분명한 목적지를 향해 날마다 달려가는 삶이 되기를 원합니다.

보혜사를 보내사 영원토록 저희와 함께 하게 하신 주님, 진리의 영께서 지금 이 시간도 저를 진리의 길로 인도하시며, 영적이고 개인적인 교제를 나누고 계심을 감사 찬양 드립니다. 성령께서 저의 삶이 다하는 날까지 저를 주관하사 바른 길로만 가게 하여 주옵소서. 제가 어려운 일에 부딪힐 때면 성경 말씀을 기억나게 하시고, 주께서 주신 평안의 선물을 제가 참으로 누리며 살게 하옵소서. 예수님의 이름으로 기도 드립니다. 아멘.

참 포도나무이신 주님

요한복음 15장 7절

"너희가 내 안에 거하고 내 말이 너희 안에 거하면 무엇이든지
원하는 대로 구하라 그리하면 이루리라"

진리의 말씀으로 날마다 저를 이끄시는 주님, 오늘도 주의 말씀 안에 거하도록 말씀으로 저를 권고하심을 감사드립니다. 제 인생이 참 포도나무 되신 예수님의 말씀 안에 뿌리를 내릴 수 있도록 인도하여 주옵소서. 날마다 말씀의 가위로 저의 생활 속에 자를 것을 과감히 자를 수 있게 하옵소서. 제가 많은 열매를 맺음으로 하나님께서 영광을 받으시고 저는 예수님의 제자로 인정받을 수 있기를 원합니다.

저를 택하사 친구라 일컬어 주신 주님, 주께서 그 모든 좋은 것을 저와 나누시기를 원하시오니 그 은혜에 무한 감복하옵니다. 이제 저의 모든 것을 주께 아뢰며 주와 사랑의 교제를 더 두텁게 갖기를 원하오며, 늘 예수님 안에 거하기를 기도하옵니다.

거룩하신 주 하나님, 저를 세상에 속하지 않게 하시고 예수님께 속하게 하신 것을 감사드립니다. 세상이 저를 미워할지라도 낙심치 않게 하시고 오히려 기뻐하며 주를 찬양케 하옵소서. 그 일로 저의 믿음이 흔들리지 않게 하시고 오히려 적극적으로 예수님을 증거 할 수 있게 하옵소서.

예수님의 이름으로 기도 드립니다. 아멘.

근심을 거두시는 주님

요한복음 16장 22절

"지금은 너희가 근심하나 내가 다시 너희를 보리니 너희 마음이
기쁠 것이요 너희 기쁨을 빼앗을 자가 없느니라"

진리의 성령을 보내셔서 지금까지 저를 인도해 주시는 주님, 제가
성령을 의지함으로 자립신앙을 소유할 수 있게 하옵소서. 그리
하여 능력 있는 복음의 일꾼으로 주께 더욱 헌신할 수 있기를 원합니다.
성령님께서 저의 잘못을 책망 하셔서 모든 것을 깨닫게 하시고 주께서
주시는 힘과 용기로 담대히 주의 일을 할 수 있게 하옵소서.

세상이 알지 못하는 기쁨을 주시는 하나님, 저의 삶이 비록 각박하고
어려울지라도 주님의 재림을 기다리는 기쁨과 영광을 잃지 않고 늘 간
직하기를 염원합니다. 슬픔은 잠깐이며 그것이 곧 크고 영원한 기쁨으로
바뀌어 질 것을 확신하옵니다. 늘 그리스도 예수의 이름으로 구하고 받
음으로 이 기쁨이 충만케 하옵소서.

영원한 승리자이신 주님, 제가 세상에서 환난을 당하나 결국에는 승리
의 인생을 살게 될 것을 확신하며, 걱정하거나 초조해 하거나 불평하는
것으로 기도를 대신하지 않게 하옵소서.

예수님의 이름으로 기도 드립니다. 아멘.

세상을 품으시는 주님

요한복음 17장 15절

"내가 비옵는 것은 저희를 세상에서 데려가시기를 위함이 아니요
오직 악에 빠지지 않게 보전하시기를 위함이니이다"

세상 만민을 품고 계신 하나님 아버지, 극진하신 사랑을 감사드립니다. 주께서는 십자가를 지셔야 하는 고통스런 현실 가운데서도 하나님을 영화롭게 하고자 하신 소원으로 가득 차 계심에 감탄하나이다. 저도 주께서 저에게 주신 사명을 완수함으로 하나님을 영화롭게 할 수 있는 사람이 되게 하옵소서.

진리이신 주님, 저를 주의 진리로 거룩하게 하옵소서. 제가 주의 말씀을 따라 삶으로써 세상과 구별된 삶을 살 수 있게 하옵소서. 주님, 오늘 이 시대는 본이 없는 시대이오니 이런 시대에 제가 본을 보이는 삶을 살아가게 하옵소서. 제가 기도할 때마다 저의 소망을 하나님께 두며 구한 바 좋은 것들을 받기를 기대하옵니다.

하늘에 계신 하나님, 하늘에 속한 영적 축복만이 진정한 축복이 됨을 믿습니다. 저에게 무엇보다 제 영혼이 번영하는 복을 주옵소서. 그러기 위해선 먼저 하나님을 알고자 간절히 사모하는 태도를 취하게 하옵소서. 어떤 경우에도 세상과는 다른 삶의 원리와 방법을 갖고 살아가게 하옵소서. 예수님의 이름으로 기도 드립니다. 아멘.

진리의 왕이신 주님

요한복음 18장 36절

"예수께서 대답하시되 내 나라는 이 세상에 속한 것이 아니라
만일 내 나라가 이 세상에 속한 것이었다면
내 종들이 싸워 나로 유대인들에게 넘기우지 않게 하였으리라
이제 내 나라는 여기에 속한 것이 아니니라"

영원하신 하나님 아버지, 저로 이 세상에서 영원한 나라를 목적 삼고, 그 나라를 위하여 살아갈 수 있게 하신 것을 감사드립니다. 제가 이 땅에 사는 동안 세상 것에 연연하지 않도록 붙잡아 주옵소서. 모든 일에 하나님의 뜻을 찾고 그 뜻에 순종하는 삶을 살아갈 수 있게 하옵소서.

믿음을 귀하게 보시는 주님, 제가 신앙생활을 한다고 하지만 아직 제 자신을 신뢰할 때가 너무도 많습니다. 그러다 실패하고 좌절하기가 일수입니다. 때로는 제가 자신을 보호하고자 함으로 두려움에 사로잡혀 주님을 부인할 때도 많습니다. 앞으로는 모든 일에 기도로 준비하고 시험을 이기게 도와주옵소서.

진리의 왕이신 주님, 저의 일평생이 썩지 않고 쇠하여지지 않는 영원한 나라 하나님의 나라를 위해 바쳐지기를 원합니다. 언제나 진리의 음성을 들을 수 있고 진리를 알 수 있도록 지혜를 주옵소서.

영원한 주의 나라를 사모하며 예수님의 이름으로 기도 드립니다. 아멘.

나 위해 고초 당하신 주님

요한복음 19장 30절

"예수께서 신 포도주를 받으신 후 가라사대 다 이루었다 하시고
머리를 숙이시고 영혼이 돌아가시니라"

나 위하여 중한 고초를 받으신 주님, 세상 죄를 지고 가신 하나님
의 어린양을 생각하며 감사의 눈물을 흘립니다. 모욕과 멸시와
고통과 함께 하나님의 진노를 당하신 그 수난은 바로 나 자신의 탓인
것을 깨닫습니다. 주님의 십자가 앞에 이 시간 고개를 숙이고 경배와 감
사를 드립니다. 그리고 주님의 십자가 앞에 나는 어떤 존재인가를 곰곰
이 생각해 봅니다.

크신 섭리로 구속의 역사를 이루어 가시는 하나님, 예수님의 십자가의
죽음은 우연이 아니라 하나님의 구속 역사의 성취였음을 분명히 믿습니
다. 주께서는 저의 구원을 위해 하셔야 할 모든 일을 다 이루신 것을 확
신합니다. 이제는 주께로부터 받은 이 생명으로 주께서 기뻐하시는 일을
힘껏 감당하며 살기를 힘쓰겠나이다. 그리하여 저도 주 앞에 서는 날 주
님께 "주께서 저에게 맡기신 일을 이렇게 최선을 다하여 이루었나이다"
라고 부끄럼 없이 말할 수 있기를 원합니다.

오, 주님, 주께서 장사되실 때, 저 역시 죄 된 옛 사람이 그 속에 묻
힌 것을 항상 새롭게 의식하며 주안에서 살 것을 다짐하오며, 예수님의
이름으로 기도 드립니다. 아멘.

나의 힘이 되시는 주님

요한복음 20장 31절

"오직 이것을 기록함은 너희로 예수께서 하나님의 아들
그리스도이심을 믿게 하려함이요 또 너희로 믿고
그 이름을 힘입어 생명을 얻게 하려 함이니라"

무덤 권세를 이기시고 부활하신 주님을 찬양하오며, 저를 대신하여 죽으시고 살아나신 것을 감사드립니다. 제가 인생살이에서 겪는 그 어떤 고초 속에서도 부활의 소망을 갖고 아픔을 참고 자포자기 하지 않도록 인도하여 주옵소서.

주님, 주께서는 저희 처소를 예비하신 후 다시 오실 것을 믿습니다. 주 앞에 가는 그날까지 비록 하루하루가 고난의 연속일지라도 주의 이름으로 힘써 모이며 영적인 나라를 더욱 사모하기에 열심을 내게 하옵소서. 평강을 주시는 주님께서 저와 함께 하심으로 하나님과의 평화가 제 중심에 가득하게 하옵소서.

풍성한 은혜를 값없이 베풀어 주신 주님, 제가 이 은혜를 깊이 깨닫고 그것들을 전하며 나누어 줄 수 있기를 원합니다. 제가 성경을 더 열심히 읽고 믿음이 강한 자가 되어 예수께서 하나님의 아들 그리스도이심을 서슴없이 담대히 전파할 수 있게 하옵소서. 주님이 주신 말씀을 늘 사모하며, 그 이름을 힘입어 영원한 생명을 누리게 하옵소서.

예수 그리스도의 이름으로 기도 드립니다. 아멘.

모든 것을 아시는 주님

요한복음 21장 25절

"예수의 행하신 일이 이 외에도 많으니 만일 낱낱이 기록된다면
이 세상이라도 이 기록된 책을 두기에 부족할 줄 아노라"

변함없는 사랑으로 저를 지키시고 인도하시는 주님, 주님은 오늘도 저의 불신앙을 책하지 아니하시고 거듭거듭 교훈하심을 감사드립니다. 제가 부족하고 연약하여 예수님을 좇다가 실망이 되고 피곤해질 때가 있습니다. 그 때에 사단의 올무에 빠지지 않도록 새 힘을 주셔서 더욱 주님을 의지하게 하옵소서.

사랑의 주님, 주께서 이 시간 저에게 물으시는 사랑의 요구를 듣습니다. 주님을 수없이 배반해 온 저를 찾아와서 애절하게 부르시는 그 음성에 제가 가슴을 조아립니다. 저를 책망 않고 용서하시는 사랑을 믿고 주님을 뜨겁게 사랑하기를 원합니다. 주님을 향한 저의 이 사랑이 다른 그어떤 것을 사랑하는 것과 비교할 수 없는 진실한 사랑이게 하옵소서.

모든 것을 다 아시는 주님, 주의 전지성을 마음 깊이 의지합니다. 주께서 저의 모든 것을 아시고 계심이 저의 크나 큰 위로입니다. 제가 주님을 따르기를 원하오니 저의 평생의 길을 주님께서 인도하옵소서.

예수 그리스도의 이름으로 기도 드립니다. 아멘.

너는 기도할 때에 네 골방에 들어가 문을 닫고

은밀한 중에 계신 네 아버지께 기도하라

은밀한 중에 보시는 네 아버지께서 갚으시리라

마태복음 6:6

제 7 부
애 • 경사 및
주제별
심방 기도

용서를 구하는 기도는 타락을 방지하고,
마음을 통회하게 하고 거룩한 삶을 영위하게 한다.
윌리엄 카터

1) 결혼식 예배 대표기도

사랑이 많으신 하나님 아버지, 하나님께서는 지금도 살아계셔서 저희들을 인도하시고 함께해 주심을 감사를 드립니다. 하나님 아버지, 오늘 이 좋은 날에 이춘식군과 지순종양이 하나님의 은혜로 둘이 하나 되는 축복된 결혼식을 올리게 됨을 진심으로 감사드립니다. 이제 새롭게 출발하려는 이 두 사람의 심령에 성령으로 채우시고 하나님과 사람들에게 사랑 받는 아름다운 가정을 이루어 가게 하옵소서.

이제 이 둘이 마음을 합하여 주의 일에 열심을 더하게 하사 가르치고, 봉사하고, 섬기기에 충성을 다하게 하옵소서. 성도의 아름다운 가정으로 본이 되게 하옵소서. 또한 사회적으로도 직장에서 인정받고 꼭 필요한 인물들이 되게 하옵소서. 양가 부모님께도 효도를 다하며 형제간에 우애로 다져지게 하옵소서.

만복의 근원되시는 하나님 아버지, 이 새로 시작되는 가정에 물질의 복과 명예와 권세와 자녀의 복이 충만케 하옵소서. 주님, 이들에게 꿈과 비전이 있을 텐데, 주안에서 기도하므로 아름다운 꽃을 피우며 풍성한 열매가 있게 하옵소서.

힘들고 어려운 일이 있을지라도 서로 사랑하고 아끼며 존경하고 하나님의 은혜에 감사하는 가정이 되게 하옵소서. 서로가 오래 참고, 절제하고, 경건한 생활로 하나님의 뜻을 이루어가는 가정이 되게 하옵소서.

하나님 아버지, 이 시간 목사님께서 하나님의 말씀을 선포하실 때 말씀대로 이 가정에 축복이 임하게 하옵소서. 일가친척과 내빈과 성도들에게도 같은 은혜로 허락 하옵소서. 예수님의 이름으로 기도하옵나이다. 아멘.

아무 것도 염려하지 말고 오직
모든 일에 기도와 간구로, 너희 구할 것을
감사함으로 하나님께 아뢰라

빌 4:6

2) 결혼식 예배 대표기도 2

인간의 생사화복을 주관하시는 하나님 아버지, 오늘의 이 귀하고 복된 날을 허락하시니 진실로 감사와 찬송을 올려 드립니다. 가나의 혼인 잔치에 오셔서 기적을 베풀어 주신 주님, 오늘 이 자리에 함께 하셔서 이 신랑과 신부에게 복 내려 주옵소서. 이들의 결혼을 허락하신 하나님, 복된 출발이 되게 하시고 점점 더 행복하고 좋아지는 가정을 이루게 하셔서 인생의 동반자로 살아가는 동안에 하늘 문을 여시고 은혜와 복을 충만히 내려 주시기를 원합니다. 사랑의 주 하나님, 이들이 이루는 가정이 하나님을 주인으로 모시고 믿음과 사랑으로 살게 하시며 모든 일을 하나님께 의탁하며 하나님께 신뢰 받는 두 사람이 되게 하옵소서. 특별히 이들을 사랑하시는 하나님 아버지, 부디 이 결혼이 주님 안에서 온전히 지켜질 수 있도록 친히 도우시고, 이 세상을 향한 하나님의 선하신 뜻이 이들의 가정을 통하여 이루어지게 하옵소서.

하나님께 진실되이 충성하고 부모님께 효도하며 이웃에게 빛과 소금이 되는 귀한 가정이 되게 하옵소서. 많은 사람들이 이 가정을 통하여 기뻐하고 행복해 하게 하시고, 좋은 후손도 적당하게 허락하여 주옵소서. 자자손손 믿음의 뿌리가 깊이 내려 영육간에 좋은 열매들이 많이 맺혀지는 가정이 되게 도와주시옵소서. 새롭게 출발하는 이 가정의 주인이 되시는 주님께서 항상 이들과 함께 하실 줄 믿사오며 예수님의 이름으로 기도드립니다. 아멘

3) 약혼식 예배 대표기도

사랑 많으신 하나님 아버지, 오늘 이들이 하나님의 은혜 가운데 약혼예배를 드리게 하시니 진심으로 감사함을 드립니다. 하나님 앞에서 맺은 이 약속이 변개되는 일이 일어나지 않게 도와주시옵소서. 이들의 약혼 기간이 앞으로의 결혼과 아름다운 가정을 위한 충실한 준비기간이 될 수 있도록 주님, 이들을 붙잡아 주시고 인도해 주시옵소서. 이 두 사람의 손을 하나님께서 잡아 주셔서 순결과 온전함으로 서로를 지켜 나가게 하시고 결혼예배를 드리는 그날까지 더욱 강건하게 하여 주옵소서. 이들이 믿음의 아들 딸로서 하나님께서 택하시고 정하여 인도하셨음을 깨닫게 하시고 이들이 이루는 가정을 통하여 믿는 가정에 본이 되게 하시고 기쁨이 되게 하시고 모든 민족 위에 뛰어난 가정이 되게 하옵소서. 처음 만날 때의 조심스러움과 사랑하는 마음이 시간이 지날수록 더욱 뜨거워지고 진실되게 하옵소서. 두 사람의 계획과 원하는 것들이 서로에게 소중하게 받아들여져서 서로에게 아픔이 되지 않게 하옵소서. 인간의 행복을 원하시는 하나님 아버지, 하나님의 풍성하신 은혜의 길로 저들을 인도하시며, 주님의 크신 사랑으로 지켜 주시옵소서. 날마다 하나님을 찬양하며 기쁨의 삶이 되게 하셔서 저들의 은혜의 샘이 이웃에게도 흐르게 하옵소서. 오늘도 말씀을 전하실 목사님께 성령의 충만하심으로 함께 하사 복되고 귀한 말씀이 되게 하옵소서. 소망 중에 새 생활을 갖게 하신 예수님의 이름으로 기도드립니다. 아멘

4) 회갑 예배 대표기도

인생을 내시고 그 인간을 통하여 찬양 받으시기를 기뻐하시는 하나님 아버지, 오늘 이 기쁜 연회에서 저희 모두가 즐거운 마음으로 예배를 드리게 하시니 진심으로 감사와 찬송을 드리옵나이다. 오늘 회갑을 맞이한 이 성도님께 갑절의 은혜를 더하시며, 그의 신앙과 삶을 자녀들이 기리게 하시고 믿음의 대가 끊어지지 않게 하옵소서. 믿음으로 살기 위해 힘써온 날들이 자녀들에게 본보기가 되게 하옵소서. 이제까지 지켜 주신 하나님께서 앞날도 인도하시고 지켜 주실 줄 믿습니다. 앞으로의 삶이 더욱 아름답고 복되게 하시되 하나님께 인정받는 삶이 되게 하옵소서.

이 성도님께서 60 평생을 살아오는 동안 하나님의 뜻대로 산다고 하였지만 때론 자신의 생각이 우선이었을 때도 있었겠지요. 모두 용서하여 주시고 남은 생애는 오직 주님만 위한 삶이 되게 하옵소서. 이제 더욱 강건하고 경건하게 하셔서 독수리의 날개 치며 올라감 같이 그의 믿음과 건강이 용솟음치게 도우시옵소서. 그리하여 하나님의 구원을 널리 알리는 일에 힘쓰게 하옵소서. 또한 가족과 교회와 국가를 위해 더 열심히 기도하게 도와주옵소서. 말씀 증거 하실 목사님께도 영육 간에 강건함을 주시고 귀하고 복된 말씀으로 평생에 기억되는 말씀이 되게 하옵소서. 이 성도의 60 평생을 지켜 주신 하나님, 앞으로도 이 성도님의 삶에 찬송과 감사가 끊어지지 않게 하시기를 원하오며, 예수님의 이름으로 기도 드립니다. 아멘

5) 생일 예배 대표기도

변 함 없는 사랑으로 우리를 돌보시며 사랑하시는 하나님, 오늘 이 귀한 성도님의 생일을 맞아 하나님께 예배드리게 하시니 진심으로 감사드립니다. 지나온 날들을 돌이켜볼 때 주님을 섭섭케 한 일들도 많았지만 그러나 변함없으신 주님의 사랑으로 붙들어 주셨음을 인하여 감사드리며 앞으로의 날들을 소망 가운데 설계하는 시간이 되게 하시어 더욱 풍성하고 복된 날들이 되게 하옵소서. 더욱 강건하게 하시며 성령으로 충만하게 하셔서 마지막 날까지 주님과 동행하는 삶을 살게 하옵소서. 마음은 하나님의 뜻대로 살겠다고 수없이 다짐한지만 우리 인생은 너무도 연약합니다. 도와주시옵소서. 어두움을 만날 때 빛 가운데로 인도하셔서 어두움에 거하지 않게 하시고, 욥과 같은 환란을 만날 때 지혜와 인내를 주셔서 주님의 은혜 가운데 머물게 하옵소서.

사랑의 하나님, 해마다 맞는 생일이 주님 보시기에 더욱 아름다운 날들이 되게 하시며, 하나님의 보호하심과 인도하심 가운데 항상 거하게 하옵소서. 오늘 이후 다시 시작하는 날들이 기도와 경건한 삶이 되게 하셔서 하나님과 이 성도 간에 사랑의 띠가 견고하게 매여져서 어떠한 바람에도 넘어지지 않게 도와주시옵소서. 다같이 즐거워하며 복 받기를 원하는 이 생일이 오직 하나님께만 영광과 존귀를 돌리는 날이 되게 하옵소서. 예수 그리스도의 이름으로 기도드립니다. 아멘

6) 입학 예배기도

지| 혜의 근본이신 하나님 아버지, 이 아이를 세상에 내시고 잘 자라게 하셔서 오늘 학교에 입학하게 하심을 감사드립니다. 졸업하는 그날까지 주의 은혜아래 지키시고 보호하시고 동행해 주시옵소서. 지혜와 총명 주셔서 선한 경쟁에서 승리하게 하시며 학업 중에 있는 동안 이해력과 암기력을 부어 주시옵소서. 굳은 의지를 주시며 불의에 동참하지 말게 하시고 항상 정의에 서게 하옵소서.

또한 원하옵기는 이 아이로 하여금 부모님의 기쁨이 되고 스승의 자랑이 되게 하옵소서. 하나님이 원하시는 목표까지 잘 도달할 수 있도록 도와주셔서 도중에 낙오하거나 좌절하는 일이 없게 하시며 하나님께 귀하게 사용되어지는 그릇으로 준비되게 하옵소서. 하나님 아버지, 지식의 폭이 넓어져 갈수록 하나님을 아는 지식 또한 깊어지게 하시며, 하나님을 경외하는 것이 지혜의 근본임을 깨달아 먼저 하나님을 섬기는 일에 열심을 내게 하옵소서.

이 귀한 아이가 부모님의 훈계와 법을 떠나지 않도록 인도하여 주옵소서. 좋은 선생님과 좋은 친구들을 허락하시고, 또한 이 아이가 좋은 학생 좋은 친구가 되게 하옵소서. 배우는 학문과 인격이 주의 일에 아름답게 쓰임 받게 하옵소서. 예수 그리스도의 이름으로 기도드립니다. 아멘

7) 입사, 승진 예배기도

사랑 많으시고 은혜로우신 하나님 아버지, 이 좋은 일을 주셔서 기쁨을 나누며 하나님을 찬양하게 하시고 이 시간 하나님 앞에 예배드리게 하시니 진실로 감사를 드립니다. 이 성도를 더욱 강한 하나님의 손으로 붙들어 주셔서 항상 새롭고 능력 있는 삶을 살게 도와주옵소서.

또한 새로 맡겨진 일을 잘 감당케 하시고 장래를 밝게 하시며, 만나는 모든 사람들에게 예수 그리스도의 향기가 전해지게 하옵소서. 언제나 하나님의 은혜 안에서 감사의 삶을 살게 하시고 믿음과 인격이 균형을 이루어 어디에서나 하나님의 영광 나타내게 하옵소서. 또한 알찬 생활로 많은 열매가 있게 하시고 영육간에 풍성함을 누리게 하옵소서.

하나님 아버지, 이 성도가 하나님을 섬기는 것처럼 상사를 잘 받들게 하시고 일을 할 때는 사람 앞에서 하는 것이 아니라 하나님 앞에서 하듯 진실하고 충성을 다하게 하옵소서. 또한 좋은 동료가 되게 하시고 아랫사람에게는 사랑으로 대하는 넉넉한 상사가 되게 하옵소서. 더욱 인정받는 사람이 되어 직장에서나 교회에서 없어서는 안 될 사람이 되게 하옵소서.

이 성도를 통하여 일하는 직장이 복을 받게 하시며 이 직장에서 주의 말씀을 생명력 있게 전파할 수 있게 도와주시옵소서. 이제 하나님의 일에도 충성하여 하나님 앞에 더욱 인정받는 하나님의 일꾼이 되게 하옵소서. 예수 그리스도의 이름으로 기도드립니다. 아멘

8) 개업 예배기도

은혜로우신 우리 하나님, 오늘 주께서 사랑하시는 성도가 새 사업을 시작하면서 먼저 하나님께 예배드림으로 감사와 영광을 돌리고자 하오니 이 예배를 받아 주시옵소서. 아브라함에게 복을 주시고 그가 경영하는 모든 일에 함께 하사 창대케 하신 우리 하나님께서 오늘 이 사업장에 복을 주시며 한 걸음 한 걸음 친히 인도하여 주옵소서. 모든 일을 주께 맡기고 의지하는 마음으로 이 사업을 경영하게 하시고 오직 하나님이 함께 하실 때 모든 것을 이룰 수 있다는 신앙으로 행하게 하옵소서. 그래서 "네 시작은 미약하나 네 나중은 심히 창대하리라"하신 말씀이 이 사업에 그대로 임하는 복을 누리기에 부족함이 없게 하옵소서. 이같이 좋은 날을 허락하신 하나님께 감사하며 어렵고 힘든 일이 있을 때에라도 하나님의 뜻을 구하며 인내하게 하셔서 변함없는 하나님의 사랑을 만끽하게 하옵소서. 먹든지 마시든지 무엇을 하든지 하나님의 영광을 위해서 살게 하옵소서. 힘써 노력하여 사업의 씨를 뿌림으로 기쁨의 열매를 풍성히 거두게 하옵소서. 개업과 더불어 범사가 잘되는 은총을 베풀어 주셔서 하나님의 영광 드러내게 하옵소서. 정직하고 성실하게 행하므로 그리스도의 향기를 마음껏 날리게 하옵소서. 예수 그리스도의 이름으로 기도드립니다. 아멘

9) 사업실패 예배기도

우리들에게 날마다 새 힘으로 공급하시는 하나님, 사업에서 쓴잔을 마시고 고통 중에 있는 이 성도를 위해 기도합니다. 열심히 일하고 애써 왔으나 허무한 결과를 보게 된 이 성도에게 긍휼을 베푸시고 재기의 용기를 주시옵소서. 일의 흥망성쇠는 오직 하나님께만 있는 것을 깨닫고 다시 일어서게 하옵소서. 우리의 진정한 성공은 주님을 위해 사는 길이며 사업의 번영과 물질의 축복은 아브라함처럼 하나님의 명령에 따라 믿음으로 결단하고 순종하는 사람들에게 주어지는 것임을 알게 하옵소서. "주신 이도 여호와시오 거두신 이도 여호와시오니 여호와의 이름이 찬송을 받으실지니이다."고 한 욥의 믿음을 본받게 하시고 하나님을 원망하는 죄를 짓지 않게 하옵소서. 밤새 고기를 잡기 위해 힘썼으나 한 마리도 잡지 못하고 지쳐 그물을 씻는 제자들을 격려하시고 많은 고기를 잡게 하신 하나님, 이 성도에게 같은 은혜를 베풀어 주옵소서. 오늘의 실패가 좋은 체험이 되게 하시고 오히려 겸손한 자를 세우시는 하나님을 더욱 의지하는 깨달음이 있게 하옵소서. 하나님 아버지, 이제 이 성도를 돕는 손길을 허락하시고 이 성도를 만나는 사람마다 격려와 위로를 베풀게 하옵소서. 경제불황으로 같은 처지에 있는 사람들이 많습니다. 같은 은혜를 베풀어 주시옵소서. 예수 그리스도의 이름으로 기도드립니다. 아멘

10) 이사한 가정 예배기도

사랑 많으시고 은혜로우신 하나님 아버지, 오늘 사랑하는 이 성도님의 가정에서 주의 이름으로 모여 예배드리게 하심을 감사드립니다. 이 가정을 축복하셔서 새 집을 마련하고 이사하게 하심을 또한 감사드립니다. 이 가정을 복 주시고 하나님의 은혜와 사랑이 충만케 하옵소서.

하나님 아버지, 아브라함이 처소를 옮길 때마다 먼저 예배를 드리므로 하나님께 영광돌림같이 이 성도의 가정도 이곳으로 이사를 하고 먼저 하나님께 예배를 드리게 되오니 하나님 영광 받으시고 이 가정을 기쁘게 받아 주옵소서. 기도할 때마다 자녀문제, 직장문제, 사업문제, 건강문제, 물질문제들이 응답받게 하시고 영육간에 강건함으로 지켜 주시옵소서.

"네가 네 하나님 여호와의 말씀을 순종하면 성읍에서도 복을 받고 들에서도 복을 받을 것이며 네가 들어와도 복을 받고 나가도 복을 받을 것이라"고 하셨습니다. 참으로 이 성도님의 가정이 하나님의 말씀에 순종함으로 이런 복을 받아 누리는 가정이 되게 하시고, 그 자녀들이 또한 세계 모든 민족 위에 뛰어나는 복을 받게 하옵소서. 이제 이곳에서 새로운 이웃들과 사귈 때에도 이웃에게 그리스도의 사랑을 전하고 믿지 않는 자들에게 그리스도의 향기를 마음껏 나타내게 하옵소서. 하나님, 이 시간 목사님께서 말씀을 선포 하실 때 이 성도님의 가정에 복이 되게 하시고 함께 예배드리는 모든 성도들에게도 같은 은혜와 복이 임하게 하옵소서. 예수 그리스도의 이름으로 기도드립니다. 아멘.

11) 입원 환자 예배기도

우리의 위로가 되시며 친구가 되시는 주님, 이 시간 주님이 사랑하시는 이 성도님이 원치 않는 질병으로 인해 입원하게 되어 목사님 모시고 성도들이 함께 병문안하며 기도하게 하시니 감사드립니다. 사랑의 하나님, 사랑하는 이 성도님의 병든 상처를 어루만지사 치료하여 주옵소서. 이전보다 더 강건하고 완전함으로 치료하여 주옵소서. 고통과 아픔을 통해서 주님의 뜻을 깨닫게 하시고 이 병상에서 오히려 주님과 더 가까워지는 더 깊은 교제가 있게 하옵소서. 영육이 함께 강건해 지게 하옵소서.

간병하는 가족들에게도 하나님 건강 주시며 지치지 않게 하옵소서. 도우시는 하나님의 손길을 체험하게 도와주시옵소서. 이 병원 의사들의 손길을 붙드사 지혜를 주셔서 실수 없이 잘 치료하게 도와주시옵소서. 이 성도님이 하루속히 건강이 회복되게 하셔서 주님 영광 받으시옵소서. 이 병실의 모든 환자들에게도 빠른 치료의 은혜를 주시옵소서. 예수 그리스도의 이름으로 기도드립니다. 아멘.

12) 임종 예배기도

민는 자의 구원이 되시고, 소망이 되시는 우리의 하나님 아버지! 하나님께서 사랑하시는 이 성도님이 병으로 인하여 지금 고통 중에 신음하고 있습니다. 그래서 우리 믿음의 성도들이 이렇게 주님 앞에 합심하여 기도드립니다. 하나님, 이 성도님을 든든히 붙들어 주셔서 십자가를 의지할 수 있게 하옵소서. 믿음이 없이는 하나님 나라에 들어 갈 수 없다하신 주님, 이 성도님은 예수님을 영접하였사오니 믿음으로 천국에 들어 갈 수 있음을 믿고 감사를 드립니다. 지금 병환 중에 있으나 하늘나라의 영원한 생명을 바라보고 기뻐할 수 있게 하옵소서. 하나님이 부르시는 때가 임박한 것을 깨닫고 회개의 눈물을 흘리는 이 성도의 허물을 씻어 주시어 거듭나서 흰눈처럼 깨끗한 심령으로 하나님의 나라를 기업으로 얻게 하옵소서.

사랑의 주님, 이 성도님의 영혼을 주장하셔서 천군천사로 보호하시며, 사랑이신 아버지 품에 영접해 주옵소서. 이 성도의 심령에 평안을 주옵소서. 주님을 바라보게 하옵소서. 여기에 모인 가족들과 성도들에도 크신 은혜를 주옵소서. 우리를 구원하신 예수 그리스도의 이름으로 기도드립니다. 아멘.

13) 사망시의 예배기도

죽은 자의 부활이 되시고 영원한 생명이 되시는 하나님 아버지, 오늘 하나님이 사랑하시는 고 000성도님이 주님의 부름을 받고 소천 하였습니다. 슬픔을 당한 이 가정을 위하여 우리 교회 목사님을 모시고 성도들이 유족과 함께 예배드리게 하심을 감사드립니다.

하나님, 간절히 구하옵기는 우리를 죄악과 사망에서 건져 주시사 의로운 생명을 얻게 하시고, 이로 말미암아 우리가 세상을 떠날 때에 주 안에서 평강과 영원한 복을 얻게 해 주옵소서.

모든 사람들이 승리의 부활에 참여하게 되는 때 우리들로 하여금 이 성도를 기쁨으로 만나게 하옵소서. 지금의 이별이 슬픔이긴 하지만 이 이별은 일시적인 이별인 것을 알게 하옵소서.

"너희는 마음에 근심하지 말라"고 하신 주님, 저희가 이 성도의 죽음만 생각하고 근심하지 않게 하옵소서. 이 성도가 믿음으로 승리한 천국 백성이 된 것을 믿습니다. "너희는 하나님을 믿으니 또 나를 믿으라"고 하신 주님, 하나님을 믿고 예수 그리스도와 영원한 소망의 나라를 믿게 해 주옵소서.

하나님, 이러한 때에 우리가 다시 한 번 인생이 나그네임을 알게 하는 기회로 삼고 우리가 믿음위에 바로 설수 있게 하옵소서. 안타깝지만 고인의 유족들을 위로하여 주옵시고 고인의 시신을 안장하기까지 모든 절차와 준비를 잘하게 하옵소서. 부활하신 예수 그리스도의 이름으로 기도 드립니다. 아멘.

14) 발인 예배기도

인간의 생사화복을 주관하시는 하나님 아버지, 오늘 목사님을 모시고 유족들과 성도님들과 조문객들과 함께 이 시간에 발인 예배를 드리게 하심을 감사드립니다. 죽은 자도 살리시고 무릇 살아서 주를 믿는 자는 죽지 아니하고 영원히 산다고 하신 하나님, 고 000성도님은 하나님 품에 편히 안겼으리라 믿고 감사를 드립니다. 유족들을 위로해 주옵소서. 우리 인간들이 이 세상을 살다가 보면 알게 모르게 지은 죄와 허물들이 많이 있습니다.

또한 하나님의 뜻을 알면서도 주님 뜻대로 살지 못한 죄와 허물들을 이 시간 용서하여 주시옵소서. 이 자리에 함께한 모든 심령들은 모두가 우리의 죄를 속죄하기 위하여 죽으신 예수 그리스도를 믿음으로 구원받게 하옵소서. 이 시간에 목사님께서 하나님 말씀을 선포하실 때 말씀을 통해서 유족들에게 위로하여 주시고 성도님들과 조문객들에게도 은혜가 되게 하옵소서.

하나님 아버지, 이제 이 발인 예배를 마치고 잠시 후면 시신이 우리의 곁에서 떠나게 됩니다. 안타깝고 슬픈 일이지만 다시 만날 잠시의 이별임을 알고 위로 받게 하옵소서. 그리스도 안에서 다시 만날 것이 기약되어 있으니 감사합니다. 이 장례 절차를 주님께서 주관하시고 인도하여 주시옵소서. 예수 그리스도의 이름으로 기도드립니다. 아멘.

15) 하관 예배기도

천지만물을 지으신 전능하신 하나님 아버지, 주께서는 모든 성도들의 피난처가 되시고 우리의 믿음을 온전케 하는 산성이 되시는 줄 믿습니다. 음부의 권세가 제아무리 강하다고 할지라도 하나님의 빛이 우리의 갈 길을 바로 비추어 주시니 감사드립니다.

이제 우리는 고인의 시신을 이곳으로 운구하여 목사님을 모시고 유족들과 친지들과 성도들이 함께 모여 하관예배를 드립니다. 고인은 인생의 달려갈 길을 다 마치고 주님 품에서 이제 영원한 안식에 거하는 줄 믿습니다. 하나님 아버지, 인생이란 한 번 왔다가 다시 돌아가는 것이 정한 이치요, 육신은 흙으로부터 왔기에 흙으로 돌아가고 , 영혼은 하나님으로부터 왔기에 하나님께로 가는 것이 마땅한 줄 압니다. 이 자리에 함께한 모든 심령들이 이런 이치에 어긋나지 않도록 도와주옵소서.

거룩하신 하나님, 우리를 거룩한 말씀으로 가르쳐 주시고 하나님을 사랑하고 그 뜻대로 부르심을 입은 자들에게는 유익한 위로를 체험하게 하옵소서. 우리가 잠시 받는 슬픔은 장차 우리로 하여금 지극히 온전하고 영원한 영광을 얻게 하심인 줄 압니다.

이제 하관하게 되는 이 고인과 우리가 다 주의 자비하심과 보호를 받게 하시고 영원한 생명의 약속을 위하여 즐거워하다가 주의 영원한 하늘나라에서 기쁜 얼굴로 만나게 하옵소서.

이 시간 목사님 통하여 전하여지는 말씀으로 위로와 평강을 얻게 하옵소서. 예수 그리스도의 이름으로 기도드립니다. 아멘.

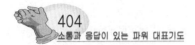

16) 교통사고 심방예배기도

사랑이 많으시고 은혜로우신 하나님 아버지, 이제까지 저희들의 생명을 안전하게 보호해 주신 은총을 감사드립니다. 이 시간 사랑하는 성도님께서 원하지 않는 교통사고를 만나 고통 중에 있으나 목사님을 모시고 예배드리게 하시니 감사를 드립니다.

이 성도님을 주님께서 붙들어 주시고 일으켜 세워 주시기를 간절히 원합니다. 심령을 평안케 하시고 다친 곳들을 주의 손으로 안수하셔서 고쳐 주시옵소서.

이 사고가 성도의 신앙을 견고히 할 수 있는 훈련의 기회가 되게 하옵소서. 어렵고 힘든 가운데서 주의 은혜를 찬양하는 복을 허락하셔서 이 성도로 하여금 가족이나 친구들이 그리스도인의 모습을 보게 하시고, 성도들에게는 은혜가 넘치게 하시며, 불신자들에게는 전도가 되게 하옵소서.

이 성도를 담당한 의료진에게 지혜를 더하셔서 검사의 바른 결과가 나오게 하옵소서. 사람의 힘으로는 치료가 불가능하다는 판정되더라도 하나님의 도우심으로 치료의 은혜를 주옵소서. 이전보다 더 온전하고 완전하게 회복시켜주셔서 주의 이름으로 기뻐 찬양하며 아버지의 영광을 노래하게 하옵소서. 우리들에게 베푸신 문화적 혜택을 유용하게 사용할 수 있는 지혜를 주시고 사람의 생명을 귀하게 여겨 조심해서 운전하게 하옵소서. 사고를 낸 가해자에게도 함께하시어 불신자이면 하나님을 만나는 기회가 되게 하옵소서. 경찰과 보험관계자들 그리고 이 사고와 관계된 모든 이들과도 함께하시어 시비가 없게 하옵소서. 목사님을 통하여 주시는 말씀에 하나님의 뜻을 깨닫게 하옵소서. 예수 그리스도의 이름으로 기도드립니다. 아멘.

17) 근심 중에 있는 자 심방예배기도

모 든 일을 선하게 인도하시는 하나님 아버지, 우리 인생이 범죄한 이후 고통과 근심이 끊이지 않는 세상 가운데 이 성도님도 이런 어려움을 당하고 있습니다. 이렇게 힘든 상태에서도 하나님께 예배드릴 수 있게 하시니 감사를 드립니다.

좋으신 하나님을 바라보며 믿음으로 세상의 근심에서 벗어나게 하옵소서. "너희는 마음에 근심하지 말라 하나님을 믿으니 또 나를 믿으라"고 하신 주님의 말씀을 기억나게 하시며, 성령의 역사로 근심이 물러가게 하시고 근심과 걱정에서 자유함을 얻게 하옵소서. 하나님이 주시는 참 평안을 깨달아 누리게 하옵소서.

이 성도에게 신령한 은혜를 더하셔서 고아와 같이 버려두지 않겠다는 주의 음성을 듣고 새 힘을 얻게 하옵소서. 우리의 연약함을 도우시는 그리스도 안에서 염려와 걱정이 변해서 기쁨이 되게 하옵소서. 모든 부정적인 생각과 나약함을 성령의 불로 태워 주시고 정결한 마음을 갖게 하옵소서. 가족들도 함께 힘써 기도하게 하셔서 세상이 알지 못하는 평안과 기쁨을 얻게 하옵소서. 이 시간도 목사님을 통하여 선포되는 하나님의 말씀이 이 가정에 이 성도님께 새로운 힘이 되게 하시고 은혜가 되어지게 하옵소서.

우리를 위해 십자가 지신 예수님께 모든 짐을 맡기게 하시고 성령의 인도 따라 믿음으로 살게 하옵소서. 예수 그리스도의 이름으로 기도드립니다. 아멘!

18) 수감자가 있는 가정 심방예배기도

사랑의 하나님 아버지, 오늘 저희들을 이 가정으로 인도하여 주셔서 어려운 중에서 하나님을 기억하여 예배드리게 하심을 감사를 드립니다. 언제나 우리 곁에 계시며 우리의 모든 사정을 다 아시고 살피시는 하나님 아버지, 이 가정의 아픔을 기억하시고 살펴 주옵소서.

지금 자유롭지 못한 그분에게 사도바울이 옥중에서 체험했던 신비스러운 믿음을 갖게 하옵소서. 지금은 답답한 중에 있지만 이 일이 신앙적으로나 가정적으로 또한 앞날에까지 유익이 되기를 간절히 원합니다. 이 시간도 성령께서 임재하셔서 신령한 하나님의 말씀을 통하여서 하나님의 위로의 소망의 말씀을 듣게 하옵소서. 모든 것이 합력하여 선을 이루게 하시는 하나님의 은총으로 날마다 하나님의 위로의 말씀을 듣게 하시고 기도로 소망을 갖게 하옵소서.

사랑의 하나님, 우리가 일상생활에서 법이 무엇인지 모르고 살아가는 때가 많지만 때론 이 같이 제약을 받을 때도 있습니다. 이 시간이 앞으로 흠 없는 생활을 하는데 하나의 계기가 되게 하옵소서.

하나님의 율법 아래 있는 인간은 다 죄인지만, 그리스도 예수의 십자가 사랑으로 구속받아 죄에서 자유를 얻고 하나님의 자녀가 되었음을 깊이 깨닫게 하시며 감격함을 간직하게 하옵소서.

모든 것을 주께 맡기라고 하신 주님, 우리의 모든 것을 주님께 맡기고 하나님의 크신 도우심을 입게 하옵소서. 가족에게 마음의 평화를 주시고 담대함을 주시며, 그곳에 근무하는 모든 사람에게도 친절한 마음을 주옵소서. 예수 그리스도의 이름으로 기도드립니다. 아멘.

19) 신앙이 동요되는 성도의 가정 심방예배

사랑이 한없이 풍성하신 하나님, 오늘 주님이 사랑하시는 이 귀한 가정으로 저희들을 인도하여 주시어서 하나님 앞에 예배드리게 하심을 감사드립니다. 연약하고 부족한 저희들을 부르시고 주의 백성 삼으시며 믿음의 주가 되어 주심을 감사드립니다.

악한 마귀가 주의 성도들을 삼키려고 대적하는 이때에 하나님의 백성들을 지키시고 믿음으로 승리하게 하심을 감사드립니다. 우리들이 살아가는 이 세상에는 많은 유혹들이 저희들을 넘어뜨리려고 합니다. 말씀대로 순종하며 살아가기 심히 어려운 저희들을 붙드사 담대한 믿음을 주옵소서. 어떠한 유혹에도 요동하지 않는 변함없는 믿음으로 세상을 이겨내도록 믿음의 담력을 허락하여 주옵소서.

세상의 그 어떤 도전들이 몰려와도 주님께서 동행하심을 깨닫고 굳건한 믿음으로 승리하며 하나님을 기쁘시게 하는 저희들이 되게 하옵소서.

하나님의 말씀을 의지하는 바른 신앙으로 항상 말씀 안에 든든히 거하게 하옵소서. 하나님을 위해서라면 어떠한 환난과 시험일지라도 감당할 수 있는 담대한 믿음을 주옵소서. 믿음으로 구하고 조금도 의심하지 않게 하셔서 언제나 요동하지 않고 승리하게 하옵소서. 사랑의 하나님, 우리의 지체가 믿음이 동요되고 있는 것은 우리의 잘못임을 고백합니다. 좀 더 관심을 갖고 격려하며 함께 살아가는 나눔의 공동체를 가꾸지 못한 저희들을 용서해 주시고 이제부터라도 함께 발을 맞추어 나아가는 저희들 되게 하옵소서. 믿음의 반석이 되시는 예수님의 이름으로 기도드립니다. 아멘

20) 수태하지 못하여 고민하는 성도의 가정 심방예배

인간의 생명과 호흡을 주장하시는 아버지 하나님, 아버지의 선하신 뜻대로 저희들을 주의 백성 삼으시고 그리스도의 십자가 보혈로 구속하여 주심을 감사드립니다. 저희들의 생명을 보존하시고 건강을 지켜 주심으로 강건한 삶을 살게 해주시니 감사드립니다.

이 가정은 하나님의 택함을 받은 가정이온데 후사가 없으므로 하나님께 간절한 마음으로 사모하며 기도합니다. 전능하신 하나님! 이 가정을 긍휼히 여기사 은혜를 베풀어 주옵소서. 자식은 여호와의 주신 기업이요. 태의 열매는 그의 상급이라고 말씀하신 하나님. 인간의 힘으로는 어찌할 수 없는 일인 것을 고백합니다. 사라의 태를 여신 하나님의 능력이 임하사 기쁜 소식이 들리게 하옵소서.

아무 것도 염려하지 말고 오직 모든 일에 기도와 간구로,
너희 구할 것을 감사함으로 하나님께 아뢰라
그리하면 모든 지각에 뛰어난 하나님의 평강이
그리스도 예수 안에서
너희 마음과 생각을 지키시리라(빌립보서 4:6-7)

제 8 부
이렇게
기도하라

그러므로 너희는 이렇게 기도하라 하늘에 계신 우리 아버지
여 이름이 거룩히 여김을 받으시오며 나라이 임하옵시며 뜻이
하늘에서 이룬 것같이 땅에서도 이루어지이다 오늘날 우리에게
일용할 양식을 주옵시고 우리가 우리에게 죄 지은 자를 사하여
준 것같이 우리 죄를 사하여 주옵시고 우리를 시험에 들게 하지
마옵시고 다만 악에서 구하옵소서 (나라와 권세와 영광이 아버
지께 영원히 있사옵나이다 아멘)(마 6:9-13)

Ⅰ. 기도란 무엇인가?

칼 바르트(K. Barth)는 타락한 인간은 하나님의 심판을 받는 것이 당연하지만, 하나님께서는 은총을 베푸시어 그들을 그리스도 안에서 선택하시고 자신과 영적 교제를 나누게 하셨다고 했다. 그러므로 기도는 은총의 질서를 보여주시는 독특한 표지이며, 또한 하나님의 사랑에 대하여 복종을 나타내는 것이다. 그리고 기도는 하나님의 선택에 대한 확증이며, 또한 은총이다.

존 웨슬리(J. Wesley)는 기도는 기독교 생활의 열쇠라고 했다. 그 까닭은 성도의 생활의 본질은 하나님과 함께 살아 움직이는 관계이며, 그 관계를 유지하기 위한 제도화된 수단이라고 했다. 기도는 확실히 하나님께 가까이 나아가는 가장 중요한 수단이다.

폴 틸리히(P. Tillich)는 로마서 8:26-27을 인용하여, 하나님과 일체가 되는 경험을 인간으로서는 불가능하지만, 하나님께서는 그 자신이 우리와 하나님 사이의 넘어설 수 없는 거리에 다리를 놓으시면서 우리를 통해 기도하신다. 따라서 하나님께서는 자신 앞에 서 있는 우리를 위해 중보 기도를 하신다고 하였다.

에밀 브룬너(E. Brunner)는 우리가 스스로 우리와 교제를 나누시는 하나님께 향함으로써 세상으로부터 물러나는 것이라고 말함으로써 하나님과의 교제로서의 기도를 말하였다.

기도는 하나님의 행위에 대한 기본적인 요소로써 인간의 욕구 표현이나 하나님을 강제로 움직이는 수단이 될 수 없다. 어디까지나 기도는 말씀의 선포, 성례전의 집행, 성도의 교제와 함께 하나님의 구원의 행위를 드러내는 요소이다.

또한 성도의 기도는 하나님께 예배를 드리는데 있어서 매우 중요한 한 부분을 차지하고 있다. 성도의 바른 기도 생활은 하나님께 바르게 예배하는 생활이 되기 때문이다. 기독교적인 바른 기도는 이방 종교에서 행해지는 염불이나 복을 비는 기복 행위와는 같지 않다.

1. 기도의 주체

일반적으로 기도는 누구나 할 수 있는 것처럼 생각한다. 그러나 기독교적 참된 기도는 누구나 할 수 있는 것이 아니다. 왜냐하면 창조주 하나님과 인간 사이에는 타락으로 말미암아 죄의 담이 가로막혀 있기 때문이다. 그렇다면 누가 하나님께 기도할 수 있겠는가?

바울은 "그리스도 예수께서 하나님의 우편에 계셔 우리를 위해 간구하시는 자"라고 말하고 있다. 죄로 더러워진 인간은 감히 하나님께 기도할 수 없기 때문에 우리의 구속주이신 예수 그리스도께서 대신 기도해 주신다는 말씀이다. 따라서 기독교에 있어서 효력 있는 참 기도의 주체는 오직 우리의 구속주이신 예수 그리스도 한 분 뿐이시다. 거룩하신 하나님은 성자이신 예수 그리스도의 기도만이 효력 있게 하신다. 그렇다고 성도들은 하나님께 기도할 수 없다는 말은 물론 아니다. 어디까지나 성도들은 기도의 직접적인 주체가 될 수는 없지만, 예수 그리스도의 공로에 의존하여 그리스도의 이름으로 기도할 수 있는 것이다. 다만 성도들이 독자적으로 그리스도를 통하지 아니하고 하나님께 효과 있는 참 기도를 드릴 수 없다는 말이다.

대소요리문답에서 "기도는 그리스도의 이름으로⋯⋯"라고 명시하고 있다. 물론 예수님께서도 제자들에게 "너희가 내 이름으로 아무 것도 구하

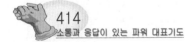

지 아니하였으나 구하라 그리하면 받으리니"(요 16:24)라고 말씀하셨다. 여기에서 "내 이름으로"란 말은 "예수님의 공로와 신분으로"란 의미를 포함하고 있다. 따라서 예수님의 공로와 신분이 아니면 도저히 어느 그 누구도 기도할 수 없음을 말해 준다. 뿐만 아니라, 죄로 인한 우리의 연약성 때문에 우리의 기도를 성령(그리스도의 영)께서 도우셔서 간구해 주시는 것이다. 그러므로 하나님께 드리는 기도의 직접적인 주체는 우리의 구속 주이신 그리스도이시다.

2. 기도의 요건(要件)

성도들이 구속주이신 예수 그리스도의 이름으로 하나님께 기도를 드림에 있어서 반드시 갖추어야 할 요건들이 있다.

1) 하나님과의 화목이다.

타락으로 인하여 하나님과의 원수 된 상태에서의 인간의 기도가 절대 효력이 있을 수 없다. 따라서 우리의 기도가 효력 있는 기도가 되기 위해서는 하나님과의 화목이 무엇보다도 중요한 요건이 된다. 그런데 죄로 말미암아 더러워진 인간이 어떻게 거룩하신 하나님과 화목할 수 있겠는가? 이러한 요건을 구비하지 못한 인간들이 어떻게 기도를 드릴 수 있단 말인가? 그렇기 때문에 우리의 구속 주이신 예수 그리스도께서 죄의 대가를 대신 지불하시고 하나님과의 화목을 이루어 주셨다. 그러므로 성도가 하나님과 화목을 이룬 사실은 그리스도를 떠나서 절대로 생각할 수가 없는 것이다.

예수님께서 아버지께 기도드리는 내용 중에 "아버지께서 내 안에 내가 아버지 안에 있는 것같이 저희도 하나가 되어 우리 안에 있게 하사"

(요 17:21)라고 말씀하고 있다. 즉 우리 성도가 하나님과 화목을 이루는 방법은 하나님과 예수님이 하나가 되시고, 다음으로 예수님과 우리 성도가 하나가 되는데서 이루어진다는 의미가 된다. 즉 예수님만을 통하여 하나님과 우리가 화목을 이룰 수 있다는 것이다. 이렇게 하나님과의 화목이 이루어져야 기도의 첫째 요건이 갖추어진다.

2) 그리스도와의 연합이다.

물론, 그리스도와의 연합은 하나님과의 화목의 범주 속에 포함이 된다. 그러나 이 부분을 강조하기 위해 별도로 언급해 보기로 하겠다. 우리 성도들은 그리스도의 지체가 되었을 때 효과 있는 기도를 드릴 수 있게 된다.

우리 성도가 그리스도의 지체가 되었다는 것은 하나님의 아들이 되었다는 의미를 포함하고 있다. 예수님께서 "너희 중에 누가 아들이 떡을 달라 하면 돌을 주며 생선을 달라 하면 뱀을 줄 사람이 있겠느냐"(마 7:9-10)고 하신 말씀은 바로 하나님의 아들 예수 그리스도와 신령한 연합을 이루어 자녀의 명분을 얻은 자들의 기도를 들어주신다는 약속이기도 하다.

3. 기도의 대상

기도는 성경이 가르치는 전능하신 하나님 아버지께 기도를 드린다. 물론 삼위의 구별 없이 성부, 성자, 성령, 삼위일체의 하나님께 기도를 드린다.

우리가 하나님께 기도를 드린다는 것은 그가 전능자라는 전제 아래서 가능하다. 우주와 만물을 지으시고 주관하시며 섭리하시는 전능자 하나

님만이 효과 있는 기도의 응답자가 되실 수 있기 때문이다. 성도가 드리는 기도가 찬송과 감사, 자백, 간구 등으로 엮어지는데, 전능하신 하나님 외에는 이를 받으실 분이 없다. 무능한 어린아이에게 나의 사업을 도와달라는 간청이나 찬송과 감사가 가능한가? 다른 어느 피조물도 기도의 대상이 될 수 없다.

또한 하나님께서는 아들의 기도만을 들어주신다. 요한복음 17장에 기록된 예수님의 기도 내용에서 보면 하나님을 아버지로, 예수님 자신을 아들로 호칭하면서 기도를 드리는 것을 볼 수 있다. 아버지 하나님께서 기도의 대상이 되시는 것은 "내 것은 다 아버지의 것이요, 아버지의 것은 내 것이 온데"(요 16:10)라는 말씀에서 이해될 수 있다. 아버지의 것과 아들의 것이 따로 있는 것이 아니고, 아버지의 것이 곧 아들의 것이기 때문에 하나님의 아들 예수 그리스도와 연합이 되어 양자의 명분을 얻은 성도가 아버지 되신 하나님께 예수의 이름으로 기도를 드리는 것은 너무도 당연한 것이다. 결국 기독교의 참된 기도의 대상은 전능하시며 아버지 되시는 하나님이시다.4. 기도의 내용

혹자들은 무슨 내용의 기도이든지 열심히 오랫동안 드리기만 하면 응답이 되는 것처럼 생각하는 이들이 있다. 그래서 기도가 만사를 자기의 소원대로 성취하는 비법인 양 생각하고, 올바르지 못한 기도에 몰두하는 자들을 흔히 보게 된다. 그러나 기독교의 기도는 그것이 아니다. 예수님께서는 마태복음 6장에서 제자들에게 구체적인 기도의 내용을 가르치셨다.

기도의 내용은 찬송과 감사, 고백과 간구이다.

1) 하나님의 뜻을 구한다.

예수께서 겟세마네 동산에서 "나의 원대로 마옵시고 아버지의 원대로 하옵소서"(마 26:39)라고 기도하셨고, 제자들에게 가르친 기도 내용 중

에도 "뜻이 하늘에서 이룬 것 같이 땅에서도 이루어지이다"(마 6:10)라고 하셨다. 모든 만사가 하나님의 정하신 뜻에 의하여 성취되어 가는데 감히 누구의 뜻이 첨가될 수 있단 말인가? 야고보서에서도 정욕으로 쓰려고 잘못 구하면 얻지 못한다고 가르치고 있다. 성도는 마땅히 내 뜻은 무너지고 하나님의 뜻이 이루어지기를 기도해야 한다.

그렇다면 기도할 필요가 없지 않느냐고 할 수도 있다. 그러나 하나님께서는 자기의 기쁘신 뜻을 위하여 우리 속에 소원을 두셔서 하나님의 뜻을 구하게 해 주시는 것이다. 그래서 모든 일이 하나님의 뜻대로 되는 줄을 우리로 알게 하시는 것이다.

우리는 성경에서 인간들의 기도를 통하여 하나님께서 뜻을 돌이키셨다는 기록을 자주 보게 된다. 백성을 위한 모세의 기도, 히스기야의 기도, 다윗의 기도 등등의 경우이다. 그러나 이 모든 것이 하나님의 근본 뜻대로 이루신 것임을 명심하여야 한다.

2) 하나님의 약속을 구한다.

하나님의 약속은 성경이 가르치는 기도의 내용이다. 구약시대에 야곱, 모세, 다윗, 히스기야 등 유명한 선지자들의 기도가 모두 하나님의 약속들을 구하고 있다는 사실에 주목을 해야 한다. 신약에 있어서도 예수님께서 가르치신 기도 내용이 모두 하나님의 약속에 근거하고 있다. 예수님께서 "너희는 먼저 그의 나라와 그의 의를 구하라"(마 6:33)고 한 말씀은 주님의 기도 내용의 요약이다. 하나님의 거룩한 영광, 천국의 내림, 뜻이 땅에서 이룰 것, 일용할 양식, 죄 용서, 악에서의 구출 등을 구하는 것은 바로 하나님의 나라와 하나님의 의를 구하는 것이며, 이 모든 것들은 이미 우리에게 약속되어 있는 사실들임을 기억해야 한다. 그러므로 참된 기도는 하나님의 뜻에 의하여 이미 약속된 것들을 그 내용으로 삼는 것이다.

5. 기도의 목적

1) 하나님과 사람의 관계 정상을 위해

기도는 하나님과의 대화이므로 사람과 대화하듯이 할 수 있는 능력과 생각을 길러야 된다. 대부분의 사람은 너무 어렵게 생각하여 기도하기를 주저한다. 그러나 그것은 기도에 대한 개념이 정리되지 않았기 때문이다.

기도는 친교의 행위이며 하나님께서 우리에게 말씀하시는 것을 듣는 것이다. 또한 기도는 우리의 삶 속에 역사 하시는 하나님의 방법이다. 하나님에게 있어서 기도의 최대의 목적은 그리스도의 왕국에서 하나님과의 자유로운 친교를 회복하고 그 길을 여는데 있으며, 의무와 봉사의 한 가운데에서도 하나님과의 생명의 친교가 마치 심장의 고동을 의식하지 못하는 것처럼 이루어지는데 있다.

2) 자기 성장을 위해

기도에 대한 완전한 회답은 하나님 자신이며, 메마른 영혼이 그리스도에 의해 충만하게 될 때 인간은 참된 자기 자신으로 돌아가기 때문에 기도에 늘 임해야 한다. 이러기 위해서는 기도에 많은 시간이 투자되어야 한다. 참 신앙인은 기도를 통해 참된 마음과 그리스도의 사랑을 깨닫게 되며 삶에 힘을 얻게 된다. 기도의 힘은 인간으로 하여금 새로운 생명을 부여하시는 살아 계신 하나님을 발견하게 한다. 기도는 하나님과의 친교에 의해서 자기 자신의 거짓 없는 모습을 알게 하고, 참된 마음의 평화를 얻게 해 준다. 그러므로 사람은 기도를 드림으로 하나님 앞에 바로 설 수 있고, 바른 삶을 살 수 있기 때문에 기도의 삶은 매우 필요한 것이다.

3) 하나님 나라를 확장하기 위해

목회자나 평신도나 공히 기도생활의 중요성을 인식할 때 기도의 삶을 살며, 능력 있는 그리스도인의 모습으로 살아가게 된다. 초대교회의 사도들이 끊임없이 기도하고 말씀에 전념했다고 하는 것은 주지할 사실이다. 목회자에게 있어서 설교가 기도의 산물이 아니면 그 설교를 듣는 이들 속에서 기도의 영을 깨울 것을 기대하지 말아야 한다. 설교자는 강단을 떠나서 은밀한 곳에 들어가서 그의 말씀을 들은 성도들을 위해 그 말씀의 씨앗이 원수에게 빼앗기지 않도록 기도해야 하며, 성도들의 믿음 생활을 위해 기도해야 한다.

또한 평신도들은 자신만을 위해서 뿐만 아니라, 그리스도 안에 있는 모든 형제자매들을 위해 기도해야 한다. 우리 성도들을 믿음과 사랑의 팔로 끌어안아 하나님께 들어올리는 것보다 더 중요한 것은 없는데, 그것은 기도의 힘에 의해서이다.

4) 삶의 반성과 개선을 위해

기도가 얼마나 중요한가에 대해 성경은 "모든 기도와 간구를 하되 무시로 성령 안에서 기도하고 이를 위하여 깨어 구하기를 항상 힘쓰며 여러 성도를 위하여 구하고"라고 기록하고 있다. 주의 사도들은 기도를 그의 삶에서 가장 중요한 일로 여겼으며, 기도를 통해서만이 하나님이 주시는 능력을 얻는다고 말했다. 사실 그리스도인들의 믿음이 성장하지 않는 이유는 기도의 태만에서 오는 것이다. 너희가 얻지 못함을 구하지 아니함이라고 했다. 기도는 우리가 "긍휼하심을 받고 때를 따라 돕는 은혜" 받도록 하나님이 정하신 방법이다.

우리가 받은 은혜의 양은 실로 기도의 양에 따라 결정된다고 해도 과언은 아니다. 삶의 모든 염려와 근심과 궁핍 가운데서 감사함으로 하는 기도는 오히려 우리로 하여금 모든 근심으로부터 자유함과 모든 지각에 뛰어난 하나님의 평강을 얻도록 하나님께서 정하신 방법이다. 주님께서 이 땅에 살아 계실 때 사역하시면서 가장 중요한 삶의 내용은 기도였으며 심지어는 성령으로 우리의 연약함을 위해 기도하신다고 했다.

5) 영적 승리를 위해

특히 예수님께서는 그의 제자들에게 기도를 가르치시고 기도해야할 이유를 가르치셨다. 예수님은 "시험에 들지 않도록 기도하라" 또는 "깨어 기도하라"고 당부 하셨다. 우리가 시험에 들지 않게 깨어 늘 기도해야 하는 것은 하나님과의 사귐을 통하여 마귀의 간교한 장난에 빠지지 않기 위해서이다. "너희의 도망하는 일이 겨울에나 안식일에 되지 않도록 기도하라"는 말씀처럼 종말론적인 뜻에서 기도해야 된다. 즉 시험에 들지 않는다는 것은 사단과의 영적 전쟁에서 승리하기 위함인 것이다.

기도에 힘쓰는 것은

우리의 계속적인 기도를 전적으로 방해하고
가로막는 장애물들을 헤치고 나가는 것을 뜻한다.
즉 기도에 힘쓰는 것은 방해물들이
우리의 기도가 나태한 틈을 늘 주시하고 있다는 사실을 깨닫고
이를 막기 위해 기도의 영이신 성령께로 가는 것을 의미한다.
이러한 싸움 속에서 결정적인 요인은 기도의 영이다

O. 할레스비

II. 기도의 유형

1. 기도가 드려지는 형태에 의한 분류

1) 개인기도

개인기도란 개개인이 개별적으로 하나님께 기도하는 사적기도를 일컫는다. 개인마다 가지고 있는 자신의 문제를 하나님께 고백하면서 그 해결을 위한 응답을 요청하는 것이 주된 내용이 되는데, 성경에 나오는 많은 인물들이 개인 기도를 드리고 있다. 아브라함(창 18:32), 야곱(창 32:26), 모세(신 9:18), 엘리야(약 5:17), 예수님의 새벽기도(막 1:35)와 저녁기도(막 6:46-46)가 이에 해당된다. 누구나 자기만이 가진 은밀한 마음속 고통이나 소원을 아룀으로써 하나님을 아버지로서 인격적으로 만나게 된다.

2) 대표기도

대표기도는 기도하는 무리를 대표로 해서 한 사람이 대표로 하는 기도이다. 개인이 혼자 하는 사적인 기도와는 달리 모든 회중의 공동 관심사를 공개적으로 표명하여 행하는 공적인 기도이다. 모세가 광야에서 백성들이 원망하며 물을 달라고 할 때 온 이스라엘을 대표해서 기도한 것을 볼 수 있다.

3) 공동기도

회중들이 공동의 문제를 가지고 중점적으로 해결 받고자 드리는 기도이다. 초대교회에서 베드로와 요한 사도가 제사장과 장로들에게 붙잡혀 위협을 당할 때 온 교우들이 일심으로 하나님께 소리 높여 기도했다.

4) 윤번기도

윤번기도는 개인기도의 형식과 공중기도의 형식을 혼합하여, 한 사람이 대표로 기도하는 것을 몇 사람이 분담하여 돌아가면서 하는 것이다. 이 기도의 장점은 기도의 내용이 풍부해지고, 협동심이 생기고, 가벼운 마음으로 기도하게 된다.

5) 묵상기도

하나님은 영이신 고로 음성이 없어도 우리의 기도를 들으신다. 이렇게 말없이 소리 없이 하나님께 기도하는 것을 침묵의 기도 혹은 묵상기도라고 한다. 묵상기도는 하나님만이 들으시는 것이고, 아무도 옆에서 들을 수 없는 은밀한 기도이다. 하나님의 영의 인도를 받아 하나님과 영이 일치 연결되는 것이 묵상기도이다. 주의할 것은 묵상기도는 소리가 없을 뿐이지 기도의 내용은 완전한 문장과 대화가 있어야 한다.

6) 통성기도

통성기도란 모든 회중이 일제히 소리 내어 기도하는 것을 의미한다. 즉, 회중이 같은 시간에 같은 제목을 가지고 드리는 기도이다. 우리 한국 교회는 통성기도가 많이 적용되고 있는데, 사도행전에 보면 예루살렘 초대교회가 120명의 신도들이 모여서 전혀 기도에 힘썼다고 했다. 통성

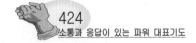

기도를 해야 하는 이유는, 예수님께서 그의 제자들 중 두 사람이 모인 곳에는 함께 하신다고 약속했으며, 함께 기도하면 우리가 담대하고 정직하게 되며, 또 우리가 미처 생각하지 못했던 것까지도 기도하게 된다.

7) 금식기도

금식기도는 음식물을 섭취하지 않으면서 기도하는 것으로, 바리새인들이 즐겨하였다. 성경에서 금식은 종교적 실천행위나 훈련을 의미한다. 사람이 음식을 먹는다는 것은 본능적이요, 생명을 보존하기 위한 하나의 필요한 방법이다. 그런데 사람이 금식한다는 것은 자신의 몸과 생명까지도 희생한다는 행동이다.

따라서 금식기도는 음식을 먹지 아니하면서라도 하나님과 대화를 나누어야겠다는 기도의 필요성과 긴박성을 나타내 보이는 신앙적 의미가 내포된다. 금식은 하나님께서 그의 섭리 중에 명령하실 때와 우리 자신의 영혼이 필요하다고 여길 때에 이행하기를 요구하는 그리스도의 제자들의 의무이다.

8) 새벽기도

새벽기도란 새 날의 시작과 더불어 최초의 생각이 하나님을 향한다는 것이다. 새 날의 일이나 삶에 하나님의 복이 함께 하시기를 간구하는 것이다. 새벽기도는 신앙생활에 있어서 가장 경건 되고 성실하게 모든 생각과 정성을 집중해서 하나님과 대화하는 시간이기 때문에, 그리스도인들은 언제든지 시간이 있는 대로 개인적으로나 공동적으로 기도를 해야한다. 그 중에서도 하루가 시작되기 전에 먼저 하나님과 대화하는 시간을 가지는 것이 좋다. 새벽부터 교회에 모여 하나님의 말씀을 듣고 가정이나 교회나 직장이나 국가를 위해서 기도하는 것이 신앙생활을 더 성장하게 하고 풍요롭게 한다. 즉 새벽기도란 삶의 모든 것을 하나님께 의

탁하는 전적 헌신의 자세이며, 하나님과의 계약된 백성의 표시이며 하나님의 능력을 받는 시간인 것이다.

9) 철야기도

철야기도라는 말의 어의는 영감이나 계시와 같은 신령적 의무에 참여하기 위하여 육신의 잠을 자지 아니하고, 깨어 기도하는 상태를 의미한다. 신약의 원어에서는 그레고레오($\gamma \rho \eta \gamma o \rho \varepsilon \omega$)와 에게이로($\varepsilon \gamma \varepsilon \iota \rho \omega$)로 표현이 되었는데, 그 뜻은 '잠으로부터 깬다, 떨쳐 일어난다, 일어선다. 그리고 살핀다' 등의 의미로 쓰여 진다. 헬라어 사전에 보면 무엇을 지키기 위하여 자지 않고 있는 행위 또는 가까이 에서 관찰하기 위하여 정신을 차리고 있는 상태 등을 의미한다.

2. 기도의 내용에 의한 분류

1) 감사의 기도

기도는 하나님께로부터 무엇을 받은데 대한 감사표시이기도 하다. 감사는 헬라어로 유카리스테오($\varepsilon \upsilon \chi \alpha \rho \iota \sigma \tau \varepsilon \omega$)로서 사도 바울은 "범사에 우리 주 예수그리스도의 이름으로 항상 아버지 하나님께 감사한다"고 고백하고 있다. 우리들도 매사에 함께 하시고 돌보아 주시는 하나님의 은혜를 깨닫고 감사하는 기도를 드릴 수 있어야 할 것이다.

2) 고백의 기도

모든 기도자는 감사와 찬양과 간구에 앞서 죄의 용서를 비는 기도에 임해야 된다. 이 회개는 기도의 대상자인 하나님과 기도자와의 정당한

소통과 응답이 있는 파워 대표기도

관계를 먼저 확립하는 것이 중요한 내용이 된다. 하나님 앞에서 모든 피조물은 죄인이기에 죄의 문제를 해결하였을 때 화해된 자로 설 수 있게 된다. 하나님은 모든 제사보다도 상한 심령이나 통회하는 마음을 사랑하신다고 했기 때문에 죄를 용서받기 위해 기도해야 한다.

우리가 우리의 죄를 깨닫고 용서받기를 원한다면 죄의 깊은 원인과 동기를 알 수 있도록 주께 간구 할 때 성령께서 우리를 도우셔서 죄가 생각나게 하시고 깨닫게 된다. 마치 우리가 부모에게 잘못을 사과하고 나면 곧 모든 것이 본래대로 잘 되어 가듯, 하나님과 우리의 사이도 이와 같기에 우리는 회개의 기도를 드려야 한다.

진실 된 회개기도 속에 숨어있는 뜻은 우리의 삶을 주께 맡긴다는 것이기에 오히려 주님은 우리를 새롭게 하신다. "하나님이 이를 더듬어 내지 아니 하셨으리이까? 대저 주는 마음의 비밀을 아시나이다"라는 말씀처럼, 하나님은 우리의 모든 것을 아시는 고로 회개하고 자백할 때 우리의 마음에 평안이 찾아온다.

3) 소원의 기도

성경에서 기도를 가르쳐 사용하는 단어는 주로 소원을 나타내는 뜻을 갖고 있다. 헬라어의 데오마이(δεομαι)는 간구의 기도를 의미하는데, 주로 무엇을 필요로 하는 상태 또는 부족한 상태에서 무엇을 요구하며 간청하는 행동의 기도이다. 바울은 "오직 모든 일에 기도와 간구로 너희 구할 것을 감사함으로 하나님께 아뢰라"고 했듯이, 믿음으로 구하면 이루어 주심을 믿고 구하는 기도이다.

4) 하나님과의 교제로서의 기도

기독교적 기도는 '말할 수 없는 분을 침묵으로써 경외하는 것'이 아니다. 우리는 죄인이지만 살아 계신 하나님과 교제를 나눌 수 있다. 왜냐하면 그는 우리를 구원하시기 위해서 예수 그리스도를 통해 우리에게 손을 내미셨기 때문이다. 우리가 예수님의 이름으로 하나님께로 나아가면 응답하시는 사랑을 가지신 하나님은 우리에게 다가오시는 것이다. 그러므로 기도는 '그리스도'안에서 하나님과 인간이 나누는 완전한 교제를 표현한 것이라고 할 수 있다.

III. 기도의 실천

1. 언제 기도해야 하는가

1) 항상 기도해야 한다.

"사람이 항상 기도하고 낙망치 않게 할 목적으로"(눅 18:1), "쉬지 말고 기도하라"(살전 5:17).

2) 아침에 기도해야 한다.

"오 주여, 주께서 아침에 내 목소리를 들으시리니, 아침에 내가 주께 나의 기도를 드리고 바라보리이다"(시 5:3).

3) 규칙적으로 기도해야 한다.

"저녁과 아침과 정오에 내가 기도하며 큰 소리로 부르짖으리니, 그리하면 그분께서 내 음성을 들으시리라"(시 55:17). 또한 다니엘이 하루에 세 번씩 기도하였음을 볼 때, 모든 그리스도인들도 규칙적으로 기도해야 한다(단 6:10).

4) 매일 기도해야 한다.

"오 주여, 나에게 긍휼을 베푸소서. 내가 매일 주께 부르짖나이다"(시 86:3).

5) 밤낮으로 기도해야 한다.

"오 내 구원의 주 하나님이여, 내가 주님 앞에서 밤낮으로 부르짖었나이다"(시 88:1).

2. 어디에서 기도해야 하는가

1) 모든 장소에서 기도해야 한다.

"그러므로 나는 각처에서 남자들이 분노와 의혹이 없이 거룩한 손을 들어 기도하기를 원하노라"(딤전 2:8).

2) 밀실에서 기도해야 한다.

"너는 기도할 때에 너의 밀실로 들어가 너의 문을 닫고, 은밀한 중에 계시는 네 아버지께 기도하라"(마 6:6).

3) 성전(교회)에서 기도해야 한다.

"두 사람이 기도하러 성전으로 들어가니"(눅 18:10).

4) 회중 앞에서 기도해야 한다(시 26:12).

3. 무엇을 위하여 기도할 것인가

1) 마태복음 6:9-13에서 주님께서는 그리스도의 재림, 주님의 뜻, 일용할 양식, 용서, 인도, 유혹과 죄로부터의 승리를 위하여 기도하라고 가르치셨다.

2) 병든 자를 위하여 기도해야 한다(약 5:13-16).

3) 모든 사람들과 왕들, 모든 권세 있는 자들과 우리 개인의 생활, 그리고 죄인들의 구원을 위하여 기도해야 한다(딤전 2:1-4).

4) 장수를 위하여 기도해야 한다(사 38:1-5).

5) 개인의 안전과 다른 이들의 안전을 위하여 기도해야 한다(단 6:18-23).

6) 지혜와 명철을 위하여 기도해야 한다(왕상 3:5-9).

7) 의복과 집, 음식을 위하여 기도해야 한다(마 6:25-34).

8) 형통한 여정을 위하여 기도해야 한다(롬 1:10).

9) 모든 그리스도인이 그리스도 예수님 안에서 온전케 되기를 기도해야 한다(롬 1:28).

10) 당신을 속이고 괴롭히는 사람들과 당신의 적들을 위하여 기도해야 한다(마 5:38-48).

11) 교회에서 가르치는 사람들을 위하여 기도해야 한다(딤전 5:17).

4. 어떻게 기도해야 하는가

주님은 우리에게 "구하라, 그러면 너희에게 주어질 것이요, 찾으라 그러면 너희가 발견할 것이요, 두드리라 그러면 너희에게 열릴 것이니, 구하는 이마다 받을 것이요, 찾는 이가 발견할 것이며, 두드리는 이에게 열릴 것이니라"(마 7:7-8)고 하셨다. 그러므로 우리는 기도할 때에 다음의 말씀을 의지하고 기도해야 할 것이다.

1) "그러므로 내가 너희에게 말하노니, 너희가 무엇을 소원하든지, 기도할 때에 받는 줄로 믿으라, 그리하면 얻게 되리라"(막 11:24).

2) "너희가 내 안에 거하고, 내 말들이 너희 안에 거하면, 원하는 바를 구하라, 너희에게 이루어지리라"(요 15:7).

3) 감사와 간구로 기도해야 한다.

"아무 것도 염려하지 말고 오직 모든 일에 기도와 간구로 너희 요청할 것을 감사함으로 하나님께 아뢰라. … 나의 하나님께서 그리스도 예수님에 의하여 영광 가운데서 그분의 부요하심에 따라 너희의 모든 필요를 공급하시리라"(빌 4:6,19).

4) "그러므로 우리가 긍휼을 얻고, 필요한 때에 도우시는 은혜를 찾기 위하여, 은혜의 왕좌로 담대히 나아가자"(히 4:16).

5) 하나님이 들으시는 주 알고 기도해야 한다.

"우리가 무엇을 구하든지 그분께서 들으시는 줄을 안즉, 우리가 그분께 구하여 청원한 것들을 얻는 줄로 아느니라. 어떤 사람이 자기 형제가 사망에 이르지 아니하는 죄를 짓는 것을 보면, 그는 구할 것이요, 그분께서는 사망에 이르지 아니하는 죄를 짓는 자들을 위하여 그에게 생명

을 주시리라. 사망에 이르는 죄가 있나니: 나는 그가 이에 대하여 기도하라고 말하지 않노라"(요일 5:14,15).

6) 성령님의 인도하심을 받아 기도해야 한다.

"이와 같이 성령님께서도 우리의 연약함을 돕고 계시나니, 우리가 마땅히 기도할 바를 알지 못하나, 성령님께서 말할 수 없는 신음으로 친히 우리를 위하여 중보하시느니라. 마음들을 살피시는 분께서 성령님의 생각이 무엇인지 아시나니, 이는 그분께서 하나님의 뜻대로 성도들을 위하여 중보하심이니라"(롬 8:26,27).

7) 하나님의 존재하심에 대한 믿음을 가지고 기도해야 한다.

"믿음이 없이는 그분을 기쁘시게 함이 불가능하나니, 이는 하나님께 나아가는 자는 반드시 그분께서 계시는 것과, 또한 그분께서 자신을 부지런히 찾는 자들에게 보상하시는 분이심을 믿어야 함이니라"(히 11:6).

8) 하나님께서는 신실한 간구에 대하여 보상하시는 분이심을 믿음으로 기도해야 한다.

"또한 그분께서 자신을 부지런히 찾는 자들에게 보상하시는 분이심을 믿어야 함이니라"(히 11:6).

9) 꾸준히 지속적으로 기도해야 한다.

누가복음 18:1-8에서는 지속적으로 요구한 과부가 응답을 얻었다. 누가복음 11:1-13에서도 계속 요청하여 문을 두드린 사람이 빵을 얻었다.

10) 겸손하게 기도해야 한다.

"내 이름으로 불리는 내 백성이 겸손해지고 기도하며 내 얼굴을 찾고"(대하 7:14).

5. 기도의 조건은 무엇인가

1) 하나님의 뜻 안에서 기도하는 것(롬 8:27)

마태복음 26:39에서 예수님은 "내가 원하는 대로 하지 마옵시고 아버지께서 원하시는 대로 하옵소서"라고 기도하셨다.

2) 다른 사람을 용서하는 것

우리가 다른 사람들을 용서해야 하나님께서는 우리의 기도를 들으시고 응답하신다. "서서 기도할 때에, 아무에 대해 무슨 적개심이 있거든, 용서하라"(막 11:25).

3) 믿음을 가지고 기도하는 것

"너희가 무엇을 소원하든지, 기도할 때에 받는 줄로 믿으라, 그리하면 얻게 되리라"(막 11:24). "오직 믿음으로 요청하고, 조금도 흔들리지 말게 하라. 흔들리는 자는 마치 바람에 밀려 요동하는 바다 물결 같으니라. 이런 사람은 어느 것도 주님께 얻으리라고 생각지 말라"(약 1:6,7).

4) 계명을 지키는 것

"우리가 무엇을 구하든지 그분에게서 받나니, 이는 우리가 그분의 명령들을 지키고, 그분 보시는 데서 기뻐하시는 일들을 행하기 때문이라"(요일 3:22).

5) 그리스도 안에 거하는 것

"너희가 내 안에 거하고, 내 말들이 너희 안에 거하면, 원하는 바를 구하라, 너희에게 이루어지리라"(요 15:7).

6) 성령님 안에서 기도하는 것

"너희는 너희의 지극한 믿음 위에 자신을 건축하고, 성령님 안에서 기도하며"(유다 20).

7) 예수님의 이름으로 기도하는 것

"지금까지는 너희가 내 이름으로 아무 것도 구하지 아니 하였으나, 구하라 그리하면 받으리니, 너희 기쁨이 충만하리라"(요 16:24).

6. 기도에 방해되는 요소들은 무엇인가?

1) 불신앙은 기도의 응답에 방해가 된다.

"믿음이 없이는 기쁘시게 못하나니 하나님께 나아가는 자는 반드시 그가 계신 것과 또한 그가 자기를 찾는 자들에게 상주시는 이심을 믿어야 할지니라"(히 11:6). "오직 믿음으로 구하고 조금도 의심하지 말라... 의심하는 자는... 무엇이든지 주께 얻기를 생각하지 말라"(약 1:6,7)

2) 잘못된 동기는 기도에 방해가 된다.

"구하여도 받지 못함은 정욕으로 쓰려고 잘못 구함이니라"(약 4:3). "그를 향하여 우리의 가진바 담대한 것이 이것이니 그의 뜻대로 무엇을 구하면 들으심이라"(요일 5:14).

435

3) 하나님의 말씀을 읽지 않는 것과 그 말씀에 순종하지 않는 것은 기도에 방해가 된다.

"사람이 귀를 돌이키고 율법을 듣지 아니하면 그의 기도도 가증하니라"(잠 28:9).

4) 그리스도인 가정의 불화는 기도에 방해가 된다.

"남편 된 자들아 이와 같이 지식을 따라 너희 아내와 동거하고 저는 더 연약한 그릇이요 또 생명의 은혜를 유업으로 함께 받을 자로 알아 귀히 여기라 이는 너희 기도가 막히지 아니하게 하려 함이라"(벧전 3: 7).

5) 용서하지 않는 마음은 기도에 방해가 된다.

"서서 기도할 때에 아무에게나 혐의가 있거든 용서하라... 만일 너희가 용서하지 아니하면 하늘에 계신 너희 아버지도 너희 허물을 사하지 아니하시리라"(막 11:25,26).

7. 하나님은 우리의 기도에 어떻게 응답하시는가?

하나님은 우리가 드리는 기도가 하나님의 뜻에 합당하면 지체하지 않으시고 응답하여 주신다. 오히려 우리의 모든 형편과 처지를 아시기 때문에, 우리의 기도에 대한 응답을 준비하시며, 구하기 전에도 주시기도 하신다. "그때에는 그들이 부르기 전에 내가 대답할 것이요 그들이 말을 마치지 아니하였는데도 내가 들으리라"(사 65:24).

그러나 때로는 거절하시기도 하시고 기다리게도 하신다. 고린도후서 1
2:7-10에서, 바울은 병이 치유되기를 기도했지만, 하나님께서는 "거절"
로 응답하셨다. 나는 원하지만 하나님은 하나님의 계획하심과 때가 있기
때문에 우리를 기다리게도 하신다. 우리는 하나님의 때를 기다려야 하는
것이다.

또 너희는 기도할 때에 외식하는 자와 같이 하지 말라 그
들은 사람에게 보이려고 회당과 큰 거리 어귀에 서서 기도하
기를 좋아하느니라 내가 진실로 너희에게 이르노니 그들은
자기 상을 이미 받았느니라 너는 기도할 때에 네 골방에 들
어가 문을 닫고 은밀한 중에 계신 네 아버지께 기도하라 은
밀한 중에 보시는 네 아버지께서 갚으시리라 (마태복음 6:5~
6)

제9부

기도할 때
잘못 사용하는 용어들

비판하지 말라 그리하면 너희가 비판을 받지 않을 것이요 정죄하지 말라 그리하면 너희가 정죄를 받지 않을 것이요 용서하라 그리하면 너희가 용서를 받을 것이요 주라 그리하면 너희에게 줄 것이니 곧 후히 되어 누르고 흔들어 넘치도록 하여 너희에게 안겨 주리라 너희가 헤아리는 그 헤아림으로 너희도 헤아림을 도로 받을 것이니라.(누가복음 6:37~38)

기도할 때 잘못 사용하는 용어들

우리가 기도할 때 흔히 사용하는 말로서, 잘못 표현하고 있는 것에 대하여 살펴보도록 한다. 단, 문법적인 것이 잘못된 표현에 대해서는 생략한다.

1. 하나님 또는 주님의 칭호에 대하여

우리가 기도할 때 하나님이나 주님을 흔히 "당신"이라고 칭하는 경우가 많다. 당신이란 말은 부부간이나, 또는 2인칭 관계에서 좀 더 높임말로 쓰이는 용어이며, 친구나 동등한 관계에서 삼인칭 극존칭으로 사용하기도 한다.

예) 친구에게 – 이봐, 당신이 그러니까 나도 그렇게 하고 싶지 않나

⇒ 자네가 또는 네가

예) 다른 사람에게 시아버지에 대하여 말할 때 – 당신께서 하시지 못하는 말을 나에게 하라고 하시잖니

⇒ 시아버지께서.......

그러나 할아버지나 아버지를 직접 대놓고 말할 때 당신이라고 호칭한다면 너무나 불쾌한 일일 것이다. 하물며 하나님께 대하여 당신이라고 한다면 어색한 말이 된다.

예) 하나님 당신의 발 앞에 엎드리오니.....

⇒ 이 경우는 당신이라는 말이 불필요한 말이다. "하나님의 발 앞에 엎드리오니……."라고 하면 될 것이다.

예) 오늘도 당신 앞에 나왔사오니…….

⇒ "오늘도 하나님 앞에……."로 고치는 것이 옳을 것이다.

2. 예수님에 대하여

기도할 때 "주여"라고 하는 것보다는 "주님"이라고 하는 것이 더욱 겸손하고 옳은 표현이다. 성경에서는 주님을 '예수', '그리스도', '예수 그리스도', '그리스도 예수', '우리 주 예수 그리스도' 등으로 표현한다. 여기에서 '예수'는 주님의 본명이며 '그리스도'는 '기름부음을 받은 이' 즉, '구세주'라는 직책을 일컫는 이름이다. 그러므로 그냥 '예수님'이라고 하기보다는 '우리 주 예수 그리스도'라고 하는 것이 가장 확실한 표현이다.

3. 목사의 칭호에 대하여

다음으로 가장 어렵게 생각하는 말이 목사의 칭호이다. 목사를 대신하여 칭하는 용어로서는 '주의 종', '사자 목사님', '당회장님', '주의 사자', '종님' 등이 흔히 쓰인다.

목사는 교회를 섬기는 하나님의 종이다. 그러나 인간으로서의 성도들의 종은 아니다. 기도할 때 목사를 "하나님의 종께서……."라고 하는 것은 옳지 않은 말이다. 종을 높임말로 하는 법은 없다. 특히 "종님"이라고 하는 것은 우스운 표현이다.

그리고 하나님의 보냄을 받은 "사자"는 옳은 말이다. 그러나 이렇게 표현할 때도 "주의 사자"가 아니라 "주님께서 우리를 위해서 보내신 목사님"으로 표현하는 것이 낫다. 마지막으로 "당회장"이란 표현도 온당치 않다. 왜냐하면 당회장이란 당회의 장이기에 당회원들이 당회의 회장에게 부르는 호칭이기 때문이다. 일반 성도들이 목사를 당회장이라고 칭하는 것은, 일반적으로 구멍가게 주인도 사장님이고, 큰 회사의 사장도 사장님이라고 하는 것과 같은 의미가 된다. 당회장이란 용어보다는 "담임목사님"으로 호칭하는 것이 옳은 표현이다.

4. '나' 또는 '우리'를 칭할 때

기도할 때 어떤 이는 '내가' 또는 '나로 하여금' 등과 같이 자신을 '나'로 칭하는 경우가 있다. 그리고 '나'의 복수형인 "우리"라는 말도 흔히 사용을 한다. 우리가 어른들 앞에서 자기를 가리킬 때는 '내가'가 아니라 '제가'라고 한다. 그리고 '우리가'가 아니라 '저희들이'라고 표현한다. 이것은 윗사람에 대하여 자신을 낮추는 말이다. 주님께서 가르쳐 주신 기도에서 "우리에게 일용할 양식을 주옵시고"라고 하였다 하더라도, 우리는 높으신 하나님 앞에서 "저희"라고 칭함이 옳을 것이다. 따라서 "내가 주님께 나왔사오니"는, "제가 주님께 나왔사오니"로 하는 것이 옳다.

5. 교회의 칭호에 대하여

우리가 기도할 때 교회를 "예배당", "제단", "예배처소", "성소",

"성전" 등으로 부르기도 하는데, 교회는 그리스도의 부름을 받은 성도들이 함께 모여서 이루어진 그리스도의 몸을 가리킨다. 그래서 눈에 보이는 교회와 보이지 않는 교회로 분류해서 생각할 수 있는데, 눈으로 보이는 교회는 '성도들이 모이는 곳'이며, 보이지 않는 교회는 '그리스도의 공동체'를 의미하는 것이다.

교회는 모여서 기도하고, 예배하며, 교제를 나누며, 복음을 전하는 역할을 한다. 따라서 어떤 한 기능만을 의미하는 "예배당", "제단", "예배처소", "성소", "성전" 등의 용어를 사용하기보다는 보편적인 의미로서의 "교회"라는 용어를 사용하는 것이 좋을 것이다.

6. 성도들의 칭호에 대하여

하나님께 드리는 기도에서 회중을 가리켜 '우리 목사님들'이나 '우리 성도님들'이라고 존대해선 안 된다. 왜냐하면, 하나님과 비교해서 님이 될 있는 대상은 없기 때문이다. 기도할 때 하나님 이외에는 단순히 '저희들'이나 '교회의 권속들' 등으로 바꾸어야 한다.

7. 하나님의 복을 주심에 대하여

우리들이 기도할 때 흔히 하나님의 복을 비는 기도를 한다. 이 때 우리는 "축복(祝福)"이라는 용어를 자주 사용하는데, 축복이란 의미는 글자 그대로 "복을 빈다"는 의미이다. 그렇다면 누가 누구에게 복을 비는 것인가?

예를 들어 "하나님, 이 어렵고 불쌍한 사람들에게 축복하여 주소서"라고 했다면, 하나님이 다른 누구에게 그들을 위하여 복을 빌어달라는 의미가 된다. 이럴 경우에는 "하나님께서 그들에게 복을 내려 주소서"가 옳은 표현이다.

그러나 "주님께서 복 빌어 주소서"라는 표현은 합당하다. 왜냐하면 복은 아버지 하나님께서 내리시는 것이기에, 예수님도 성자로서, 아버지 하나님께 우리를 대신하여 복을 빌어 줄 수 있기 때문이다.

마태복음 26:26에 "저희가 먹을 때에 예수께서 떡을 가지사 축복하시고 떼어 제자들을 주시며 가라사대 받아먹으라 이것이 내 몸이니라"고 하셨으며, 또한 마가복음 10:16에서도 "그 어린아이들을 안고 저희 위에 안수하시고 축복하시니라"고 하셨는데, 여기에서 보는바와 같이 예수님께서도 하나님께 복을 빈 것을 알 수 있다.

8. '대표기도 자'

우리는 흔히 주일 예배 때 기도하는 이를, 대표 기도자라고 한다. 이것은 회중을 대표해서 하나님께 기도를 드리는 자를 의미한다. 그러나 문자적으로 대표기도라고 할 때는 주님께서 가르쳐 주신 기도 외에는 대표적인 기도가 없다. 그리고 대표로써 기도한다고 하면, 그 외의 사람은 무엇을 하는가? 대표자가 기도를 하는 순간에 다른 이는 그 기도를 듣는 것이 아니라 함께 기도하는 것이다. 그러므로 "대표기도 자"는 "기도를 인도하는 이"가 옳은 표현이다.

9. '대예배'에 대하여

흔히 주일 오전에 어른들이 드리는 예배를 '대(大)예배'라고 한다. 그렇다고 해서 어린이들이 드리는 예배를 '소(小)예배'라고 하지는 않는다. 예배에 등급이나 규격이 있을 수도 없으며, 큰 예배, 작은 예배가 있을 수 없다. '대예배'는 '주일 오전예배'나 '주일 낮 예배', 또는 '장년부 예배'로 부르는 것이 합당하며, 시간별로 1부, 2부 예배로 구분할 수는 있다.

10. "지금은 시작하는 시간이오니"

주로 기도 순서는 예배가 한참 지난 후에 들어있다. 그런데 기도하는 이는 예배의 중반인데도 불구하고 "지금은 예배 시작시간이오니, 마치는 시간까지……"라고 기도한다. 이럴 경우에는 그냥 "오늘 우리의 예배를 처음부터 끝까지……"라고 하는 것이 좋겠다.

11. '한국교회'와 '저희 나라'

다른 나라 교회와 비교할 때라면 몰라도 한국 사람이 자기 나라 교회를 '한국 교회' 또는 '나'를 낮추어서 부르듯이 '저희 나라 교회'라고 표현하는 것은 어쩐지 자연스럽지 않다. 이 말을 하는 자신은 마치 외국인인 것 같은 느낌을 주지요. 그보다는 '우리나라 교회'라고 하면 옳은 표현일 것이다.

12. '예배드리다'는 '예배하다'로

'예배하다'보다는 '예배드리다'가 겸손한 느낌을 준다. 그러나 '예배'란 밑에는 이미 '드리는 것'의 의미가 포함되어 있다. 따라서 '예배드리다'는 것은 드림의 의미가 중복되므로 어법상으로는 '예배하다'가 좋은 표현입니다. 마찬가지로 '축하드리다', '찬송드리다', '기도드리다'도 '축하하다', '찬송하다', '기도하다'로 하는 것이 옳을 것입니다.

13. 안식일과 주일

요즘 교회에서는 '안식일'과 '주일'이라는 용어를 자주 혼용하고 있다. 초대교회 초창기까지는 십계명에 따라 토요일을 안식일로 거룩하게 지켰다. 지금도 유대교에서는 토요일에 예배하고 일요일에는 일을 한다. 그러나 예수님께서 안식 후 첫날에 부활하시면서 일요일을 '주일'로 정하고 예배하는 새로운 전통이 만들어 졌다. 주일은 주님의 날로서의 의미를 가진다. 그러나 그리스도인은 옛날 안식일에 그랬던 것처럼 주님의 날도 거룩하게 지켜야 한다. 따라서 '일요일'이나 '안식일'이라는 표현보다는 '주일'이라는 표현이 옳다.

14. 교회와 예배당, 성전, 제단 등

지금도 시골 교회에는 '00예배당'이란 간판이 붙어있다. 교회는 '주님의 백성들의 모임'을 가리키고, '예배당'은 성도들이 모이는 장소나 건물을 말한다. '예배당'이 고정되어 있는 것이라면 교회는 움직인다는 특성이 있다. 따라서 '예배당'이란 표현보다는 '교회'라는 의미가 옳다.

또 '성전'과 '교회'라는 말이 혼용되고 있다. 성전은 지성소를 모신 하나님의 집을 뜻한다. 구약시대에는 성전이 신앙의 중심이었으나, 신약시대에는 교회가 신앙의 중심이 되었다. 그러므로 단순히 예배하는 집으로서의 건물을 의미할 때는 '예배당'이란 표현이 옳으나, '하나님이 거하시는 곳'으로 표현할 때는 '성전'이라고 하는 것이 옳은 표현이다.

15. 기도 드렸습니다

기도를 끝낼 때 우리는 '예수님의 이름으로 기도합니다'와 같이 동사 '기도하다'의 시제를 현재형으로 써야 하는 것이 옳다고 본다. 그런데 대부분 '기도 하였습니다' 또는 '기도 드렸습니다'와 같이 과거형을 쓰는 사람들이 많다.

기도가 끝나는 시점에서는 간구한 모든 말들은 문법적으로는 이미 과거 또는 현재완료가 되므로 과거형을 쓸 수 있다고 생각하지만, 간구의 내용은 소원이며 소원은 미래 지향적이므로 과거형으로 끝나는 것은 옳지 않다. 언제나 기도는 현재적인 간구인 것이다.

16. "예배의 시종을 의탁하옵고"

의탁이란 '어떤 것에 몸이나 마음을 의지하여 맡긴다'는 의미이다. 내가 주도적으로 무엇을 하는 것이 아니고, 내가 할 일을 다른 사람에게 맡겨서 '그가 대신 한다'는 의미이다. 물론 예배는 인간이 임의대로 하는

것도 아니다. 그런 의미에서 하나님께 맡기는 것은 옳은 것이다. 그러나 예배의 행위로 볼 때, 예배는 하나님이 베풀어주신 사랑과 은혜에 감사하면서 하나님께 최상의 가치를 돌려드리는 응답의 행위이다. 신령과 진정으로 드려야 할 이 예배를 도리어 하나님께 맡긴다면, 나는 방관자가 된다는 의미가 된다.

따라서 '의탁'이란 표현보다는 '이 예배를 주장하시고' 또는 '이 예배를 성령님께서 인도하여 주시고'로 하는 것이 좋은 표현이라고 할 수 있다.

*

소통과 응답이 있는

파워대표기도

*

인쇄 – 2018년 4월 25일

발행 – 2018년 4월 30일

*

지은이 – 박응순

펴낸이 – 채 주 희

펴낸곳 – 엘맨출판사

*

서울시 마포구 신수동 448-6

출판등록 – 제10-1562호(1985.10.29)

*

Tel. 02-323-4060

Fax 02-323-6416

E-mail. elman1985@hanmail.net

*

*

값 13,000원